Dezember 1982

«rororo opernbücher» sind Werkmonographien des Musiktheaters. Sie dokumentieren und interpretieren bedeutende Einzelwerke der Operngeschichte.

Außer dem Textbuch (bei fremdsprachigen Opern mit neuer wortgetreuer Übersetzung) enthalten die Bände ausgewählte Quellentexte. Zeugnisse der literarischen Rezeption und Bildmaterialien, die einen Überblick über die Entstehungs- und Wirkungsgeschichte der jeweiligen Oper vermitteln. Der eigens für jeden Band der Reihe von einem Fachautor verfaßte Essay interpretiert und kommentiert das Werk aus heutiger Sicht und stellt so die Verbindung her zwischen dessen historischen und aktuellen Aspekten.

Modest Mussorgskij

Boris Godunow

Texte, Materialien, Kommentare

Herausgegeben von Attila Csampai
und Dietmar Holland

Rowohlt

Originalausgabe
Zusammengestellt und
erläutert von
Attila Csampai und
Dietmar Holland
Fachmusikalische und
redaktionelle Mitarbeit:
G. RICORDI & CO.,
Bühnen- und
Musikverlag
GmbH, München
Redaktion Beate Menzel
Umschlagentwurf
Ingeborg Bernerth
(Umschlagbild:
Kupferstich von
K. Weierman «Schenke
an der Grenze
nach Litauen»
aus der Uraufführung
1874 in St. Petersburg)
Veröffentlicht im
Rowohlt Taschenbuch
Verlag GmbH,
Reinbek bei Hamburg,
Februar 1982
Copyright © 1981 by
Rowohlt Taschenbuch
Verlag GmbH,
Reinbek bei Hamburg
Satz Times
(Lasercomp)
LibroSatz, Kriftel
Gesamtherstellung
Clausen & Bosse, Leck
Printed in Germany
1480–ISBN 3499 17466 9

«Niemand hat so zart und tief das Beste in uns angerührt; seine absichtslose, von verknöcherten Formeln freie Kunst ist einzigartig und wird es bleiben. Nie hat eine so verfeinerte Sensibilität sich so einfach auszudrücken vermocht; es ist, als schaute man dem Tanz eines neugierigen Wilden zu, der bei jedem Schritt, den ihm sein Gefühl eingibt, die Musik entdeckt.»

Claude Débussy

Inhalt

Dietmar Holland «Das Vergangene im Gegenwärtigen»
Zu Mussorgskijs ‹Boris Godunow›   9

Inhalt der Oper   24

Modest Mussorgskij Boris Godunow. Textbuch in neuer wört-
licher Übersetzung von **Alexander von Schlippe**   29

Dokumentation   105
I. Der Stoff und seine historischen Grundlagen   105
Günter Rimkus Der historische Hintergrund der Oper
‹Boris Godunow›   105
Gerlinde Fulle Historische Fakten in der Oper Mussorgskijs und
ihre Bedeutung nach dem gegenwärtigen Stand der Geschichts-
forschung   112

II. Zu Alexander Puschkins ‹Boris Godunow›   123
Alexander Puschkin Entwurf eines Vorwortes
zum ‹Boris Godunow› (1829/30?)   123
Georg Lukács Puschkins ‹Boris Godunow›   126
Günter Meyer Puschkins und Mussorgskijs ‹Boris Godunow›   143

III. Entstehungsgeschichte und Uraufführung
der Oper ‹Boris Godunow›   147

Oskar von Riesemann Mussorgskijs Umarbeitung des
Puschkinschen ‹Boris Godunow› zum Opernlibretto   147

David Lloyd-Jones Entstehung, erste Aufführung und
Veröffentlichung der Oper ‹Boris Godunow›   161

Briefe **Mussorgskijs** an Wladimir Stassow über
‹Boris Godunow›   184

IV. Zur Werk- und Aufführungsgeschichte
der Oper ‹Boris Godunow›   189

Nikolai Rimskij-Korsakow Auszüge über ‹Boris Godunow›
aus der Autobiographie   190

Nikolai Rimskij-Korsakow über seine Bearbeitung des
‹Boris Godunow›   196

Oskar von Riesemann Rimskij-Korsakows Bearbeitung des
‹Boris Godunow›   198

Igor Glebow Der ‹Ur-Boris› in Leningrad   202

Iwan Sollertinskij ‹Boris Godunow› von M. P. Mussorgskij
(1939)   205

Dimitrij Schostakowitsch über seine Neuinstrumentation des
‹Boris Godunow›   213

Fjodor Schaljapin Auszüge über ‹Boris Godunow› aus den
autobiographischen Schriften   220

Zeittafel   237

Bibliographie   242

Dietmar Holland Anmerkungen zur Diskographie   244

Liste der Gesamtaufnahmen   247

Nachweise   249

Über die Herausgeber   251

Dietmar Holland

«Das Vergangene im Gegenwärtigen»

Zu Mussorgskijs ‹Boris Godunow›

Modest Mussorgskij ist der Historiker unter den Opernkomponisten. Seine erste (und einzige) vollendete Oper ‹*Boris Godunow*› nimmt in der Geschichte der Oper, und nicht nur in der russischen des 19. Jahrhunderts, eine einsame und zugleich einzigartige Stellung ein, denn sie etabliert nichts weniger als eine eigene neue Gattung: die musikalische Historie. Mussorgskij entwirft in seinem selbstverfaßten Textbuch eine mehr oder weniger lockere Bilderfolge historischer Ereignisse zur Zeit des Zaren Boris Godunow (1598–1605). Er stützte sich dabei auf Alexander Puschkins Lesedrama und auf das Geschichtswerk des zarentreuen Historikers Nikolai Karamsin, eines Zeitgenossen Puschkins. Entscheidend sind aber nicht so sehr diese Quellen, sondern das, was der Komponist in seinen beiden Fassungen (1869 und 1872/74) daraus machte.

Puschkin selbst beruft sich im Vorwort zu seiner Boris-Tragödie auf das Vorbild der Historien Shakespeares* und verweist damit auf die dramaturgische Besonderheit seines Dramas, die Mussorgskij in seiner Oper aufgreift: die Durchkreuzung der aristotelischen Dramaturgie, des kausalen und an die Einheit von Ort und Zeit gebundenen Handlungszusammenhangs, mit Hilfe eines ständigen und vor allem raschen Wechsels der Schauplätze, filmähnliche Techniken vorwegnehmend, und der Gebrauch verschiedener Sprachebenen, um den Wechsel der Schauplätze und ihrer Personen auch in der Diktion mitvollziehen zu können, eine Tendenz, die Mussorgskij in seiner Textfassung noch verstärkte. Was Mussorgskij aber vor allem reizte, war der historische Stoff als solcher, denn ein Vergleich der beiden Libretto-Fassungen zeigt, daß die spätere Version wesentlich weiter von Puschkin entfernt ist als der erste Entwurf, der ja auch in zeitlicher Nähe zu dem Versuch

---

* *Vgl. Dokumentation S. 123.*

einer «Opéra dialogue» steht, den Prosatext der Komödie ‹Die Heirat›
von Nikolai Gogol *wörtlich* zu vertonen. Freilich blieb dieser Versuch
Mussorgskijs bekanntlich nach den ersten vier Bildern stecken. Die
Aufgabenstellung war jedoch bei der ersten Textfassung des ‹Boris
Godunow› zumindest ähnlich: Im Gegensatz zur Librettistik, die eine
prinzipielle Umformung einer literarischen Vorlage vorsieht, um sie
komponierbar zu machen, erhob Mussorgskij die *Dialog*struktur des
Sprechtheaters zur tragenden, wenn auch nicht alleinigen Basis seiner
Opernkonzeption, die somit stofflich und dramaturgisch abseits der
Gattungstradition eine eigenständige musikalisch-dramatische Wirk-
lichkeit erschafft. Das Libretto der Boris-Tragödie nimmt, in beiden
Fassungen, die Erfahrungen mit dem Versuch der «Opéra dialogue«,
produktiv umgedacht, auf und gibt sich als *Synthese* von Opern- und
Sprechtheaterstruktur zu erkennen. (Vielleicht ist gerade deswegen der
‹Boris› Mussorgskijs einzige vollendete Oper geblieben, denn in den
beiden nachfolgenden Opern ‹Chowanschtschina› und ‹Der Jahrmarkt
von Sorotschinzy› begeht der unermüdlich «zu neuen Ufern» strebende
Komponist andere Wege, ohne indessen, wohl auch infolge seines zu
frühen Todes, zu endgültigen Ergebnissen zu gelangen.) Mussorgskijs
Libretto stößt gleichsam durch Puschkin hindurch zur *historischen*
Substanz des Stoffes vor und beugt sich andererseits einem Grundge-
setz der Oper, daß nämlich die *szenische* Sinnfälligkeit den Vorrang hat
vor der sprachlichen Äußerung. Dennoch war es Mussorgskijs ästhetische Überzeugung, daß sich der Charakter eines Menschen und ebenso
der einer Bühnenfigur durch seine sprachliche Äußerung kundgibt, und
zwar durch den *Tonfall*, der sich auch musikalisch wiedergeben läßt:
    «Wo immer ich eine Rede höre, und wer es auch ist, der da redet, vor
allem: was er auch sagen mag – gleich nimmt die musikalische Wiedergabe einer solchen Rede in meinem Gehirn Gestalt an», schreibt
Mussorgskij während der Arbeit an der ‹Heirat› (1868) seinem Freund
Rimskij-Korsakow und noch deutlicher seiner Freundin Ludmilla
Schestakowa (der Schwester des ersten genuin russischen Komponisten Michail Glinka aus der Zeit Puschkins):
    «Hierin überschreite ich mit der ‹Heirat› den Rubikon. Das ist
lebendige Prosa in Musik; nicht Geringschätzung der Tondichter gegenüber der schlichten menschlichen Rede, die in kein heroisches
Kostüm gehüllt ist – das ist Achtung vor der menschlichen Sprache,
Reproduktion des einfachen Gespräches.»
    Hinter diesen Worten lauert indessen eine Gefahr, die wohl auch
den Komponisten bewog, die Arbeit an der «Opéra dialogue» abzu-
brechen: die naturalistische *Kopie* der Wirklichkeit. Mussorgskij muß

sich dieses Problems bewußt gewesen sein, denn er spricht an anderer Stelle des Briefes von dem Ideal einer «wahrheitsgetreuen Musik», die aber «künstlerisch, hochkünstlerisch» sein müsse – und was ist das anderes als eine Absage an die bloße Reproduktion der Wirklichkeit. Freilich konnte eine Seite der «Reproduktion des einfachen Gespräches» auch im ‹Boris Godunow› fruchtbar gemacht werden: ihr unheroischer, unpathetischer Charakter, der zugleich eine strikte Abkehr von der Opernkonvention erlaubte. Die Komposition der ‹Heirat› war ein (wichtiges) Experiment und die Geburt eines neuartigen, sprachgezeugten Rezitativstils auf der Basis eines Prosatextes außerhalb der bewährten musikalischen Floskeln. (Vorangegangen war Alexander Dargomyschskij mit der wörtlichen Vertonung der fünfhebigen reimlosen Jamben des kleinen Dramas ‹Der steinerne Gast› von Puschkin.) Damit hatte sich Mussorgskij das kompositorische Rüstzeug geschaffen, den ungleich größeren und vielfältigen Anforderungen einer musikalischen Historie künstlerisch gerecht zu werden.

Mussorgskijs Interesse an der *russischen Geschichte* entsprang nicht nur äußeren Anregungen – der Historiker Wladimir Nikolskij machte ihn auf Puschkins ‹Boris Godunow› aufmerksam –, sondern einer für einen Opernkomponisten ungewöhnlichen Grundüberzeugung, daß der Künstler, sei er nun Maler, Dichter oder Musiker, die gesellschaftlichen Bedürfnisse seiner Zeit beobachten und in seinen Werken progressiv zum Ausdruck bringen müsse. Immer wieder äußerte sich Mussorgskij in seinen Briefen über die verantwortungsvolle Tätigkeit des (russischen) Künstlers und beklagte sich darüber, daß die Musik, im Gegensatz zur realistischen russischen Malerei und Literatur, noch dem «Kindesalter der Kunst» verhaftet sei. Ihm schwebte eine Musik vor, die es vermöchte, aufrichtigen, wahrhaftigen Ausdruck des Zeitgeistes zu vermitteln, ohne sich in selbstgenügsamer Schönheit zu verlieren. Er sah seine künstlerische Aufgabe darin, sich mit der russischen Vergangenheit auseinanderzusetzen, insbesondere – wie seine Opernpläne nach dem ‹Boris› zeigen – mit gerade den Phasen, in denen gesellschaftliche Umbrüche sich anbahnten, weil er sie richtig als unabgegoltene empfand:

«Wurde doch Ende des 17. Jahrhunderts Mütterchen Rußland mit solchen Geräten bearbeitet, daß man nicht immer gleich erkannte, womit geackert wurde und in welcher Weise die Schwarzerde aufbrach und zu atmen begann. Und so wurden ihr, der Geliebten, die verschiedenen Wirklichen und Geheimen Staatsräte aufgepropft, und man gab ihr, der Vielgeprüften, nicht einmal Zeit, zu Besinnung zu kommen und zu überlegen: ‹Wohin die Fahrt?› Hingerichtet wurden die Unwissenden und die Verstörten: das war eine Macht. Der Polizeidienst aber lebt fort, und das Spitzeltum blüht nach wie vor. Nur die Zeit hat sich verändert; die Wirklichen und Geheimen Staatsräte aber lassen die Schwarzerde nicht aufatmen. *Das Vergangene im Gegenwärtigen* – das ist meine Aufgabe ... Solange das Volk nicht selbst nachprüfen kann, was man aus ihm zusammenbraut, solange es nicht selbst den Willen hat, daß dieses oder jenes aus ihm zusammengebraut werde – ‹bleibt es auf dem gleichen Fleck›» (an Wladimir Stassow).

Häufig wurde der Satz «Das Vergangene im Gegenwärtigen – das ist meine Aufgabe» dahingehend mißverstanden, der Komponist habe eine Idealisierung der russischen Vergangenheit im Sinn gehabt. Das Gegenteil ist jedoch der Fall. Mussorgskij sah mit untrüglichem Scharfblick, daß die Fesseln des Zarismus ihre Wurzeln in der Vergangenheit hatten und daß gerade daraus zu lernen war. Mussorgskij wurde deshalb geradezu zum künstlerischen Anwalt für die Überholung der in die Gegenwart hineinwirkenden historischen Kräfte: «Der Künstler glaubt an die Zukunft, weil er in ihr lebt» (an Ludmilla Schestakowa). Um so genauer stellte er aber die historischen Bedingungen selbst dar, als er den Stoff aus der Zeit des Zaren Boris Godunow für seine großangelegte musikalische Historie wählte.

Mussorgskijs *Kunstanschauung*, wie er sie in seinem ‹*Boris Godunow*› am geschlossensten auf der Bühne verwirklichte – in seinen, im gleichen Geist geschriebenen Liedern, entwirft er im Grunde auch kleine Opernszenen, wenn auch nur imaginäre –, entwickelte sich unter dem Einfluß des Kunstgelehrten Wladimir Stassow, der bis zu Mussorgskijs Tod der historische und ästhetische Berater des Komponisten war. Stassow stand auf der Seite der revolutionären demokratischen Bewegung und ihres ideologischen literarischen Wortführers Nikolai Tschernyschewskij, dessen Dissertation ‹*Die ästhetischen Beziehungen der Kunst zur Wirklichkeit*› aus dem Jahre 1853 das Credo einer materialistischen Kunstanschauung formulierte. Es ist nicht nachgewiesen, ob Mussorgskij diese Schrift gelesen hat, aber es ist auffällig, daß er in seiner kompositorischen Praxis die Theorie Tschernyschewskijs von der Ablehnung der idealistischen Ästhetik, der «reinen» Kunst, erfüllte. Stassow mag ihn in Gesprächen mit dieser Theorie konfrontiert haben. Im übrigen wurde sie von den realistischen Petersburger Malern, mit denen Mussorgskij befreundet war, in einer Weise in die Tat umgesetzt, daß Mussorgskij ihre Bilder – und das als Musiker – zu seinen künstlerischen Vorbildern erklärte. Mussorgskij war kein Theoretiker; seine Bemerkungen zu ästhetischen Fragen – überliefert in seinen Briefen – ergeben kein geschlossenes philosophisches System. Aber wir können seine realistische Grundhaltung aus seiner Musik heraushören und natürlich an seinen Opernstoffen ablesen, insbesondere wie er sie in seinen Textfassungen akzentuierte. Wie er mit der literarischen Vorlage zu seinem ‹Boris Godunow› umging, ist nur daraus zu erklären.

Mussorgskij ist darin der geborene Opernkomponist, daß er das *Verhalten* seiner Bühnenfiguren und vor allem deren *psychologische* Triebfeder ins Auge faßt, während das Sprechtheater in erster Linie darauf Wert legt, die zwischenmenschliche Auseinandersetzung im Medium des rational gesteuerten Dialogs vorzuführen und die Handlungsweisen im einzelnen motivierend aufzufächern. Wenn also Mussorgskij in beiden Textfassungen des ‹Boris› die Titelfigur von ihrer psychischen Seite her beleuchtet, derart den Stoff in eine «Tragödie des schlechten Gewissens» verwandelt, dann ist das ein dramaturgischer Eingriff, dem die Vorstellung zugrunde liegt, daß die Musik das Innenleben der handelnden Personen erschließt, während die Sprache dabei ein bloßes Verständigungsmittel ist. Mussorgskij hat aber, im Gegensatz zur Opernkonvention, nicht das Ausbreitungsbedürfnis der Musik im Auge – auch wenn er in der Fassung von 1872/74 mit den Liedeinlagen in der Schenkenszene (I, 2) und im zweiten Aufzug scheinbar konventionelle «Musizieranlässe» schafft –, sondern versucht, Sprechtheaterstruktur szenisch-musikalisch sinnfällig zu machen. Mit anderen Worten: Mussorgskij bemüht sich darum, die Sprache als Charakterisierungsmittel der Personen beizubehalten – deshalb verstärkt er die Tendenz Puschkins, volkstümliche Wendungen bei den entsprechenden Personen zu benutzen – und sich trotzdem den Weg zur *musikalischen* Durchleuchtung seiner Figuren nicht zu versperren, indem er die musikalische Seite der Sprache, ihren Tonfall, realisiert. Der Dialog ist hier Verständigungsmittel und Charakterisierung der Personen im Medium der Musik. Ein solches Verfahren erlaubt, wenn es so phantasievoll wie von Mussorgskij gehandhabt wird, eine innerhalb der Opernkonvention ungeahnte Vielfalt emotionaler und atmosphärischer Züge, die den Vorgängen auf der Bühne überhaupt erst ihre Tiefendimension verleiht. Mussorgskij verzichtet auf die beiden Grundpfeiler der Operndramaturgie: die Arie, die «Verewigung» des musikalischen Augenblicks und das Ensemble, die nur dem Musiktheater vorbehaltene Möglichkeit, widerstreitende Kräfte gleichzeitig zu präsentieren. Er kann daher seine Textfassung ungeachtet aller

Erwägungen der traditionellen Librettistik so frei gestalten, wie es ihm notwendig dünkt. Obwohl er sich, jedenfalls in der ersten Fassung, teilweise eng an Puschkin hält – insbesondere bei der Partie des Pimen –, reduziert er dessen Handlungs- und Motivations*gefüge* auf den entscheidenden Gegensatz von Zar und Volk, von individuellem Machtstreben auf Kosten einer unmündig gehaltenen Mehrheit und – in der Schlußszene der zweiten Fassung – dem zum Scheitern verurteilten, weil nicht wirklich emanzipatorischen Versuch des Volkes, sein Geschick selbst in die Hand zu nehmen. Der Unterschied zwischen den beiden Fassungen des Librettos besteht aber dennoch in der Art, wie die einzelnen Züge der Handlung, der Gewissenskonflikt des Zaren, die Entwicklung der Usurpationsidee des falschen Dimitrij und die Rolle des Volkes ausgeführt werden. In der Fassung von 1869 ordnet Mussorgskij das Geschehen – ganz im Gegensatz zur Bilderfolge Puschkins – in sieben Bildern konzentrisch um den als Hauptsache gezeichneten psychischen Zerfall des Zaren an, nähert sich also dem kausalen Handlungsablauf der aristotelischen Dramaturgie. Als Basis des Gewissenskonflikts, an dem Boris im Schlußbild zugrunde geht, nimmt Mussorgskij, wie auch Puschkin und Karamsin, die in unserer Zeit widerlegte Hypothese an, Boris habe den rechtmäßigen Thronfolger Dimitrij ermorden lassen, um selbst den Thron besteigen zu können.* Um die Bedeutung dieser These zu veranschaulichen und ins rechte Licht zu rücken, enthält die Szene in der Klosterzelle (erstes Bild des zweiten Teils) den später gestrichenen Bericht Pimens von der Ermordung des Zarewitsch Dimitrij. Daraus entwickelt sich, wenngleich in beiden Fassungen nicht eigens motiviert, die Usurpationsidee des Mönchs Grigorij Otrepjew. Das *Fehlen* der Motivation ist eines Sinnes mit Mussorgskijs Vorgehensweise, auf die Darstellung der verschiedenen Interessengruppen in Puschkins Drama und ihre Bedeutung für das Verhalten des Zaren und des Usurpators zu verzichten. Das wird besonders deutlich an der Rolle des Fürsten Schuiskij, dessen politische Intrige unter Mussorgskijs Händen zur psychologischen wird, denn als einziger Mitwisser der Mordtat kann er sich die Gewissensnot des Boris aus überlegener Position heraus als Druckmittel zunutze machen. Alle Handlungselemente der Fassung von 1869 orientieren sich an dem zentralen Gewissenskonflikt des Zaren. So erfährt man nach der Szene in der Schenke an der litauischen Grenze nur durch Informationen, nicht, wie in der späteren Fassung, durch leibhaftiges Erscheinen davon, daß der Mönch Grigorij seine Usurpa-

---

* *Vgl. Dokumentation S. 115.*

tionsidee in die Tat umgesetzt hat und nach Moskau vorrückt. In der ganz auf *Boris* konzentrierten Textfassung genügt es Mussorgskij darzustellen, wie die verschiedenen Handlungskräfte des Puschkinschen Dramas auf den seelischen Konflikt des Zaren einwirken, ohne daß ihre Eigengesetzlichkeit gezeigt werden muß. Die Rolle des Volkes beschränkt sich, ganz im Gegensatz zur späteren Fassung, auf seine politische Machtlosigkeit, die sich allein schon darin dokumentiert, daß es als Handlungsträger nur in den ersten beiden Bildern auftritt, und zwar nur in der Funktion, die Wahl des Boris zum Zaren unter Zwang zu bestätigen, während es in Wahrheit weder damit einverstanden ist noch überhaupt ein politisches Interesse bekundet. Am Schluß des ersten Bildes stehen die später von Mussorgskij gestrichenen Worte: «Müssen wir schreien, schreien wir auch im Kreml. Dann schreien wir. Für irgend etwas. Was soll's?» Das Volk tritt nicht als politischer Machtfaktor in Erscheinung. Darin findet übrigens auch Puschkins Sicht der historischen Ereignisse ihre Grenze. Um so bedeutsamer ist die von Mussorgskij ohne Vorbild gestaltete Revolutionsszene bei Kromy, die den Schluß der zweiten Fassung der Oper bildet. Die Rolle des Volkes tritt hier in eine neue, aber nichtsdestoweniger tragische Dimension: die revolutionäre Erhebung mündet in die Anerkennung des falschen Dimitrij als neuem Zar, «die Zukunft des Volkes entspricht seiner Vergangenheit» (G. Fulle)[1]; die politische Emanzipation ist auf dieser anarchischen Stufe der Volkserhebung, der Parodie auf die Herrschaftsverhältnisse im ersten Abschnitt der Szene, nicht möglich. Die Handlungsstränge sind in der neuen Fassung zu eigenständigen, gegeneinander wirkenden Kräften geworden. Die ursprüngliche konzentrische Bilderfolge erweiterte Mussorgskij zum offenen Stationendrama, zu einer mehrschichtigen, nicht kausalen Handlungsführung, deren Ereignisse teilweise zeitlich parallel verlaufen.[2] Die Rolle des Volkes wurde dabei, durch die Revolutionsszene, zum entscheidenden Agens einer *Kritik* der zaristischen Herrschaft, obwohl der Schluß der Oper ein großes Fragezeichen ist, denn zurück bleibt auf der Bühne ein Außenseiter: der Gottesnarr.

In der Fassung von 1869 gibt es eine Szene vor der Basilius-Kathedrale, die in der späteren Version der Oper durch die Alternative des Revolutionsbildes ersetzt wird, das Zusammentreffen von Zar, Boja-

---

1 Gerlinde Fulle: Modest Mussorgskijs «Boris Godunow». Geschichte und Werk. Fassungen und Theaterpraxis. Wiesbaden 1974, S. 154.
2 Der zweite und dritte Aufzug laufen zur gleichen Zeit.

ren, Volk und dem *Gottesnarren*, aus dessen Mund wir die *öffentliche* Anklage des Boris als «Zar Herodes», also als Kindesmörder vernehmen. Diese Szene übernahm Mussorgskij von Puschkin. In der späteren Fassung dagegen steht der Gottesnarr *außerhalb* der Handlung, ist gleichsam die personifizierte Stellungnahme des Komponisten zur ausweglosen Situation, die den Schluß der Oper offen läßt. Mit dem Auftritt des Gottesnarren meinen weder Puschkin noch Mussorgskij die wirren Reden eines Schwachsinnigen, sondern die visionäre Verkündigung der Wahrheit, die sonst niemand sagen darf. Die historischen Gottesnarren beschrieb der englische Reisende Giles Fletcher um 1589 so:

«Da gibt es gewisse Eremiten, die splitternackt herumlaufen, abgesehen von einem Lappen um den Bauch, und ihr Haar hängt ihnen lang und wild über die Schultern. Und viele von ihnen haben die Halseisen oder eine Kette um den Hals und um den Bauch, und das auch im tiefsten Winter. Diese halten sie (die Russen) für Propheten und Männer von großer Heiligkeit und lassen ihnen alle Freiheit zu reden, was sie unkontrolliert von sich geben, obwohl es für sie das höchste sein mag.»

In der Szene vor der Basilius-Kathedrale besitzt der Gottesnarr genau diesen historischen Charakter, der zugleich in der Religion verankert ist, denn auf die Bitte des Boris an ihn, er möge für ihn beten, antwortet der Gottesnarr unmißverständlich: «Ich darf nicht beten für den Zar Herodes! Unsre Gottesmutter duldet's nicht.» In der Revolutionsszene bei Kromy fehlt dem Gottesnarren die religiöse Motivierung, und er wird zum prophetischen Verkünder der historischen Wahrheit.

Nicht nur die Rolle des Volkes wird in der zweiten Fassung der Oper aufgewertet, sondern auch die Entwicklung des Usurpators Grigorij zum falschen *Dimitrij*. Seine Usurpationsidee nimmt, parallel zum psychischen Verfall des Boris, in dem völlig neuen dritten Aufzug konkrete Züge an. Eingespannt in das Intrigennetz des von Mussorgskij frei eingeführten Jesuiten Rangoni, identifiziert sich Grigorij bereits mit dem Herrschaftsanspruch Dimitrijs, dessen Schatten auch auf seine Werbung um die Hand der politisch ehrgeizigen Marina Mnischek fällt, die sich lieber als Gattin des *Zaren* Dimitrij als des *Mannes* sehen möchte. Genau diesen Ehrgeiz macht sich Rangoni zunutze und geht dabei sogar so weit, daß er Dimitrij gegenüber als Kuppler auftritt. Es gelingt ihm, die unterschiedlichen Interessen Marinas und Dimitrijs zusammenzuführen, so daß am Schluß des Aufzugs ein

Liebesduett steht, das indessen alles andere als eine echte seelische Übereinstimmung ausdrückt. Hier verwendet Mussorgskij die Opernkonvention des konkludierenden Aktschlusses, speziell des «Liebesduetts», um das Unechte der Situation zu entlarven: die scheinbare Übereinstimmung von Liebe und deren Vortäuschung aus politischem Machtstreben. Die Intrige des Jesuiten – einzig Mussorgskijs Konzeption – verläuft doppelzüngig. Marina schmeichelt er, indem er ihre Verführungskünste lobt, die sie in den Dienst seiner politischen Interessen stellen soll und droht ihr offen, als sie darauf nicht eingehen will, während er Dimitrij über den wahren Charakter der schönen Polin hinwegtäuscht. Man kann sich des Eindrucks nicht erwehren, daß dieser neue Aufzug, den Mussorgskij auf Grund kritischer Äußerungen über das Fehlen tragender Frauenrollen in der ersten Fassung der Oper* noch hinzufügte, als er die zweite Fassung in Angriff nahm, keineswegs ein bloßes Zugeständnis an die Opernkonvention (Intrige und Liebesduett) war, sondern, ganz im Gegenteil, der mit voller Absicht durchgeführte Versuch, die Entwicklung der Grigorij-Handlung szenisch-musikalisch sinnfällig zu machen und zugleich negativ zu bewerten. Übrigens stützt Stassow diese Annahme mit seiner Behauptung, Mussorgskij habe den größten Teil der «Szene am Springbrunnen» (zweites Bild des dritten Aufzugs der Fassung von 1872/74) bereits komponiert, als er noch an der ersten Fassung arbeitete, sei aber dann davon abgekommen, sie in die gerade entstehende Fassung aufzunehmen. Wie dem auch sei, jedenfalls kann die vielfach geäußerte Unterstellung, Mussorgskij habe mit dem «Polenakt» die Idee seines musikalischen Dramas an die Opernkonvention verraten, allein schon durch die musikalische Ausführung widerlegt werden. Mit äußerster Schärfe charakterisiert hier Mussorgskij die drei Hauptpersonen musikalisch durch genrehafte Intonationen (Marina äußert sich im polnischen Mazurken-Rhythmus und im Krakowiak), durch bildhafte Motivik (der Intrigant Rangoni ist in schlangenhafte chromatische Tonfiguren gehüllt, die seine wahren Absichten hinter seinen Worten enthüllen) und durch italienischen Operntonfall (Dimitrijs Liebesschwüre), der jedoch in dem Pseudo-Liebesduett eigentümlich abgeblendet wird, da die Singstimmen sich nicht frei entfalten, sondern unterhalb der Orchestermelodie liegen und am Schluß sogar nur deklamieren. Ein italienisches Opernduett hätte den dramaturgischen Absichten Mussorgskijs doch zu sehr widersprochen.

---

* *Vgl. Dokumentation S. 166.*

Um der Grundforderung des Musiktheaters nach szenisch-musikalischer Vergegenwärtigung der Handlungsmomente nachkommen zu können, Forderungen, der sich auch Mussorgskijs neuartige Synthese aus Oper und Sprechtheater nicht verschließen konnte, war es notwendig, den chronikartigen Charakter des Puschkinschen Lesedramas – seine filmähnliche Dramaturgie ist auf der Bühne kaum zu realisieren – umzuwandeln in *direktes* Bühnengeschehen. Die *Krönung* des Zaren geschieht bei Puschkin nicht szenisch, sondern wird in der dritten Szene lediglich erwähnt. Dementsprechend hält Boris seine Ansprache nach der Annahme der Krönung im Kreis der Bojaren und des Patriarchen, der bei Mussorgskij überhaupt nicht vorkommt. In der Oper dagegen sieht man die Bojaren, unter ihnen Fürst Schuiskij mit der Zarenkrone auf einem Kissen, in die Krönungskathedrale schreiten, und nach vollzogener Krönung tritt Boris in die Vorhalle, um seine Ansprache an das Volk, das vor der Kathedrale kniet, zu halten. Doch diese Ansprache ist im ersten Teil ein beklommener Monolog im Angesicht des Volkes («Wie bang ist mir!»). Der Gegensatz zwischen Boris und dem zur Unmündigkeit verhaltenen Volk ist unmittelbar szenisch-musikalisch einleuchtend. Mit Bedacht nannte denn auch Mussorgskij die Krönungsszene und die vorangehende Volksszene, in der die politische Machtlosigkeit des Volkes durch Knute und rhetorische Gewalt vorgeführt wird, den Prolog der eigentlichen Handlung, denn der entscheidende Gegensatz zwischen zaristischem Machtanspruch und gewalttätig unterdrücktem Volk wird in den beiden Bildern exponiert. Der ungeheure musikalische Gegensatz zwischen dem klanglichen Gepränge des Krönungszugs und der ganz auf seelische Bezirke abgestellten Rede des Zaren entspringt Mussorgskijs Willen zur realistischen Darstellung von Situationen und Menschen. Der Zar erscheint, äußerlich, als Institution, innerlich aber bereits bei diesem ersten Auftritt als gebrochener Mann. Mussorgskijs Musik vollzieht den Wechsel genau mit. Der beklommene Monolog (c-moll) geht über in eine demütige, kirchentonartliche Wendung zu den Worten «Jetzt laßt verbeugen uns vor Rußlands selgen Herrschern», es vollzieht sich also, auch musikalisch-intonatorisch, der Übergang zur *Institution*, die mit dem lakonischen C-dur-Motiv majestätisch («mit königlicher Gebärde») in Singstimme und Orchester zugleich in leibhaftige Erscheinung tritt. So subtil beachtet Mussorgskijs musikalischer Realismus jede intonatorische Bewegung. Das lakonische Motiv ist gleichsam die gestisch-musikalische Realisierung der «königlichen Gebärde». Darauf folgt denn auch die Wiederholung des anfänglichen Jubelchors. Der Widerspruch zwischen Innen- und Außenhandlung liegt offen zutage. Die Institution des Zaren scheint jedoch unantastbar zu sein.

Die Szene in der *Klosterzelle* hält sich, bis auf geringfügige Kürzungen, an die fünfte Szene Puschkins. Mussorgskij übernahm auch die jambische und zugleich kirchenslawisch getönte Diktion des Mönchs und Chronikschreibers Pimen. Allein um der Atmosphäre willen fügte er noch einen aus dem Hintergrund erklingenden Chor der Mönche ein, der bei Puschkin begreiflicherweise fehlt. Die Schenkenszene konnte er ebenfalls in den wesentlichen Zügen von Puschkin übernehmen; freilich verstärkte er die Tendenz der Vorlage, einen drastischen volkstümlichen Ton anzuschlagen und greift den Hinweis Puschkins auf, daß Warlaam die Ballade von der Stadt Kasan singt. Mussorgskij als Historiker unter den Opernkomponisten ließ seinen Freund Stassow den Text des Liedes heraussuchen und komponierte darauf eine Ballade, deren musikalische Haltung den Balladenton gleichsam zu sich selbst kommen läßt, so unwiderstehlich ist der Balladencharakter getroffen. Im zweiten Aufzug (bzw. im dritten Teil der ersten Fassung) beginnt nun Mussorgskijs schöpferische Arbeit am Textbuch, besonders in der zweiten Fassung. Ausgangspunkt dieser großen Szene im *Zarengemach* des Kreml sind Puschkins siebte und zehnte Szene, denen Mussorgskij den Monolog des Boris («Die höchste Macht erreiche ich») und den Dialog zwischen Boris und Schuiskij entnimmt. Die familiäre Exposition der Szene – Boris mit seinen beiden Kindern – ist ebenfalls bei Puschkin angedeutet. In der letzten Fassung der Oper aber gewinnt sie eine ganz andere szenisch-dramatische Funktion. Sie bildet hier nämlich einen erschütternden Kontrast zu dem nachträglichen psychischen Zerfall des Zaren, der in einer Halluzination und einem Wahnsinnsausbruch endet. In der ersten Fassung ist der Aufbau der Szene kontinuierlich angelegt. Den Höhepunkt und zugleich das Zentrum bildet das schlechte Gewissen des Zaren, das sich durch den Dialog mit Schuiskij regt. Den Hintergrund dazu vermittelt die in der späteren Fassung gestrichene Schilderung der vergangenen unglücklichen Jahre des Herrschens, in der es Boris nicht gelang, die Kluft zwischen ihm und dem Volk zu überbrücken. Die Nachricht von dem Anrücken des falschen Dimitrij und die Erzählung Schuiskijs von dem tatsächlichen Tod des Zarewitsch Dimitrij motivieren den Halluzinationsausbruch des Boris. Demgegenüber gestaltet Mussorgskij den zweiten Aufzug der endgültigen Fassung – die kleinen Abweichungen zwischen der Partitur von 1872 und dem Erstdruck des Klavierauszugs von 1874 nicht berücksichtigt – als diskontinuierliche szenisch-musikalische Vergegenwärtigung der verschiedenen emotionalen Bereiche des Zaren. Die Anfangssphäre der Szene, der Bereich der beiden Kinder, wird jetzt zu einer Art «Kinderstube» ausgebaut, die mit ihren unbeschwerten Liedern nicht nur die Trauer der Tochter um ihren früh verstorbenen Bräutigam vertreiben soll, sondern sich im nachhinein als scharfer Kontrast zu den pathologischen Ausbrüchen des Zaren erweisen. Wie sehr es gerade in dieser Szene dem Komponisten auf szenische Eindringlichkeit ankommt, zeigt die Einführung eines zunächst nur peripher anmutenden Requisits, das denn auch den historischen Kenntnissen des Komponisten entstammt: die Uhr mit dem Glockenspiel, die zu Beginn der Szene der Zarewitsch Fjodor seiner Schwester Xenia folgendermaßen beschreibt: «Geht die Uhr, schlägt uns auch die Stunde, und dann erklingen Trompeten und Pfeifen und Pauken.» Mussorgskij greift diese Andeutung gleichzeitig musikalisch auf und entwirft damit einen Vorgriff auf die spätere Wahnsinnsszene des Zaren am Schluß des Aufzugs. Dort nämlich gerät die arglos vorgebrachte Bemerkung Fjodors «schlägt uns auch die Stunde» in eine ungeahnte Dimension: Das plötzliche Schlagen der Uhr ist nun das auslösende Moment für den Wahnsinnsausbruch des Boris. Kurt von Wolfurt beschreibt in seiner Mussorgskij-Biographie den außerordentlichen und in der Opernliteratur einzigartigen Moment der musikalischen Schilderung eines pathologischen Zustands so:

«Gespenstische Klänge erschallen wie aus einer anderen Welt. Unerhörtes vollzieht sich. Die ‹Pfeifen, Trompeten und Glöckchen› haben es im buchstäblichen Sinne Mussorgskijs Phantasie angetan, die im Rauschzustand Töne, Harmonien und Klangmischungen findet, deren expressionistische Ausdrucksgewalt selbst in unseren Tagen noch völlig unerhört anmutet.»

Ein scheinbar nebensächliches szenisches Requisit wächst dank Mussorgskijs Phantasie zu einer musikalischen Schilderung des psychischen Zerfalls der Titelgestalt. Wie genau Mussorgskij den zerrütteten Geisteszustand des Zaren musikalisch realisiert, mögen folgende Beobachtungen belegen: Das Erklingen des Spielwerks der Uhr wächst sich im Orchester zu einer übermächtigen Grimasse aus, wirkt wie der musikalisierte Alpdruck, wie das in Musik erscheinende Schuldgefühl des Zaren. Dazu kann die Singstimme – völlig realistisch – nur noch stammeln; sie bringt nur noch abgerissene Sätze und einzelne Worte heraus. Das ermordete Kind, glaubt er, nachdem das Spielwerk der Uhr verklungen ist, nun leibhaftig, als Gespenst, erscheinen zu sehen. Es gibt kein Entrinnen mehr. Die Angstfiguren der Streicher bedrohen den Zaren förmlich, bis er erschöpft zusammenbricht. Das ist keine illustrierende Musik, sondern eine *psychologisch handlungssetzende*.

An dieser Stelle sind Oper und Sprechtheater ununterscheidbar miteinander verschmolzen.

Im *Polenakt* geht Mussorgskij textlich eigene Wege. Einzelne Motive, wie das Werben Dimitrijs (Grigorijs) um die Gunst Marinas und deren politischer Ehrgeiz, konnte er von Puschkin übernehmen, doch ist die zentrale, intrigante Figur des Jesuiten Rangoni Mussorgskijs eigene, wirkungsvolle Erfindung. Die zeitliche Parallelität zum zweiten Aufzug wird dramaturgisch ergänzt durch eine inhaltliche Analogie: Die Handlungen beider Aufzüge werden gesteuert durch Intrigen machtpolitischer Gegner. Gerlinde Fulle macht auf den Unterschied der beiden Intrigen aufmerksam:

«Die Schuiskij-Intrige war introvertiert, zielte auf das Bewußtsein. Die Intrige verlief über das Schlüsselwort des psychologischen Konflikts, das als Auslösemechanismus der Bewußtseinskrise benutzt wurde. Die Rangoni-Intrige zielt auf die Steuerung äußerer Handlung. Der Jesuit verfolgt die Absicht, das moskowitische Reich zu katholisieren, das Mittel ist Marina und Dimitrij. Die Intrige wird nicht, entsprechend Schuiskij, durch Provokation, sondern durch Überredung in die Wege geleitet.»[3]

Eine ähnliche Analogie herrscht auf der musikalischen Ebene: Das Motiv des Glockengeläuts der Krönungsszene kehrt im zweiten Aufzug als «kleines» (Fjodor) und «großes» (Halluzination des Boris) Glockenspiel (des Uhrwerks) wieder. Gemeinsam ist beiden Motiven das Intervall der übermäßigen Quart, ein harmonisch gesehen mehrdeutiges Gebilde und in älterer Musik mit der Vorstellung eines «diabolus in musica» verknüpft. Realistische und symbolische Bedeutung gehen hier, wie sonst kaum bei Mussorgskij, ineinander über: Das Ticken der Uhr ist das Sinnbild der verrinnenden Zeit. Und die Zeit des Boris ist im zweiten Aufzug fast abgelaufen.

In der Szene vor der *Basilius-Kathedrale*, die in der zweiten Fassung durch das Revolutionsbild ersetzt wird, orientierte sich Mussorgskij an der siebzehnten Szene des Puschkinschen Dramas, fügte aber ein szenisch wie menschlich erschütterndes Detail hinzu: die Konfrontation des Zaren mit seinem Volk wird für ihn zur Begegnung mit dem Elend der vergangenen Hungersnöte. Das Bild der Sitzung der Bojarenversammlung – in der ersten Fassung der Schluß der Oper – faßt Puschkins fünfzehnte und zwanzigste Szene zu einer neuen Einheit

3 Fulle, a.a.O., S. 111.

zusammen. Die Intrige Schuiskijs gegen Boris nimmt ihren Fortgang. Abweichend von Puschkin läßt Mussorgskij auf Veranlassung Schuiskijs den alten Chronisten Pimen erscheinen und in den Worten des Patriarchen aus Puschkins fünfzehnter Szene davon erzählen, daß am Grabe des ermordeten Dimitrij ein Blinder sehend geworden sei. Das gibt der Gewissensqual und dem Wahnsinn des Zaren restliche Nahrung. Zuvor hat Mussorgskij, abweichend von Puschkin, mit geradezu erschreckender Wahrhaftigkeit den Auftritt des wahnsinnigen Boris gestaltet: Während Schuiskij von seinen Beobachtungen des wahnsinnigen Zaren berichtet, wankt dieser selbst plötzlich rückwärts in den Raum, so als fliehe er vor dem Gespenst des ermordeten Zarewitsch Dimitrij. Zugleich drängt sich dem Betrachter der szenische Eindruck auf, der mit böser Absicht von Schuiskij vorgetragene Bericht über den Geisteszustand des Zaren zitiere ihn, gleichsam mit magischer Gewalt, leibhaftig herbei.

«Ohne die Versammelten wahrzunehmen, macht er den Bojaren gerade das vor, was Schuiskij ihnen soeben schilderte. Dieser aber bemerkt den Zaren gar nicht sogleich, so daß einen Augenblick lang Schuiskij erzählt und Boris gleichzeitig das Erzählte mimt» (Kurt von Wolfurt).

Im Gegensatz zu Puschkin findet der *Tod* des Boris auf offener Bühne statt, nicht zuletzt wohl deshalb, weil ein solcher außerordentlicher Vorgang, musikalisch dargestellt, zugleich eindringlicher und weniger naturalistisch wirkt als auf der Sprechbühne. Außerdem hatte ja Mussorgskij sein Hauptgewicht auf den psychischen Zerfall des Boris gelegt, als dessen konsequenter Endpunkt die Todesszene erscheint. Bis in die Todesszene hinein bleibt Mussorgskijs realistische Gestaltungsweise wirksam. Wenn der (unsichtbare) Chor der Mönche ertönt, verbreitet er keineswegs nur historisches und atmosphärisches Kolorit, sondern erscheint, schließlich auch leibhaftig, dem sterbenden und um Gnade flehenden Zaren als personifiziertes Gewissen.

Die dramatische Gestaltung der *Revolutionsszene* ist ganz Mussorgskijs eigene Erfindung. Ihr roher, dramaturgischer Aufriß entspricht der anarchischen, letztlich regressiven Haltung des losgelassenen Volkswillens, der noch nicht historisch reif ist, sein Geschick selbst in die Hand zu nehmen. Gerlinde Fulle sieht in der Anlage dieses Bildes eine Parallelität zum Prolog.[4] Der erste Abschnitt sei eine Parodie der Herrschaftsverhältnisse und des Huldigungszeremoniells, und der

4 Fulle, a.a.O., S. 119.

zweite Abschnitt stelle die (erneute) Manipulation des Volkes durch Propaganda dar: «An die Parodie, die beide Prologsituationen spiegelbildlich aufgreift, schließt sich eine in Abfolge und Bedeutung dem Prolog parallele Handlung an.»[5] Die Rolle der Gewalt ist umgedreht: Das vormals unterdrückte Volk übernimmt jetzt, in reiner Negation, die Herrschaft, die indessen ins Leere führt, weil sie nur Ausdruck einer elementaren Kraft ist, nicht politischer Einsicht entspringt. Die Lösung, den falschen Dimitrij als rechtmäßigen Zaren anzuerkennen, parallel zum zweiten Bild des Prologs, wird durch die Klage des Gottesnarren als bloße Illusion entlarvt. Die zutiefst tragische Perspektive, die Mussorgskij dem Gottesnarren in den Mund legt, ist, nach einem Ausspruch Andreas Rimskij-Korsakows, das weitblickende «Auge des ahnungsvollen Volkes, gerichtet in die Finsternis der Zukunft», und sie ist auch die Einsicht Mussorgskijs in die unabgegoltene russische Vergangenheit.

5 Fulle, a.a.O., S. 119.

Dietmar Holland

Inhalt der Oper

Nach der Fassung von 1874

Prolog
Erstes Bild: Hof des Nowodewitschij-Klosters bei Moskau
Die Oper beginnt mit der unausgesprochenen Voraussetzung, daß Boris Godunow den rechtmäßigen Thronerben Dimitrij hat ermorden lassen. Er hält sich im Kloster auf und scheint auf die Krone verzichten zu wollen. Aufseher zwingen das sich vor dem Kloster drängelnde Volk auf die Knie, damit es durch sein erzwungenes Flehen Boris zur Annahme der Zarenkrone bewege. Der Bojar Schtschelkalow meldet, daß sich Boris noch immer weigert. Schließlich tritt ein Pilgerchor aus dem Kloster, der verkündet, daß Boris Zar werden will.

Zweites Bild: Platz im Moskauer Kreml
Das Volk jubelt, angeleitet von Fürst Schuiskij, dem gekrönten Boris zu, der sich kurz danach in der Vorhalle der Krönungs-Kathedrale dem Volk zeigt und in einer aus Selbstgespräch und majestätischem Gestus gemischten Ansprache als Zar präsentiert. Abschließend lädt er zum Krönungsfest ein.

Erster Aufzug
Erstes Bild: Nacht. Klosterzelle
Der alte Mönch Pimen schreibt beim Schein eines Öllichts an seiner Chronik Rußlands. Bei ihm ist der Novize Grigorij Otrepjew, der die Chronik fortführen soll. Er träumt vom zwielichtigen Aufstieg. Doch Pimen besänftigt ihn, indem er an die Vergangenheit mahnt. Ihr stellt er die schreckliche Gegenwart gegenüber, mit der er seine Chronik gerade abschließt. Er erzählt dem erstaunten Novizen von Boris' Freveltat und erwähnt dabei, daß der ermordete Zarewitsch, lebte er noch, mit Grigorij gleichen Alters wäre. In Grigorij blitzt ein kühner Entschluß auf, ohne daß er ausgesprochen würde.

Zweites Bild: Eine Schenke in der Nähe der litauischen Grenze

Grigorij ist aus dem Kloster geflohen, weil er auf Grund ketzerischen Verhaltens verhaftet werden sollte. Zusammen mit den Bettelmönchen Missaïl und Warlaam kehrt er in einer Schenke an der litauischen Grenze ein. Von der Wirtin erfährt er den Weg nach Litauen und die Tatsache, daß er bereits verfolgt wird. Kurz darauf treten einige Wachleute ein und lassen Grigorij den Haftbefehl lesen. Durch falsches Vorlesen lenkt Grigorij den Verdacht auf Warlaam, der nun aber plötzlich, wenn auch mit Mühe, sich als des Lesens kundig erweist, als es um seine Haut geht. Er liest die richtige Personenbeschreibung vor, während Grigorij sich schnell durch einen Sprung aus dem Fenster in Sicherheit bringt.

Zweiter Aufzug

Inneres eines Zarengemachs im Moskauer Kreml

Boris regiert bereits im sechsten Jahr. Seine Tochter Xenia beweint ihren frühverstorbenen Bräutigam. Ihr Bruder Fjodor und die Amme suchen sie mit Liedern zu trösten. Da tritt plötzlich Boris ein. Gequält von seinem schlechten Gewissen glaubt er, daß alles Unglück in seiner Familie und in seiner Herrschaft in seinem Verbrechen zu suchen sei. Bald darauf bringt der Bojar Schuiskij die Nachricht, daß ein Usurpator aus Polen nahe, der sich als Dimitrij ausgebe. Boris erkundigt sich daraufhin besorgt, ob denn der Zarewitsch Dimitrij damals wirklich ermordet worden sei. Schuiskij, der einzige Mitwisser der Tat, bestätigt mit psychologischem Druck auf den Seelenzustand des von schlechtem Gewissen geplagten Zaren die Mordtat. Das löst die von dem ins Grausige gesteigerten Schlag der Uhr hervorgerufene Halluzination des Zaren von dem ermordeten Kind aus.

Dritter Aufzug

Erstes Bild: Gemach der Marina Mnischek im Schloß von Sandomir

Die schöne Polin Marina Mnischek setzt ihren Ehrgeiz daran, den falschen Dimitrij (vormals Grigorij Otrepjew) zu heiraten, um Zarin in Moskau zu werden. Der Jesuit Rangoni macht sich diese Absicht für eine Intrige zunutze und verlangt von ihr, daß sie ihre wahren Interessen vor Dimitrij verberge und die Liebe als Mittel zu seinem Zweck, den Katholizismus in Rußland einzuführen, mißbrauche.

Zweites Bild: Schloß der Mnischek in Sandomir. Garten mit Springbrunnen

Dimitrij wartet sehnsüchtig auf Marina. Statt ihrer erscheint Rangoni, um seine kupplerische Intrige weiterzuspinnen. Er erzählt Dimitrij, was dieser nur zu gern hört, nämlich daß Marina ihn liebe. Unter den Klängen einer Polonaise tritt Marina mit Gefolge in den Garten. Von ferne beobachtet Rangoni zufrieden, daß seine Intrige gelungen ist. Marina und Dimitrij gestehen sich doppelzüngig ihre «Liebe».

Vierter Aufzug

Erstes Bild: Saal im Facettenpalast des Moskauer Kreml

Boris hat eine außerordentliche Sitzung der Bojaren einberufen, um über das Schicksal des gegen Moskau vorrückenden falschen Dimitrij zu beraten. Man beschließt, ohne Boris, der dem Wahnsinn verfallen ist, den Tod des Usurpators. Schuiskij, der sich verspätet einfindet, erzählt, während gleichzeitig der wahnsinnige Zar rückwärts in den Saal wankt, daß Boris von der Vorstellung des ermordeten Dimitrij verfolgt werde. Um seine psychologische Intrige gegen Boris auf die Spitze zu treiben, hat Schuiskij den alten Pimen herbestellt, der von einer Wundertat am Grab des kleinen Dimitrij berichtet. Das ist das Ende des Boris. Er stirbt in den Armen seines Sohnes, den er zu seinem Nachfolger bestimmt.

Zweites Bild: Waldlichtung bei Kromy

Zur gleichen Zeit quält aufständisches Volk den Bojaren Chruschtschow stellvertretend für Boris. Warlaam und Missaïl sind aus Moskau hergekommen und unterstützen den Aufstand gegen Boris. Als Vorhut des anrückenden falschen Dimitrij treten zwei Jesuiten auf, die beinahe gehängt würden, wenn nicht Dimitrij, hoch zu Roß, erschiene. Das orientierungslose Volk schließt sich ihm an. Zurück bleibt der Gottesnarr, das Auge des «ahnungsvollen Volkes, gerichtet in die Finsternis der Zukunft».

Rechts: Alexander Ogniwtsew als Boris in der Sterbeszene (vierter Aufzug, erstes Bild) in einer Aufführung des Bolschoi-Theaters, Moskau, an der Pariser Oper im Jahre 1969.

Vorbemerkung zur Übersetzung

Die Arbeit des Übersetzers bestand hauptsächlich darin, die Vielschichtigkeit des Mussorgskij-Textes so deutlich wie möglich zu übernehmen, das heißt, die Originalzitate aus der Puschkin-Vorlage in einer möglichst poetischen Sprache wiederzugeben und sodann die von Mussorgskij vorgenommenen, charakteristischen textlichen Umgestaltungen deutlich davon abzusetzen.

Die Einbeziehung von Redewendungen aus der Umgangssprache in die literarische Hochsprache des Puschkin-Dramas gelingt Mussorgskij prägnant und scharf. Sie entspricht der Seele der Sprache des «einfachen» russischen Menschen. Fast alle kleineren Rollen (Warlaam, Schenkwirtin, Grigorij, Rangoni, Wachen) sind von Mussorgskij weitgehend frei gestaltet und in Prosa gehalten.

Eine besondere Stellung nimmt die Partie des Pimen ein: Es handelt sich um einen ins Hochrussische übertragenen Sprachduktus, den Puschkin aus dem Kirchenslawischen übernommen hat. Mussorgskij hat diesen Text lediglich gekürzt. Die Bemühungen des Übersetzers bestanden darin, so wortgetreu wie möglich die Nuancen der verschiedenen Textebenen kenntlich zu machen. Das Ergebnis ist eine weitgehend singbare Übertragung, die jedoch dort von den Notenwerten abweicht, wo es sowohl die Worttreue als auch eben die Wiedergabe der oben genannten textlichen Eigenarten verlangte.

A. v. Schlippe

Modest Mussorgskij

Boris Godunow

Oper* in vier Aufzügen
mit einem Prolog
(Text nach Puschkin und Karamsin)

Uraufführung am 27. Januar 1874
im Marinskij-Theater, Petersburg

Textbuch
nach dem ersten gedruckten Klavierauszug
der Fassung von 1874
mit den Varianten
der Partiturhandschrift von 1872
und der ursprünglichen Fassung von 1869

Neue wörtliche Übersetzung von
Alexander von Schlippe

---

* *Gattungsbezeichnung nach dem Theaterzettel der Uraufführung (vgl. Dokumentation
S. 176) und nach sämtlichen handschriftlichen Quellen. In dem von Mussorgskij redigier-
ten, gedruckten Klavierauszug von 1874 erscheint zum erstenmal die Bezeichnung «Musikalisches Volksdrama».*

Personen

Boris Godunow	*hoher Baß oder Bariton*
Feodor (Fjodor) ⎫ *seine Kinder* **Xenia** ⎭	*Mezzosopran* *Sopran*
Xenias Amme	*tiefer Mezzosopran*
Fürst Wassilij Iwanowitsch Schuiskij	*Tenor*
Andrej Schtschelkalow, *Geheimschreiber der Duma*	*Bariton*
Pimen, Chronikschreiber, *Mönch*	*Baß*
Prätendent (der falsche Dimitrij) unter dem Namen Grigorij	*Tenor*
Marina Mnischek, *Tochter des Woiwoden von Sandomir* *Mezzosopran oder dramatischer Sopran*	
Rangoni, *geheimer Jesuit*	*Baß*
Warlaam ⎫ *entlaufene Mönche, Landstreicher* **Missaïl** ⎭	*Baß* *Tenor*
Eine Schenkwirtin	*Mezzosopran*
Gottesnarr (Narr in Christo)	*Tenor*
Nikititsch, *Aufseher*	*Baß*
Mitjucha, *Bauer*	*Baß*
Ein Leibbojar	*Tenor*
Bojar Chruschtschow	*Tenor*
Lowitzki ⎫ *Jesuiten* **Tschernikowski** ⎭	*Baß* *Baß*

Bojaren. Bojarenkinder. Strelitzen*. Wachen. Aufseher. Magnaten und polnische Damen. Mädchen aus Sandomir. Wandernde Pilger. Moskauer Volk.

Ort und Zeit der Handlung: Rußland und Polen in den Jahren 1598–1605

---

* *Strelitzen (russ. «Schützen»): mit Feuerwaffen ausgerüstete Soldaten im Moskauer Staat, 1555 erstmals erwähnt. Ende des 17. Jahrhunderts 50 000 Mann stark. Sie beteiligten sich an politischen Händeln gegen Peter I., der 1698 etwa 2000 Mann hinrichten ließ und die Truppe auflöste.*

Orchesterbesetzung der Originalinstrumentation Mussorgskijs (1872):
3 Flöten (3. auch Piccolo), 2 Oboen (2. auch Englischhorn), 2 Klarinetten, 2 Fagotte;
4 Hörner in F, 2 Trompeten in B, 1 Trompete in F (hinter der Bühne), 3 Posaunen, 1 Tuba;
Pauken, Große Trommel, Kleine Trommel, Becken, Tamburin, Tamtam;
Harfe, Klavier (vierhändig);
Streicher.

Prolog

(In der Fassung 1869: I. Teil)

Erstes Bild

Hof des Nowodewitschij-Klosters bei Moskau. In der den Zuschauern zugewandten Seite der Klostermauer ein Tor mit einem Türmchen. Das Volk drängelt auf einer Stelle, die Bewegungen sind träge.

Der Aufseher tritt auf.

AUFSEHER *(zum Volk)*
Na, was ist? Was steht ihr da wie Götzen?
Schnell, auf die Knie! Los da!
(droht mit der Knute)
Wird's bald! Was für Teufelsbrut!

VOLK *(auf den Knien)*
Was verläßt du uns, unser Vater!
Ach, wem denn läßt du uns zurück, teurer!
Wir sind ja alle deine hilflosen Waisen,
ach, wir bitten dich doch, flehen
mit Tränen, mit heißen:
Erbarm dich! Erbarm dich! Erbarm dich, Väterchen-
Bojar!
Unser Vater! Du, Ernährer, Bojar, erbarm dich!
(Der Aufseher geht ab. Das Volk bleibt auf den Knien.)

EINIGE STIMMEN Mitjuch, eh, Mitjuch, was grölen wir?
MITJUCHA Ihr da, was weiß ich!
EINIGE MÄNNER Wollen Rußland einen Zaren geben.
VIER WEIBER Verdammt! Bin schon stockheiser.
Täubchen, Nachbarin,
habt ihr nicht 'nen Schluck Wasser übrig?

ANDERE WEIBER Sieh' an, was für 'ne Bojarin!

SECHS WEIBER Grölte mehr als alle – könnte selbst was übrig haben.

EINE MÄNNERSTIMME
He ihr, Weiber, plappert nicht!

EINE GRUPPE FRAUEN
Hast hier gar nichts zu befehlen!

EINE MÄNNERSTIMME
Schweigt doch!

ALLE FRAUEN Seht, ein Aufseher drängt sich auf!

MITJUCHA Na, ihr Hexen, tobt hier nicht!

EINE GRUPPE FRAUEN
Ach, du Galgenstrick verdammter!
Was für ein Unchrist hat sich da gefunden!
O, so gehn wir lieber, Weiber,
im Guten und gesund
weg vom Unglück und vom Streit.

EINE ANDERE GRUPPE FRAUEN
Welche Klette, dieser Teufel,
Gott vergebe, dieser Schamlose!
Weg vom Unglück laßt uns gehen
im Guten und gesund.
(Sie erheben sich.)

DIE MÄNNER Ha-ha-ha-ha-ha-ha! . . .
Wir sind doch schon auf dem Weg,
ha-ha-ha-ha-ha-ha! . . .
Gefiel ihm nicht, der Spitzname,
war ihm sichtlich zu gesalzen,
paßt ihm nicht, nicht sein Geschmack.
Ho-ho-ho-ho-ho-ho! . . .
(Der Aufseher tritt auf; die Frauen sinken wieder in die Knie. Die Menge verharrt unbeweglich.)

DER AUFSEHER Was ist? Was schweigt ihr? Schont wohl die Kehlen?
(droht mit der Knute)
Ich werd' euch! Habt wohl lange keine Knute mehr gespürt?
(nähert sich der Menge)
Werd' euch lehren . . .
und sehr schnell!
(Das Volk auf den Knien.)

VOLK Zürne nicht, Nikititsch, sei nicht böse, Teurer!

33

Wenn wir ausgeruht sind, grölen wir gleich wieder!
Läßt uns keine Ruh', Verdammter!

AUFSEHER Los jetzt! Nur die Kehlen nicht geschont!

VOLK Ja doch!

AUFSEHER Los!

VOLK *(aus vollem Halse)*
Was verläßt du uns, unser Vater!
Ach, wem denn läßt du uns zurück, teurer!
Wie Waisen, wir bitten dich, flehen
mit Tränen, mit heißen!
Erbarm dich! Erbarm dich!
Väterchen-Bojar!
(Der Aufseher droht von neuem.)
Unser Vater! Unser Vater! Ernährer! Ernährer!
A-a-a-a-a-a-a!

AUFSEHER *(Schtschelkalow erblickend, winkt dem Volke)*
Still jetzt!
(Die Menge erhebt sich.)
Steht auf nun! Der Duma-Schreiber spricht!

SCHTSCHELKALOW
(nähert sich dem Volk, entblößt sein Haupt und grüßt)
Rechtsgläubige, unerbittlich ist der Bojar! Der Hilfe-
ruf der Bojaren-Duma und des Patriarchen, des Thrones wegen, will er nicht hören. Unglück für Rußland ... auswegloses Unglück, Rechtsgläubige! Es
stöhnt das Land, so sehr rechtlos. Fallt nieder und
fleht zu Gott, er möge dem armen Rußland Hilfe
senden ... und mit himmlischem Licht erleuchten die
müde Seele des Boris! ...
(Geht ab.)
*(Die Bühne wird vom rötlichen Licht der untergehenden Sonne
beleuchtet; man vernimmt den Gesang der Pilger.)*

DIE PILGER Ehre sei dir, dem himmlischen Schöpfer, auf Erden,
Ehre deinen himmlischen Mächten und allen Heiligen.
Ehre in Rußland!

VOLK *(murmelnd)*
Gottesmänner!

DIE PILGER Und der Engel Gottes sprach: Steigt auf, Wolken,
steigt nur auf, ziehet hin nach Rußland!

ANDERE PILGER Jaget unterm Himmelszelt und bedeckt das ganze
Rußland.

ALLE PILGER *(treten ein, ihren Führern folgend und sich auf ihre Schultern stützend. Mit voller Stimme)*
Vernichtet den bösen Drachen mit seinen zwölf riesigen Flügeln, jenen Drachen, der Rußland endlosen Aufruhr bringt. Kündet's den Rechtgläubigen zur Errettung.
(Sie verteilen Amulette unter das Volk.)
Leget festliche Gewänder an,
erhebet die Ikonen der Gottesmutter
und die vom Don und aus Wladimir
gehet dem Zaren entgegen.
(Sie treten ins Kloster ein.)
Preiset die Ehre Gottes, die Ehre der himmlischen Allmacht.
Ehre sei dir, Schöpfer, auf Erden!
Ehre dir, himmlischer Vater!

Hier folgt in der Fassung von 1869:

(Die Menge teilt sich; die einen betrachten die Heiligenbilder und Amulette, die jeder von ihnen erhalten hat; die anderen treten an die Rampe und schauen den Pilgern nach.)

DAS VOLK   Hast gehört, was die Gottesmänner sagten?

MITJUCHA   Hab's gehört!
Mit der vom Don, und aus Wladimir . . .

DAS VOLK   Nun! . . .

MITJUCHA   *(versucht sich zu erinnern)*
Mit der vom Don und aus Wladimir
geht entgegen . . .

DAS VOLK   Na was? Nun!

MITJUCHA   Entgegen . . .

DAS VOLK   Nun . . .

MITJUCHA   Mit der vom Don gehet . . .

DAS VOLK   Schlecht, Bruder!
Leget festliche Gewänder an,
und gehet dem Zar entgegen
mit der vom Don und aus Wladimir.
Dem Zaren? Welchem Zaren?

AUFSEHER   He, ihr!

DAS VOLK   Was heißt, welchem?
Na, dem Boris . . .

AUFSEHER *(kommt aus dem Kloster, wohin er die Pilger begleitet hat)*
He, ihr, Hammelherde!
Seid wohl taub!
Für euch ist ein Bojaren-Erlaß da:
In der Frühe im Kreml sein
und dort auf Befehle warten.
Hört ihr?
(Er geht ab. Dämmerung; das Volk zerstreut sich langsam.)
DAS VOLK So was! Für was hat man uns geholt!
Was soll uns das?
Müssen wir schreien, schreien wir auch im Kreml.
Dann schrein wir. Für irgend etwas.
Was soll's? Gehn wir, Leute?
(Sie gehen auseinander; langsam leert sich die Bühne. Der Vorhang fällt.)

Zweites Bild

Platz im Moskauer Kreml. Den Zuschauern gegenüber, im Hintergrund, die Große Freitreppe des Zarenpalastes. Rechts, mehr im Vordergrund, zwischen der Uspenskij- und der Archangelskij-Kathedrale, liegt das Volk auf den Knien. Man sieht die Vorräume der Kathedralen. Großes Glockengeläut. Einzug der Bojaren in die Kathedrale.

SCHUISKIJ *(vom Vorraum der Uspenskij-Kathedrale herab)*
Lange lebe der Zar Boris Feodorowitsch!
VOLK Gepriesen seist du, Väterchen-Zar!
SCHUISKIJ Preist ihn!
VOLK Gepriesen seist du, wie die Sonne strahlend am Himmel! Und heil dir in Rußland, Zar Boris, heil!
(Feierlicher Zug des Zaren aus der Kathedrale. Die Wachen bahnen ein Spalier durch das Volk.)
Gepriesen seist du! Gepriesen seist du,
Väterchen-Zar!
Freue dich, Volk!
Freue dich, jubele, Volk!
Rechtsgläubiges Volk!
Preise, rühme den Zaren Boris!

BOJAREN *(von den Portalstufen)*
    Lang lebe Zar Boris Feodorowitsch!
VOLK Lang lebe er!
    Und heil dir in Rußland, Zar Boris!
    Heil! Heil dir, Zar!
    Heil dir! Heil dir! Heil dir!
BORIS *(vom Kathedralen-Vorraum aus)*
    Wie bang ist mir!
    Wie seltsam angstbeklommen!
    Als ahnt es künftges Unheil, krampft mein Herz sich
    ein.
    O Heiliger, o mein erhabner Vater!
    Vom Himmel schau der treuen Diener Tränen
    und sende mir fortan
    zur Herrschaft deinen heiligen Segen;
    mög ich zum Wohl beherrschen denn mein Volk
    gleich dir in Güte und Gerechtigkeit . . .
    Jetzt laßt verbeugen uns vor Rußlands selgen Herr-
    schern –
    (mit königlicher Gebärde)
    dann aber ruft das ganze Volk zum Fest,
    alle, Bojaren und den blinden Bettler;
    der Weg sei frei und Gäste seien alle.
DAS VOLK *(der Zug bewegt sich zur Archangelskij-Kathedrale)*
    Heil dir! Heil dir! Heil dir!
    Gepriesen seist du, Väterchen-Zar!
    Gepriesen seist du, wie die Sonne strahlend
    am Himmel! Und heil dir in Rußland, Zar Boris, heil!
    Für viele Jahre!
    Heil dir! Heil dir! Heil dir! . . .
    (Der Vorhang fällt.)

Erster Aufzug

(In der Fassung von 1869: II. Teil)

Erstes Bild

Nacht. Klosterzelle. Pimen schreibt beim Schein eines Öllichtes. Grigorij schläft.

PIMEN *(im Schreiben innehaltend)*
Noch diese eine letzte der Geschichten –
und abgeschlossen liegt die Chronik da,
die Pflicht vollzog ich, auferlegt von Gott
mir, Sündigem.
(Er schreibt. Dann hält er wieder inne.)
Umsonst nicht langer Jahre
hat der Herr mich Zeuge werden lassen.
Ein fleißiger Mönch mag wohl nach Jahren finden
dies namenlose Werk des treuen Fleißes.
Dann mag gleich mir sein Öllicht er entzünden.
Und, Staub der Zeit vom Pergamente wischend,
kopiert er dann die wahrhaften Berichte:
Den Enkeln der Rechtgläubigen zu melden
des Heimatlands vergangenes Geschick.
(nachdenklich)
Im Alter lebe ich aufs neue so.
Es zieht Vergangenheit an mir vorüber –
bewegt, so wie ein Meer, ein Ozean . . .
Und lange her, war sie erfüllt von Taten!
Jetzt ist das alles still und stumm geworden.
Doch nah ist schon der Tag, es lischt die Lampe . . .
(schreibt)
Nur diese eine, letzte der Geschichten . . .

(Fährt fort zu schreiben.)

DIE MÖNCHE *(hinter der Bühne)*
Höre unser Flehen,
barmherziger, ewiger Gott, höre unser Flehen! –
Vor der Lüge Trug bewahre deiner Söhne
schwachen Geist, die an dich glauben!

GRIGORIJ *(erwachend, für sich)*
Derselbe Traum! . . .
Dreimal schon, derselbe Traum!
Stets der gleiche, verwünschte Traum!
Und der Alte sitzt und schreibt, und kein Schlaf
schloß während dieser ganzen Nacht die Augen.
Wie liebe ich sein stilles Angesicht,
wenn er vertieft in die vergangnen Zeiten
würdevoll und ruhig an der Chronik schreibt . . .

PIMEN Schon wach, mein Bruder?

GRIGORIJ *(tritt zu Pimen und neigt das Haupt)*
Ich bitte, segne mich, ehrwürdger Vater.
(Pimen steht auf und segnet ihn.)

DIE MÖNCHE Gott, mein Gott,
was verließest du mich!

PIMEN Es segne dich der Herr
jetzt und immer und alle Zeit.
(Setzt sich.)

GRIGORIJ Du schriebst und schriebst, verlorst dich nicht im
Schlaf.
Doch meine Ruhe war von Satans Wünschen
heimgesucht, vom bösen Feind verwirrt.
Ich träumte: eine steile Treppe
führt' auf einen Turm mich. Aus der Höhe
glaubte Moskau ich zu sehen. Ameisen gleich
wogte das Volk da unten auf dem Platz
und wies auf mich mit höhnischem Gelächter . . .
Ich schämte mich und Angst befiel mich da . . .
Und dann, kopfüber stürzend, erwachte ich.

PIMEN Das junge Blut verspürst du.
Besänftige dich mit Fasten und Gebet,
und deine Träume werden leicht von
hellen Visionen. Noch heute, wenn ich,
durch ungewollten Schlaf geschwächt,
das lange Nachtgebet nicht kann verrichten,

so ist mein Schlaf nicht ruhig und nicht sündlos.
Bald träume ich von lärmenden Gelagen,
bald von Schlachtgetümmel,
sinnlose Vergnügen früherer Zeit . . .

GRIGORIJ Wie fröhlich verbrachtest du die Jugend!
Du kämpftest vor den Mauern von Kasan,
du widerstandest unter Schuiskij Litauens Heer,
du sahst den Hof Iwans mit seinem Reichtum.
Doch ich verbrachte meine Jugend
in Klosterzellen, als armer Mönch.
Weswegen sollte ich nicht gleichfalls kämpfen?
Nicht zechen an der Zarentafel?

PIMEN *(ruhig)*
Klage nicht, Bruder, daß du der sündigen Welt
früh entsagt. Glaube mir:
Uns fesselt aus der Ferne Pracht
und verführerische Frauenliebe.
Denke nur, Sohn, an unsere großen Zaren:
Wer überragt sie? Was folgte:
O, wie oft, wie oft schon
tauschten sie ihr Zarenzepter,
den Purpurmantel und die goldene Krone
für eine Kappe frommer Mönche ein
und ruhten aus in heiliger Zelle Frieden.
Hier, in dieser unsrer Zelle
(hier lebte damals Kyrill der Dulder,
ein heilger Mann), hier sah den Zaren ich.
Nachdenklich, still, saß unter uns Iwan,
mit leisen Worten führte er Gespräche,
und in seinen finstren Augen quoll reuevoll die
Träne . . .
dann weinte er . . .
(Er erinnert sich.)
Und Fjodor, sein Sohn! Die prunkvollen Gemächer
hat er zur Betkapelle umgewandelt.
Gott sah des Zaren Demut gnädig an,
und Rußland hat zu seiner Zeit friedlicher Ruhm
getröstet. Zur Stunde seines Todes
geschah ein nie gehörtes Wunder!
Die Räume erfüllten sich mit Wohlgerüchen . . .
Sein Antlitz aber strahlte, sonnengleich! . . .

Wir werden solchen Zaren nicht mehr sehen!
Wir haben Gott erzürnt, wir sündigten,
(düster)
zum Herrscher haben wir den Zarenmörder auser-
wählt.

GRIGORIJ Schon lang, ehrwürdiger Vater,
wollte ich dich fragen:
Wie alt war der ermordete Zarewitsch?

---

*An dieser Stelle steht in der Fassung von 1869 die folgende
Textalternative des Grigorij und ein Texteinschub des Pimen:*

GRIGORIJ Schon lang, ehrwürdiger Vater,
wollte ich dich fragen über den Tod
des Zarewitsch Dimitrij.
Du, sagt man, warst zu jener Zeit in Uglitsch?

PIMEN O, ich weiß noch!
Der Herr hat mich geführt
die böse Tat zu sehn, die grauenhafte Sünde.
Ich kam nach Uglitsch
für eine Zeit, zur Buße.
Nachts kam ich an . . . Am Morgen, zur Messezeit . . .
da hör ich Glocken läuten, die Sturmglocken.
Schreie, Lärm. Man läuft zum Hof der Zarin.
Und ich auch, und schau':
Da liegt im Blut der Zarensohn ermordet,
die Zarin Mutter, in Ohnmacht über ihm,
die unglückliche Amme ist verzweifelt,
weint laut. Und auf dem Platze
zerrt die aufgebrachte Menge
die gottlose Verräterin, die Amme . . .
Schreie! . . . Stöhnen! . . .
Auf einmal taucht zwischen ihnen,
wütend, bleich vor Wut,
der Judas Bitjagowskij auf.
«Er ist's, er ist der Verräter!»
Alle schrien laut.
Und die ganze Menge rannte
den geflohnen Mördern nach.
Sie packten die Verräter und führten sie

41

zu dem noch warmen Körper des Knaben . . .
Ein Wunder! . . . Auf einmal erzitterte der Tote . . .
«Bereut», dröhnt's aus der Menge:
Und vor Entsetzen . . . unterm Beile . . .
bereuten die Verräter
und nannten den Boris . . .

GRIGORIJ Wie alt war der ermordete Zarewitsch?

PIMEN Um die sieben Jahre! Warte! . . .
Zehn Jahre sind seitdem vergangen?
Oder nicht! Vielleicht zwölf?
Ja, doch: genau zwölf Jahre.

———————

PIMEN Er wäre deines Alters
und herrschte jetzt.
*(richtet sich in seiner ganzen Größe auf, dann sinkt er in seine
demütige Haltung zurück)*
Doch Gott beschloß es anders.
Mit der schreienden Untat des Boris
vollende ich meine Chronik. Bruder Grigorij!
Die Schriftkunst klärte den Verstand dir auf,
dir übergebe ich mein Werk . . .
Beschreibe, ohne listiges Erklügeln
alles, wessen du im Leben Zeuge sein wirst!
Krieg oder Frieden, die Staatsführung der Herrscher,
Prophezeiungen und himmlische Zeichen . . .
Für mich ist Zeit, Zeit, endlich auszuruhn.
*(Er steht auf und löscht das Öllicht.
Lauscht dem Glockengeläut.)*
Man läutet zur Morgenandacht . . .
Segne, Herrgott, deine Knechte . . .
Die Krücke reich mir, Grigorij!

DIE MÖNCHE *(hinter der Bühne)*
Erbarm dich unser, Herr,
erbarm dich, Allgütiger!
Unser Vater, Allbeherrscher,
ewiger, gerechter Gott
erbarm dich unser!
*(Grigorij begleitet Pimen und bleibt, nach seinem Weggehen,
an der Tür stehen.)*

GRIGORIJ Boris, Boris, alles zittert vor dir.

Und niemand wagt nur anzudeuten
das Los des unglücklichen Kindes.
(tritt an den Tisch, an dem Pimen schrieb)
Doch unterdessen schreibt in dunkler Zelle
ein Mönch dir eine furchtbare Anklage,
und du entgehst dem Weltgerichte nicht
wie du dem göttlichen Gerichte nicht entgehst!
(Der Vorhang fällt.)

Zweites Bild

Eine Schenke in der Nähe der Litauischen Grenze.

SCHENKWIRTIN *(stopft eine alte warme Jacke)*
Fing mir einen grauen Enterich
o, du mein Enterich,
mein herzliebster Enterich!
Und ich setzt' dich, den grauen Enterich,
o, auf den klaren Weiher,
unter einen Weidenstrauch.
Du sollst fliegen, fliegen, grauer Enterich!
Schwing dich auf, hoch hinauf,
zu mir Armen komm' herab.
Werd dich lieben, herzen so –
meinen lieben Freund
den herzliebsten Enterich.
Setz dich zu mir und ganz nah,
umarme mich, mein Freund,
und einmal küß mich dann!
(Hinter der Bühne hört man Sprechen und lautes Lachen.)
Schau mal an! Vorüberziehende . . . Liebe Gäste!
Holla! Sind verstummt! . . . Sind wohl vorbeige-
rauscht.
Komm und küß mich heiß und innig.
O, du mein Enterich,
mein herzliebster Enterich!
Du ergötze mich,
ergötze mich, die Witwe,
das freie Witwelein!

MISSAÏL UND WARLAAM
(hinter der Tür)
Christenmenschen,
rechtschaffen, gottesfürchtig,
für den Kirchenbau
spendet doch ein Kopekchen;
wird dir hundertfach vergolten.

SCHENKWIRTIN O, du, mein Gott! Ehrwürdige Mönche! Ich Törin,
elende Törin, alte Sünderin!
(läuft aufgeregt hin und her)
So ist's! . . .
sie sind's . . . die ehrwürdigen Mönche . . .
(Warlaam und Missaïl treten ein; ihnen folgt der falsche Dimitrij mit Namen Grigorij.)

WARLAAM *(die Wirtin verbeugt sich eifrig)*
Weib, Friede deinem Hause!

SCHENKWIRTIN Womit soll ich euch bewirten, ehrwürdige Mönche?

MISSAÏL Was Gott gesandt, Frau Wirtin.

WARLAAM *(stößt Missaïl an)*
Gibt es auch Wein?

SCHENKWIRTIN Wie denn nicht, meine Väter! Gleich bring ich ihn.
(Sie geht hinaus.)
(Warlaam beobachtet Grigorij.)

WARLAAM *(zu Grigorij)*
Was bist du nachdenklich, Geselle? Da ist die litauische Grenze, zu der du so sehr gelangen wolltest.

GRIGORIJ *(am Tisch, in Gedanken)*
Bevor ich nicht in Litauen sein werde, kann ich nicht
ruhig sein.

WARLAAM Was ist dir Litauen so ans Herz gewachsen?
Sieh uns an, Vater Missaïl und mich Erzsünder,
seit wir aus dem Kloster abhauten, scheren wir
uns um nichts mehr. Ob Litauen, ob Rußland,
ist doch Hose wie Jacke, was soll schon sein,
gibt es erst Wein.
(Die Wirtin kommt mit Weingefäßen.)
Da kommt er herein!

SCHENKWIRTIN *(stellt den Wein auf den Tisch)*
Bitte, meine Väter, trinkt, wohl bekomm's!

MISSAÏL UND WARLAAM
Danke sehr, Schenkwirtin, Gott möge dich segnen.

(Sie gießen sich Wein ein und trinken.)

WARLAAM So war's einst in der Stadt, in der Stadt Kasan,
als der schreckliche Zar recht gefeiert und gezecht.
Die Tataren schlug er grimmig,
ihnen Freud' und Lust vergällend
durch der Russen Reich zu ziehen.
Mit dem Heere kam er an, nach Kasan – der Stadt.
Er ließ Gänge legen unter die Kasanka – den Fluß,
die Tataren, in dem Städtchen, gehen auf und ab,
schauen auf den Zaren von oben herab,
bös' Tatarenvolk.
Hat den schrecklichen Zaren der Zorn gepackt.
Und er dachte nach, den Kopf gebeugt,
wie der Zar die Kanoniere rief –
Kanoniere für das Brandgeschoß,
für das Brandgeschoß.
Und dann rauchten schon die Lunten, die aus wildem
Wachs;
trat der junge Kanonier zum Faß heran.
Und das Pulverfaß, es rollte, rollte schnell bergab,
hei, und mitten in den Minengang hinab
und dann knallte es.
O, wie heulte gar und brüllte die Tatarenschar,
böse Flüche ertönten laut.
Ungeheure Mengen fanden ihren Tod,
ja, es waren vierzigtausend Mann
und dreitausend noch.
So war's einst in der Stadt, in der Stadt Kasan. He!
(zu Grigorij)
Was stimmst du nicht ein und trinkst keinen Wein?

GRIGORIJ Mag es nicht.

MISSAÏL Freiheit dem Freien . . .

WARLAAM Und dem Zecher 's Paradies, Vater Missaïl!
Ein Gläschen trinken wir
aufs Wohl der Wirtin hier!
*(Beide gießen sich ein und trinken. Warlaam mustert Grigorij
aufmerksam.)*
Jedoch, Bruder, wenn ich trinke, mag ich keine Nüch-
ternen:
(trinkt)
Ein Ding ist die Sauferei, ein ander Ding die Prahlerei;

45

willst du leben, wie wir – willkommen! Wenn nicht – so pack dich, ab durch die Mitte!

GRIGORIJ　Trinke in Ruh und denk' dir was dazu, Vater Warlaam! . . .

WARLAAM　Denken! Was soll ich mir denken? Ach!
(Stützt die Ellbogen auf den Tisch; Missaïl dämmert vor sich hin.)
Es fährt ein Mann, ja es fährt ein Mann . . .
Es treibt ihn umher, den Mann.
Die Mütze sitzt vorn
sieht aus wie ein Horn.
Ganz, ach, ganz verdreckt.

GRIGORIJ　*(nähert sich der Wirtin)*
Frau Wirtin! Wohin führt dieser Weg?

SCHENKWIRTIN　Nach Litauen, mein Ernährer.

GRIGORIJ　Und ist's weit bis Litauen?

SCHENKWIRTIN　Nein, mein Teurer, nicht sehr weit, bis zum Abend könnte man's schaffen, wenn nicht die Wachen wären.

GRIGORIJ　Was! Wachen?

SCHENKWIRTIN　Jemand floh aus Moskau, so ist befohlen, alle aufzuhalten und zu durchsuchen.

GRIGORIJ　Da haben wir die Bescherung, Mütterchen!

WARLAAM　Es fiel der Mann,
es liegt der Mann,
steht nimmer auf, der Mann.
(Schläft ein.)

GRIGORIJ　Und wen suchen sie?

SCHENKWIRTIN　Keine Ahnung: ein Dieb, irgendein Räuber, jedenfalls kommt man nicht durch bei den verdammten Wachen.

GRIGORIJ　*(nachdenklich)*
So . . .

SCHENKWIRTIN　Und was fangen sie? Nichts, nicht mal 'nen kahlen Teufel! Als gäbe es nur einen Weg, die Heerstraße! Also gleich hier: biege ein nach links und den Waldweg entlang, und geh bis zur Tschekanschen Kapelle, die am Bach liegt, und von dort nach Chlopino, dann nach Saizewo, und da wird jeder Junge dich nach Litauen führen. Von diesen Wachen ist nur ein Nutzen, daß sie die Passanten stören und uns ärgern, uns arme . . .

WARLAAM　*(rekelt sich)*
Kam an der Mann

und klopft ans Tor!
Aus Leibeskräften
tock, tock, tock!
(im Halbschlaf)

SCHENKWIRTIN Was geht da vor?
(geht ans Fenster und blickt aufmerksam hinaus)
Da sind sie, die Verdammten! Machen wieder Streife!
*(Die Tür geht auf, die Wirtin verbeugt sich eifrig und tief den
eintretenden Wachleuten.)*

WARLAAM *(erwacht und fällt wieder in den Schlaf)*
Es fährt ein Mann –
(Die Wachleute beobachten von der Tür aus die Vagabunden.)
ja es fährt ein Mann –
es treibt ihn umher, den Mann . . .

FÜHRER DER WACHE
Was seid ihr für Leute?
(treten hinter Warlaam)

MISSAÏL UND WARLAAM
(demütig, mit kläglichem Ausdruck)
Friedliche Mönche, demütige Diener,
gehen durch die Siedlungen,
und erbitten Almosen nur.

FÜHRER DER WACHE *(zu Grigorij)*
Und was bist du für einer?

MISSAÏL UND WARLAAM
(zusammen, hastig)
Unser Kamerad.

GRIGORIJ *(nachlässig)*
Ein Bürger aus der Vorstadt . . .
Habe die Mönche zur Grenze begleitet,
(sich verbeugend)
gehe nun heimwärts.

FÜHRER DER WACHE *(zu seinen Leuten)*
Es scheint, der Junge da ist blank: schlechte Beute
vielleicht die Alten. Hm!
(Räuspert sich und tritt an den Tisch.)
Nun, meine Väter, und wie geht es denn euch so?

WARLAAM Ach, schlecht, Söhnchen, schlecht! Die Christen sind
geizig geworden, sie lieben das Geld, versteckens Geld,
Gott geben sie wenig. Große Sünde ist über die Erden-
menschen gekommen. Gehst und gehst, bettelst, bet-

47

telst, kannst kaum eine Kopeke erbetteln. Was tun?
Aus Kummer verzechst du noch den Rest. O, unsere
letzten Tage sind gekommen!

SCHENKWIRTIN Herr, erbarm dich und errette uns!

(Der Wachmann betrachtet Warlaam aufmerksam.)

WARLAAM Weshalb schaust du mich so aufmerksam an?

FÜHRER DER WACHE

Nun, deshalb:

(zum anderen Wachmann)

Aljocha! Hast du den Erlaß?

Gib mal her!

(nimmt den Haftbefehl, zu Warlaam)

Siehst du: Aus Moskau ist ein gewisser Ketzer,
Grischka Otrepjew, geflohen! Weißt du das denn
nicht?

WARLAAM Ich weiß nichts.

FÜHRER DER WACHE

Nun, der Zar befahl ihn, den Ketzer, aufzugreifen und
zu hängen. Hast du davon gehört?

WARLAAM Hab nichts gehört.

FÜHRER DER WACHE

Kannst du lesen?

WARLAAM Nein, Söhnchen: Gott hat's mich nicht gelehrt.

FÜHRER DER WACHE

Dieser Ketzer, Räuber, Dieb, Grischka – bist du!

WARLAAM Seht an! Wie denn, Gott sei mit dir.

SCHENKWIRTIN Allmächtiger! Und die Mönche läßt man nicht in
Ruhe!

FÜHRER DER WACHE

He! Wer kann hier lesen?

GRIGORIJ *(tritt vor)*

Ich kann lesen.

FÜHRER DER WACHE

Sieh an! Nun, so lies, so lies vor!

GRIGORIJ *(liest)*

Des Tschudow Klosters unwürdiger Novize Grigorij
aus dem Geschlecht der Otrepjew erfrechte sich, auf
Geheiß des Teufels, die heilige Brüderschaft mit man-
cherlei Versuchungen und Gesetzlosigkeiten zu ver-
wirren. Dann floh er, der Grischka, zur Litauischen
Grenze, und der Zar befahl ihn aufzugreifen . . .

FÜHRER DER WACHE
Und zu hängen!

GRIGORIJ *(zum Wachmann)*
Hier wird nichts gesagt von Hängen.

FÜHRER DER WACHE
Du lügst! Nicht jedes Wort wird ausgeschrieben. So lies: aufzugreifen und zu hängen!

GRIGORIJ Und zu hängen.
(liest weiter)
An Jahren hat er
(Warlaam ansehend)
Grischka, von Geburt an, fünfzig, einen grauen Bart, einen dicken Wanst, eine rote Nase . . .

FÜHRER DER WACHE
Haltet ihn! Haltet ihn, Freunde!
(Alle stürzen sich auf Warlaam, dieser stößt alle zur Seite.)

WARLAAM Weg da!
(die Fäuste geballt, in Kampfstellung)
Vermaledeite Häscher! Was wollt ihr denn? Na, was für ein Grischka? Nichts da, bist zu jung für solche Späße! Ich kann es zwar nur buchstabieren, nur schlecht entziffern, doch schaff' ich's schon! Ich schaff' es, wenn's mir schon an den Kragen geht!
(buchstabiert)
An Ja . . . Jah . . . ren . . . en . . . hat . . . e . . . er . . . zwanzig! Wo steht hier fünfzig? Siehst du! Von Wuchs ist er mittelgroß, des weiteren rothaarig, auf der Nase . . . der Nase eine Warze, auf der . . . der Stirn eine andre, und ein Arm . . . ein Arm ist zu kurz . . .
(Sieht Grigorij prüfend an und schleicht sich an Grigorij heran.)
Das bist doch wohl nicht . . .
(Grigorij zückt ein Messer und springt aus dem Fenster.)

MISSAÏL, WARLAAM UND DER HAUPTMANN
Ihm nach, ihm nach, haltet ihn!
(Alle stürzen zum Fenster; sie wenden sich zur Tür.)

WARLAAM Haltet ihn!
HAUPTMANN Haltet ihn!
MISSAÏL Haltet ihn!
(Alle stürzen hinaus mit dem Ruf: «Haltet den Dieb!»)
(Vorhang.)

49

Zweiter Aufzug

(In der Fassung von 1869: III. Teil*)

*Inneres eines Zarengemachs im Moskauer Kreml. Prunkvolle
Ausstattung. Xenia weint vor dem Porträt ihres Bräutigams.
Der Zarewitsch ist mit dem «Buch der großen Zeichnung»
(Atlas) beschäftigt. Die Amme hat eine Handarbeit. In der
linken Ecke ist eine Uhr mit einem Glockenspiel.*

XENIA Wo weilst du, mein Bräutigam,
wo denn, mein Auserwählter?
In dem feuchten Grabe,
in dem fremden Lande
liegst du verlassen
unterm schweren Steine,
du siehst keinen Kummer,
du hörst keine Klagen,
Klagen der Liebsten,
die einsam, wie du.
(weint)

FJODOR Xenia! wein' nicht, mein Täubchen!
Schwer ist das Leid, wahrlich,
doch nicht Tränen, nicht Klagen
erlösen dich von schwerem Kummer.

XENIA Ach, Fjodor!
Nicht mir gehört er nun,
aber dem feuchten Grabe.
Nie mehr werde ich glücklich,
dem armen Herze ist weh.

FJODOR Quäl dich nicht, gräm dich nicht,

---

* *Der Text ist abgedruckt S. 92 f.*

mein Täubchen!
(deutet auf die Uhr)
Sieh dorthin!
Das Uhrwerk läuft!
(Das Glockenspiel kommt in Bewegung.)
Die Glocken spielen wieder!
Es steht geschrieben von der Uhr:
Geht die Uhr, schlägt uns auch die Stunde,
und dann erklingen Trompeten und Pfeifen,
und Pauken
und Menschen erscheinen
und diese sind . . .
(zur Amme)
sieh doch, Amme,
so wie lebend, schau!

XENIA Du, mein lieber Bräutigam,
du, mein lieber Königssohn!
Es sehnt das Herze sich . . .
nach dir, Auserwählter!
(Sie weint.)

AMME Nun, nun, hör auf, Zarewna, mein Täubchen!
Genug geweint und sich verzehrt.

XENIA Ach, traurig ist's, Amme, so traurig.

AMME Sag das nicht, Kindchen!
Mädchentränen sind wie der Tau:
steigt die Sonne auf,
trocknet sie den Tau.
Die Welt wurde nicht an einem Tag erschaffen!
Wir finden einen Freier –
und einen schönen, einen freundlichen.
Wirst Prinz Iwan schon bald vergessen!

XENIA Ach nein, nein, teure Amme!
Wenn er auch tot ist, ich bleibe ihm treu.

AMME Meinst du!
Hast ihn kaum gesehn und vergehst vor Gram!
Traurig war das Mädchen so allein,
wollte lieben einen Jüngling fein.
Kam der Jüngling einmal nicht daher
liebte ihn das Mädchen gleich nicht mehr.
Ach, mein Täubchen!
So ist's mit dem Kummer!

Hör' lieber aufmerksam,
was ich dir jetzt sage:
Wenn die Mücke Holz zerschlug
und vom Brunnen Wasser trug,
hat die Wanze gekocht
und der Mücke 's Mahl gebracht.
Kam die Grille auch daher
auf des Popen Wiesenmeer,
hat ein Spiel sich ausgedacht
und das Heu zum Fluß gebracht.
Tat's der Mücke weh
um des Popen Klee.
Läuft dem Heu sie nach ins Weite,
droht den Grillen mit dem Scheite.
Arme Mücke, was sie litt,
als das Holzscheit ihr entglitt,
an den Grillen flog's vorüber,
brach der Mücke alle Glieder.
Und mit Hilfe ist zur Stell
morgens früh die Wanze schnell.
Eine Schaufel bracht' sie auch
grad der Mücke unter 'n Bauch.
Doch es half nichts,
ach und weh,
Mücke kam nicht in die Höh.
Wanze brach sich was beim Heben,
hauchte aus ihr Seelenleben.

FJODOR Ach, Amme, Amme, was für ein Fabelchen!
Erst war's ein Dankgebet, zum Schluß ein Totenlied.

AMME Macht nichts, Zarewitsch! Willst du's besser machen?
Zeig, was du kannst! Wir hören dich geduldig. Wir
haben die Geduld bei Zar Iwan sehr lange lernen
dürfen. Los denn!

FJODOR O, Amme! du hältst es nicht lang aus,
dann singst du selbst mit.
Eine Mär von diesem, jenem:
Wie das Huhn einen Stier gebar
und ein Schweinchen Eier legte.
's Märchen wird gesungen,
es ist nichts für die Dummen.
(Steht auf, stellt sich der Amme gegenüber und klatscht wäh-

rend des Liedes mit den Händen, je einen Schlag auf den Takt.)
Hähnchen, Hähnchen, Kikiriki,
Wohin bist du denn gegangen?
Übers Meer, übers Meer,
nach Kiew, der Stadt.
Ein Eichbaum ist da,
die Äste sind weit,
und ein Käuzchen sitzt drauf,
majestätisch gar.

AMME *(klatscht in die Hände: einen Schlag auf den Takt)*
UND FJODOR Käuzchen blinzelt auch,
Käuzchen singet schön:
(Amme steht auf.)
Kling, kling, Glöckchen kling,
(Fjodor – zwei Schläge auf den Takt.)
mit dem Kauz zum Tanze;
pank, pank, bin so krank,
bin gefallen von der Bank,
(Fjodor: einen Schlag auf den Takt; die Amme setzt sich.)
Schritt vor Schritt,
nimm mich mit.
(Fjodor hört auf zu klatschen; Amme: klatscht einen Schlag auf den Takt.)

FJODOR Hat die Popin eines Nachts
einen Spatz zur Welt gebracht:
war ein ganzer Spatz,
ein ganz junger noch,
und das Näschen war spitz,
und das Näschen war lang.
(Amme: einen Schlag auf den Takt.)
Flog der Spatz einmal fort,
kam zum Käuzchen als Gast

FJODOR UND AMME
Flüstert ihm in das Ohr, dem Bärtigen:

AMME *(klatscht – einen Schlag auf den Takt)*
Söhne des Popen,
sie droschen die Erbsen
und brachen den Flegel,
warfen ihn in die Darre.
Die Darre fing Feuer,
hoch steigt der Rauch auf,

Diakon sah auch
durch das Fenster den Rauch.

FJODOR UND AMME *(zwei Schläge auf den Takt)*
Erschrak der Diakon
und kroch unters Kissen,
und zwickte ins Ohr sich.

FJODOR Der Schreiber auf dem Ofen
hat sich ausgeschlafen.
Popenfrau im Schlot
buk Rosinenbrot.
Kamen Häscher daher
aßen alle Teller leer.

FJODOR UND AMME

Und der Größte aß die Kuh auf,
und den Ochs, viele Ferkel auch,
übrig blieben nur Füßchen.
Klatsch!
(Fjodor schlägt die Amme auf die Schulter; die Amme erblickt Boris und macht einen tiefen Knicks.)

AMME Herrgott!
(Fjodor geht schnell an den Tisch und beschäftigt sich wieder mit den Landkarten.)

BORIS Was ist? Hat hier ein Wolf die Klucke aufgescheucht?

AMME Gnädiger Zar, vergib mir! Im Alter bin ich schreckhaft gar geworden.

BORIS *(geht zur Zarewna, umarmt sie)*
Nun, Xenia? Sag, wie geht es meinem Täubchen?
Im Brautstand noch und trauerst schon als Witwe!
Beweinst noch deinen toten Bräutigam?

XENIA O, Majestät! Sei nicht betrübt von diesen Mädchentränen!
Der Jungfrau Gram ist leicht, so unbedeutend vor allen deinen Sorgen.

BORIS Mein liebes Kind! Mein liebes Täubchen!
Mit deinen Freundinnen führ' trauliche Gespräche;
zerstreue den Geist, vom Gram laß ab!
Nun geh, mein Kind!
(Xenia und Amme gehen ab. Boris sieht Xenia mit zärtlichen Blicken nach und geht zu seinem Sohn.)
Und du, mein Sohn, was treibst du? Was ist das?

FJODOR Die Moskowiter Karte, unser Reich ist's von Nord bis

Süd. Hier, sieh nur:
(zeigt es auf der großen Zeichnung)
Moskau hier, dort Nowgorod und da Kasan, Astrachan.
Das Meer auch, das Kaspi-Meer,
und hier die dichten Waldungen von Perm,
Sibirien hier.

BORIS Wie ist das schön, mein Sohn!
Mit einem Blick, wie aus den Wolken,
kannst du das ganze Reich erfassen,
Grenzen, Flüsse, Städte,
so lern', Fjodor!
Irgenwann einmal, und bald schon mag es sein,
wirst du des ganzen Reiches Erbe sein.
Lerne, mein Sohn!
*(Er geht an den Tisch und setzt sich, in Gedanken versunken,
Rollen und Pergamente durchsehend.)*
Die höchste Macht erreicht ich.
Das sechste Jahr schon herrsche ich in Frieden.
(lebhaft)
Doch glücklich ist meine gequälte Seele nicht!
(ruhig)
Die Wahrsager versprechen mir umsonst ein langes,
ruhiges Leben und Regieren.
(lebhaft)
Doch Leben, Macht, Verführungen des Ruhmes,
der Menge Rufe freuen mich nimmermehr.
(ruhig)
In der Familie hofft ich Trost zu finden,
wollt meiner Tochter schon das Hochzeitsfest bereiten,
meiner Zarewna, dem reinen Täubchen.
(lebhaft)
Der Tod, ein Sturm, rafft hin den Bräutigam ...
Ein strenger Richter ist der gerechte Gott,
er zürnet meiner schuldbeladnen Seele.
Ringsum ist finster, grausiges Dunkel!
O, gäb es einen Strahl der Hoffnung!
Das Herz ist voller Trübsal,
es leidet, es quält sich die müde Seele.
Ein heimlich Beben, Zittern ... als käme etwas ... Ich
hoffte mit innigem Beten zu lindern

die brennende Qual meiner Seele . . .
So hoheitsvoll, gleißend, mächtig unermeßlich,
ich, Rußlands Herrscher,
ich bat um Tränen mir zum Troste.
Da, ein Bericht: Bojaren-Aufruhr,
Litauens List und heimliche Verschwörung,
Hunger, Pest und schreckliche Verwüstung.
Wie ein wildes Tier schleicht das Volk, das verseuchte,
und hungernd und ausgelaugt stöhnt das Reich . . .
Für all das Elend, das Gott ausgesendet,
als Sühne für all unsren Frevel,
die Last der Schuld wird mir übertragen,
verflucht wird überall der Name Boris!
Und auch der Schlaf entflieht,
und nächtens im Dunkel
voll Blut erscheint ein Kind vor mir . . .
Flammenden Blickes ringt es die Händchen,
fleht um Erbarmen . . .
(dumpf)
doch gab es kein Erbarmen!
Fürchterlich gähnt seine Wunde!
Ich hör' sein Schreien vor dem Tode . . .
O, gütiger, gnädiger Gott!

DIE AMMEN *(hinter der Bühne)*
Au! – Kusch!

BORIS *(unruhig)*
Was ist da los?

DIE AMMEN Au! – Kusch! Kusch! Au, au!

BORIS *(zum Sohn, zornig, laut)*
Sieh nach, was dort geschehen!

DIE AMMEN *(in großer Erregung)*
Kusch, kusch! Au!

BORIS He, welch Geheul!

DIE AMMEN Kusch, kusch! Kusch! Au! Sachte nur!
(Der Leibbojar tritt auf, verbeugt sich, indem er die Hand ausstreckt.)

BORIS *(zum Bojaren)*
Was willst du?
(Sieht den Bojaren aufmerksam an, seine Erregung verbergend.)

DIE AMMEN Kusch! Kusch!

BORIS Was schweigst du? Nun!

LEIBBOJAR Erhabene Majestät!
Dich bittet Fürst Schuiskij untertänigst um Gehör.

BORIS Schuiskij? Ruf ihn! Sag ihm, daß ich ihn gern empfange und seiner Botschaft harre.

LEIBBOJAR *(richtet sich auf und flüstert Boris ins Ohr)*
Heut nacht gab uns Puschkins Knecht geheime Nachricht, daß Schuiskij, Mstislawskij und andere sich
heimlich bei Puschkin treffen und geheime Gespräche
führen. Aus Krakau sei ein Bote eilig angelangt . . .
(Er geht.)

BORIS Man nehme ihn fest!
(Fjodor tritt ein.)
Aha! Fürst Schuiskij! . . .
(zu Fjodor, aufgeregt)
Was gibt's?

———————

Hier steht in der Partitur von 1872 folgender Einschub:

BORIS Weshalb haben diese dummen Weiber so gekreischt?

FJODOR Nur Popik, der Papagei.

BORIS Der Popik?

———————

FJODOR Es geziemt mir nicht, Vater Gossudar,
dir zur Last zu fallen mit meinem nichtigen Bericht.

BORIS Nein, nein, mein Kind, alles, hörst du,
sag' mir alles.

FJODOR *(setzt sich zu den Füßen von Boris. Boris liebkost ihn)*
Unser Popik saß mit den Ammen in der Stube,
schwatzte immerzu, war lustig, zärtlich auch,
bat die Ammen, ihn am Köpfchen zu kraulen,
ging der Reihe nach von einer zu der anderen.
Amme Nastja wollte ihn nicht kraulen.
Popik geriet in Wut, nannte die Amme eine Närrin.
Die Amme, aus Zorn vielleicht, gab ihm dafür Prügel.
Popik schrie laut auf, sträubte sein Gefieder.
Da schmeichelte man ihm, bot ihm Leckereien an
und gemeinsam begannen sie zu streicheln, zu besänf-
tigen.

BORIS   Dumme Gänse!

FJODOR   Doch nein, es kam ganz anders!
Grimmig saß er da, die Nase in den Federn.

BORIS   Natürlich!

FJODOR   Schaut nicht auf die Gaben, ständig etwas murmelnd.
Dann fällt er die Amme an, die ihn nicht gekrault hat.
Schlägt sie mit dem Schnabel, daß sie auf den Boden krachte.
Groß war der Ammen Schreck, sie rannten durcheinander,
fuchtelten und schrien, wollten Popik fangen.
Doch war's umsonst, jede kriegte etwas ab.
So, Vater Gossudar, begannen sie zu kreischen,
dies hat deinen Zarengeist wohl gestört beim Denken!
So, das scheint mir alles, ja, so war es.

BORIS   Mein Sohn, mein lieber, lieber Junge!
Wie du so kunstvoll und launig
den wahren Bericht erzählt hast.
Wie einfach, natürlich, gewandt
du diesen lustigen Fall beschrieben hast.
Welch süße Frucht des Lernens,
der Wahrheit Licht beflügelt den Geist.
O, könnte ich doch dich noch auf dem Zarenthron sehn,
als hocherhabnen Herrscher Rußlands!
O, mit welcher Wonne vertauschte ich,
auf Ruhm und Macht verzichtend, für diese
Freude mein Zarenzepter.

An dieser Stelle folgen in der Partitur von 1872 die Sätze des Boris:

BORIS   Doch wenn, mein Kind, du Herrscher wirst, dann suche dir verläßliche Ratgeber und hüte dich vor Schuiskijs Ränken. Ein weiser Ratgeber, doch verschlagen und böse . . .

SCHUISKIJ   Großmächtige Majestät, ich neige mich!
BORIS   *(aufbrausend)*
Ha, du ruhmvoller Redner,
würdiger Führer einfältiger Menge,
du Oberhaupt rebellischer Bojaren!
Du, des Zarenthrones ärgster Feind!
Lügner du, dreifach meineidiger Schurke!
Schlauer Heuchler du! Speichellecker,
schwatzhaftes Weib unter dem Bojarenmantel,
Betrüger, Schuft!

---

*An dieser Stelle ist in der Partitur von 1872 folgender Text
eingeschoben:*

SCHUISKIJ   Zu Zar Iwans Zeiten (Gott sei seiner Seele gnädig)
erfreuten sich die Schuiskijs nicht so ehrenvoller Titel.
BORIS   Was? Schon Zar Iwan Wassiljewitsch
hätte dich mit Freuden auf Kohlen geröstet,
er selbst hätte mit eigener Zarenhand
den eisernen Schürhaken bewegt und dich im Feuer
gewendet,
hätte dabei heilige Psalmen gesungen ...
Doch wir sind nicht stolz, wir vergeben
gern einem unterwürfigen Diener ...
SCHUISKIJ   Zar!
BORIS   Was? Was sagst du, Fürst Schuiskij?

SCHUISKIJ   *(nähert sich Boris)*
Zar ... es gibt ... Kunde,
und diese Kunde ist sehr wichtig für dein Reich!
BORIS   Wohl jene, die dir und Puschkin
ein heimlicher Gesandter brachte
von unsren Feinden, den geächteten Bojaren?
SCHUISKIJ   Ja, Gossudar!
In Litauen erschien ein Prätendent,
König, Adel und Papst sind für ihn!
BORIS   *(sich erhebend, beunruhigt)*
Wessen Namen denn benützt er für den Aufruhr?
Wessen Namen hat der Schuft gestohlen?
Den Namen?

SCHUISKIJ *(schmeichelnd)*
Natürlich ist, Zar, deine Macht sehr groß
durch deine Gnade, Eifer und durch Wohltaten
sind dir die Herzen deiner Knechte zugewandt,
mit ganzer Seele deinem Throne Untertan.

Hier steht in der Partitur von 1872 folgender Einschub Schuiskijs:

SCHUISKIJ Doch weißt du selbst, großmächtiger Gossudar,
wie leicht es ist, den dummen Pöbel aufzuwühlen:
der verräterisch, voll Aufruhr und voll Glauben,
immer hingegeben eitler Hoffnung,
geringsten Einflößungen gehorchend,
doch für die Wahrheit nur ein taubes Ohr hat.

SCHUISKIJ Obgleich es schmerzlich ist für mich, erhabner Zar,
obgleich mein Herz sich voller Schmerz verkrampft,
darf ich es dir doch nicht verschweigen,
daß, wenn der mit Dreistigkeit erfüllte Strolch,
von Litauen aus die Grenze überschreitet,
ihm vielleicht die große Menge zuführt
der Name des auferstandenen Dimitrij!

BORIS *(aufspringend)*
Dimitrij! Zarewitsch, entferne dich!

FJODOR O, Gossudar, gestatte mir, bei dir zu bleiben,
daß ich erfahr', welch Unheil deinem Throne droht.
(Boris geht aufgeregt auf und ab.)

BORIS *(zornig)*
Zarewitsch! Zarewitsch! Sei gehorsam!
(Fjodor geht hinaus. Boris folgt seinem Sohne, schließt hinter ihm die Tür und tritt dann rasch zu Schuiskij.)
Maßregeln treffe man sogleich.
Rußland ist gegen Litauen abzusperren mit Grenzwa-
chen! Daß keine Seele mir die Grenze überschreitet.
Nun geh! Nein, bleib' hier, bleib' hier, Schuiskij!
Hast du wohl jemals schon gehört,
daß tote Kinder aus dem Grabe auferstehn... um
Zaren anzuklagen... Zaren... rechtmäßige, vom
ganzen Volk erkoren

und auch geweiht vom großen Patriarchen?
Ha ha ha ha ha ha ha ha!
Was? Zum Lachen?
(faßt Schuiskij am Kragen)
Was lachst du nicht? He?

SCHUISKIJ Behüte, großmächtiger Gossudar!

BORIS Höre, Fürst!
Als sie stattfand, die große Freveltat ...
als vorzeitig der Kleine umkam ...
und als sein Leichnam blutig auf dem Platze lag,
die Herzen der Bürger von Uglitsch mit tiefem
Schmerz erfüllend,
dies' kleine Kind ... das tote ... war's Dimitrij?
Wassilij Iwanowitsch! In des Kreuzes und in Gottes
Namen,
ich beschwöre dich, mit reinem Gewissen,
die ganze Wahrheit sage mir!
Du weißt, ich kann vergeben:
vergangne Lüge werd ich niemals unnötig ächten.
Doch wenn du mich belügst, ich schwör es dir! –
ersinne ich dir eine böse Strafe,
solch eine Strafe, daß Zar Iwan
vor Grauen noch erbeben soll im Grabe!
Ich fordre Antwort!

SCHUISKIJ Und du, du glaubst mir nicht?
Zweifelst du wirklich an dem ergebnen Diener
und schreckst ihn mit der Todesstrafe?
Nicht die Strafe, deine Ungnade ist schrecklich!
(nähert sich Boris)
Dort im Dom von Uglitsch, vor allem Volk,
sah ich mehr als fünf Tage den Leichnam des Kindes.
Um ihn herum die dreizehn anderen Leiber,
furchtbar verstümmelt, blutig, in schmutzigen Fetzen!
An ihnen war Verwesungsspur schon merklich zu ge-
wahren!
Doch das Kinderantlitz des Zarewitsch
war hell und frisch und klar.
Die tiefe, schreckliche Wunde klaffte.
In seinen unschuldigen Zügen lag ein wundersames
Lächeln,
es schien, als schliefe er in seiner Krippe ruhig,

die Händchen gekreuzt und in der Rechten
hielt er noch sein Spielzeug fest.

BORIS Genug jetzt! . . .

*(Gibt Schuiskij ein Zeichen, sich zu entfernen. Schuiskij geht
ab, sich nach Boris umschauend; Boris sinkt in einen Lehnstuhl.)*

O, es ist schwer! Muß zu Atem kommen . . .
Ich fühlte mir das Blut zu Kopfe steigen
und wie's nur langsam wich.
O böses Gewissen, wie furchtbar kannst du strafen . . .

(dumpf)

Doch wenn darin . . . ein Fleck . . . ein einziger,
ein einziger sich zufällig eingenistet hat,
verbrennt die Seele, ein Gift fließt in das Herz,
und schwer wird's, schwer wird's einem,

(düster)

wie Hammerschlag pocht in den Ohren –
Vorwurf und Verwünschung . . .
und 's würgt dich etwas . . .

(mit erstickter Stimme)

würgt dich . . .
Und in dem Kopfe schwindelt's . . .
vor Augen . . . das Kind . . . blutüberströmt!
Da . . . da vorn . . . was ist das . . . in der Ecke . . .
Gespensterhaft, es wächst . . . nähert sich . . .
zittert und stöhnt . . .
Fort! fort! . . . Nicht ich . . . dein Mörder bin nicht
ich . . .
Fort, Knabe, fort! . . .
Das Volk . . . nicht ich . . . des Volkes Wille! . . .
Fort, Knabe!
Gott, mein Gott! Du willst nicht den Tod des Sündi-
gen!
Erbarm der Seele dich des frevelhaften Zaren Boris!

(Der Vorhang fällt.)

Dritter Aufzug

(Fehlt in der Fassung von 1869)

Erstes Bild

Gemach der Marina Mnischek im Schloß von Sandomir. Marina ist beim Ankleiden. Die Mädchen singen ihr zum Zeitvertreib.

CHOR DER MÄDCHEN

(zwei Chorführerinnen)
Am Ufer der Weichsel,
im Schatten der Weide,
blühet ein Blümlein,
weißer als Schnee.
In spiegelnde Fluten
schaut träge es nieder,
erfreut, dort sein prächtiges
Bildnis zu sehen.

ALLE Und über dem Blümlein,
im Glanze der Sonne,
da tummeln sich Falter;
sie spielen, sie tanzen,
bezaubert sehn sie
die Schönheit des Blümleins,
keiner berühret
die Blättchen, die zarten.
Voll Anmut, das Blümlein,
neigt freundlich das Köpfchen,
in spiegelnde Fluten
schaut träge es nieder.

MARINA *(zur Dienerin)*
Den diamant'nen Reif!

CHOR DER MÄDCHEN
>   Im heitren Palaste
>   wohnet ein Fräulein –
>   viel besser als alle
>   Blümlein am Flusse,
>   tausendmal besser,
>   weißer und zarter –
>   zum Ruhme, zur Freude
>   von ganz Sandomir,
>   da erblüht es so schön.

ZWEI CHORFÜHRERINNEN
>   So manche Jünglinge,
>   sehr stattlich und edel,
>   verwirrt und gefangen,
>   verneigten sich vor ihr nur,

ALLE
>   und grüßten ihr Lächeln,
>   glückselig berauschet;
>   zu Füßen der Zaub'rin,
>   die Welt so vergessend.
>   Das Fräulein, das schöne,
>   verspottet im Lachen
>   die Worte der Liebe,
>   das glühende Schmachten,

ZWEI CHORFÜHRERINNEN
>   die Leiden und Qualen,
>   die bebenden Herzen
>   verachtend.

MARINA
>   Genug nun! . . .
>   *(steht auf)*
>   Das schöne Fräulein ist euch dankbar
>   für diese Schmeicheleien,
>   für den Vergleich mit jenem schönen Blümlein,
>   weißer als der Schnee.
>   Doch Panna Mnischek hat genug nun
>   von euren Schmeicheleien,
>   von der Anspielung auf irgendwelche edlen Jünglinge,
>   die ständig, in ungezählten Scharen zu ihren Füßen
>   liegen,
>   glückselig und berauscht!
>   Nein, nicht solche Lieder wünscht sich Panna Mni-
>   schek,

nicht erwarte ich den Lobpreis meiner Schönheit.
Singt mir lieber solche Lieder,
die die Njanja einst gesungen,
von der Größe, von den Siegen und vom Ruhm der
Polenkrieger,
von den prächtgen Polenjungfern,
von geschlagnen fremden Völkern.
Dieses will sie, Panna Mnischek,
solche Lieder hört sie gerne!
(zu den Mädchen)
So geht jetzt!
(Die Mädchen verneigen sich und gehen.)
Dich, Rusja, dich brauche ich heut' nicht mehr;
ruh' dich aus.
(Rusja geht.)
Öde ist alles, ach, so öde!
Wie beschwerlich und wie träge
Tag um Tag dahingeht!
Leer und einfältig, so zwecklos!
Nicht die Schar der Fürsten, Grafen
oder edlen Herren kann die Langeweile lindern!
Nur dort, im fernen Nebel, blitzte auf ein heller Licht-
strahl:
Auf den Moskowiter Schlaukopf
warf Marina nun ihr Auge.
Mein Dimitrij, grauser Rächer,
unbarmherzig,
Gottes Strafe, Gottes Geißel,
der Vergelter des Zarewitsch,
eines Opfers wilder Machtgier,
eines Opfers böser Habsucht
des meuchlerischen Zaren Godunow.
Ich erwecke die Magnaten;
mit des Goldes Glanz, mit Beute
lock' ich an die Schlachta.
Aber dich, mein Usurpator,
mein geliebter Träumer,
dich umgarne ich mit heißen Liebestränen,
dich erdrücken die Liebkosung, meine Küsse,
Liebster, mein Zarewitsch, mein Dimitrij,
auserwählter Freier!

Dich betöre ich mit zarten, leisen Liebesworten.
Nicht befriedigt Panna Mnischek
all das laue Liebeswerben,
junger Feuerköpfe schmachten,
fade Reden der Magnaten,
Panna Mnischek will gerühmt sein,
Panna Mnischek möchte herrschen!
Auf den Thron der Zaren Moskaus
setz' ich mich als Zarin,
und in golddurchwirktem Purpur
werde ich erstrahlen!
Meiner Schönheit unterwerf' ich
all die stumpfen Moskowiter.
Aufgeblasene Bojaren
werden sich vor mir verneigen!
Dann besingen die beschränkten Moskowiter
ihre hohe, stolze Zarin
in den Sagen und Legenden! . . .
Ha-ha-ha-ha-ha-ha-ha-ha-ha-ha-ha . . .
(Sie geht zur Tür und bleibt vor dem Spiegel stehen, sich bewundernd und ihr Diadem zurechtrückend; Rangoni erblickend)
Ah! Ach, das seid Ihr, mein Vater.

RANGONI   Gestattet Ihr dem unwürdigen Diener Gottes, Ihr, Panna, die erstrahlt in überirdischer Schönheit,
(verbeugt sich)
zu bitten um Gehör!

MARINA   Mein Vater, nicht bitten sollt Ihr:
Marina Mnischek war Euch stets gehorsame Tochter und wird es der heiligen, apostolischen und unteilbaren Kirche sein.

RANGONI   *(nähert sich Marina)*
Die Kirche Gottes ist vergessen worden,
die hellen Antlitze der Heiligen verblichen,
der reine Quell des lebendigen Glaubens versiegt,
es verlöscht im Weihrauchfaß das Feuer,
von neuem bluten die heiligen Märtyrer,
Trauer herrscht in den himmlischen Höhen,
Tränen fließen den frommen Dienern Gottes!

MARINA   Mein Vater! Ihr, Ihr verwirrt mich.
Brennenden Schmerz erwecken Eure Worte voller

Leid in meinem schwachen Herzen.

RANGONI Meine Tochter! Marina! . . . Verkünde du den Mosko-
witer Ketzern den rechten Glauben! Weise ihnen den
Weg zum Heile, vernichte den sündigen Geist der
Spaltung! Und gepriesen wird die heilige Marina sein,
vor dem strahlenden Thron des Schöpfers, von den
Engeln Gottes!

MARINA Und gepriesen wird die heilige Marina sein, vor dem
strahlenden Thron des Schöpfers, von den Engeln
Gottes! Huh! Welche Sünde!

Mein Vater, mit welcher schrecklichen Versuchung
habt Ihr die sündige, unerfahrne, flatterhafte Seele
Marinas verführt.

Nicht mir, gewöhnt an Glanz im Strudel des Lichtes
und fröhlicher Feste, nein, nicht mir ist es beschieden,
die Kirche Gottes zu verkünden! Ich bin zu schwach.

RANGONI So feßle durch Schönheit den falschen Dimitrij! Mit
heißem, flammendem, glühendem Liebeswort wecke
die Leidenschaft in seinem Herzen, mit deinem Zau-
berblick, mit deinem Lächeln berücke seinen Verstand!

Verwirf die unnütze, abergläubige Furcht,
die Qual des kläglichen Gewissens!
Leg ab alle nichtigen Vorurteile der törichten und
falschen Mädchenscheu.
Bisweilen mit gespieltem Zorn, mit weiblich
launischem Wesen, bisweilen mit feiner
Schmeichelei oder geschicktem Betrug,
umgarne ihn, bestricke ihn!
Und wenn er dann, ermattet in wortloser Wonne,
zu deinen wundervollen Füßen sinkt,
deine Befehle erwartend,
fordre den Schwur der heiligen Propaganda!

MARINA Was anderes will ich!

RANGONI Wie? Vermeßne, du wagst es, der Kirche zu trotzen!
Wenn es als nützlich angesehen wird,
so mußt du sofort ihr hingeben,
ohne Furcht und ohne Reue, selbst deine Ehre!

MARINA Was? Dreister Lügner!
Ich fluche deinen arglistigen Reden,
deinem verderbten Herzen,

verfluche dich mit aller Verachtung!
Fort, mir aus den Augen!

RANGONI Marina!
In deinen Augen funkelt höllisches Feuer,
die Züge verzerrten sich, die Wangen erblaßten
vom Hauch des Bösen.
Deine Schönheit, sie schwand dahin,
die Geister der Finsternis haben sich deiner bemäch-
tigt,
mit teuflischen Stolz hat dein Geist sich verfinstert.

MARINA O Herrgott, so beschütze mich!
Herrgott, belehre mich!

RANGONI In finsterer Hoheit auf Flügeln der Hölle
schwebt der Satan selbst über dir!

MARINA Ah!
(Fällt Rangoni zu Füßen.)

RANGONI Gehorche dem Boten des Herrn!
Ergib dich mir mit ganzer Seele,
mit den Gedanken, den Wünschen, den Träumen,
sei meine Sklavin!
(Vorhang.)

Zweites Bild

Schloß der Mnischek in Sandomir.
Garten mit Springbrunnen. Mondnacht.
(Der falsche Dimitrij tritt nachdenklich aus dem Schloß.)

PRÄTENDENT Um Mitternacht, im Garten . . . hier am Brunnen.
O süße Stimme! Mit welcher Wonne
hast du mein Herz erfüllt!
(Nähert sich dem Springbrunnen.)
Wirst du wohl kommen, Vielgeliebte,
o kommst du, mein Täubchen, du leichtbeschwingtes?
Oder vergißt du ihn, den Falken, den schnellen,
der sich nach dir so sehnt, so ganz verzehrt?
Mit holdem Liebesgruß, sanftem Kosewort,
gib du doch Lindrung der Herzensqual, der ausweglosen.

(Wendet sich dem Schlosse zu.)
Marina! . . .
Marina! . . .
(Nähert sich dem Schlosse.)
Gib Antwort,
o, gib Antwort! . . .
so komm, so komm, ich harre dein!
Nein! . . . keine Antwort . . .
(Verfällt in Gedanken.)
(Um eine Schloßecke schleicht, sich umblickend, der Jesuit.)

RANGONI Zarewitsch!

PRÄTENDENT Schon wieder er! Gleich einem Schatten folgst du mir.

RANGONI Durchlauchtigster, tapferer Zarewitsch!
Ich bin gesandt von der stolzen Schönheit Marina,
meiner mir vom Himmel verliehenen gehorsamen,
liebreichen Tochter.
Sie flehte mich an, Euch zu sagen,
daß sie viel boshaften Spott hat erdulden müssen,
daß sie Euch liebt, daß sie zu Euch . . .

PRÄTENDENT O – wenn du nicht lügst,
wenn nicht der Satan selbst diese wundervollen Worte
flüstert . . .
dann erhebe ich sie, das Täubchen, vor der ganzen
russischen Erde,
dann erhebe ich sie mit mir auf den Zarenthron,
dann blende ich mit ihrer Schönheit das rechtgläubige
Volk! . . .
(den Jesuiten scharf ansehend)
Böser Dämon! Wie ein nächtlicher Dieb schlichst du
mir in die Seele.
Du hast meiner Brust ein Bekenntnis entrissen.
Und von Marinas Liebe logst du? . . .

RANGONI Log? . . . Ich log?
Und vor dir, Zarewitsch? . . .
Doch nur nach dir allein sehnt sie sich Tage und
Nächte,
von deiner Zukunft, der beneidenswerten, träumt sie
in nächtlicher Stille.
O, wenn du sie nur liebtest,
wenn du ihre Qualen kenntest,
der stolzen Magnaten Spott,

der heuchelnden Frauen Neid,
den boshaften Klatsch,
leeres Geschwätz vom heimlichen Stelldichein oder
heimlichen Küssen,
all diese unerträglichen Kränkungen,
o, dann verwürfest du nicht
die bescheidene Bitte, meine Beteuerungen,
würdest die Martern der armen Marina nicht Lüge
nennen.

PRÄTENDENT Genug nun! Zu viele der Vorwürfe,
viel zu lang verbarg ich mein Glück vor den Menschen!
Ich werde Marina trotzig beschützen,
ich stelle die hochmütigen Herren zur Rede,
die Kabalen der schamlosen Frauen zerstör' ich,
ich verlache die kleinliche Bosheit,
und vor der Schar seelenloser Magnaten
gestehe ich Marina meine grenzenlose Liebe,
werfe mich ihr zu Füßen,
sie bittend, die glühende Leidenschaft nicht zu verwei-
sen,
mir Gattin zu sein, Zarin, Freundin . . .

RANGONI *(zur Seite)*
Heiliger Ignatius, stehe mir bei!

PRÄTENDENT Dich, der du der Welt entsagtest,
alle Freuden des Lebens verfluchtest,
ein großer Meister in der Kunst der Verführung,
dich beschwöre ich mit der Kraft deines heiligen Eides,
mit der Kraft des Verlangens nach himmlischer Seelig-
keit!
Führ' mich zu ihr, o, laß sie mich sehen,
ihr meine Liebe gestehen, die unendlichen Qualen,
es gibt keinen Preis, der mich aufhalten könnte.

RANGONI Ein frommer, sündiger Beter,
der stündlich denkt an seine Nächsten,
an den Tag des jüngsten Gerichtes,
an die furchtbare Strafe des Gottes, der da kommen
wird,
der längst vergangene Leib, der kalte Stein,
kann er denn hoffen auf die Schätze des Lebens?
Doch wenn Dimitrij, durch göttliche Eingebung,
die frommen Wünsche nicht verwirft,

	ihn, gleich einem Sohne, zu behüten,
	jeden seiner Schritte und Gedanken zu folgen,
	ihn zu schützen, zu beschirmen . . .
PRÄTENDENT	Ich werd' mich von dir schon nicht trennen,
	nur laß mich meine Marina sehen,
	sie umarmen . . .
RANGONI	Zarewitsch, verbirg dich!
PRÄTENDENT	Was hast du?
RANGONI	Dich trifft hier an die Schar der zechenden Magnaten.
	So geh, Zarewitsch, ich beschwör' dich, geh!
PRÄTENDENT	Sie mögen kommen, ich werd' gebührend sie empfangen,
	nach Rang, nach Heldenmut und Ehre . . .
RANGONI	Besinn dich, Zarewitsch, es ist dein Verderben,
	du gibst Marina preis, so geh geschwind!

(Aus dem Schlosse kommt eine Schar Gäste.)

MARINA *(am Arm eines alten Magnaten)*
Eurer Liebessehnsucht glaub ich nicht, ihr Herren,
die Versprechungen und Schwüre sind vergeblich . . .
und werden Eure Reden . . .
mich nicht trügen, meine Herrn.

DIE GÄSTE *(die Herren)*
Wir besetzen schnell das Reich der Moskowiter!
Die gefangnen Russen führen wir Euch zu!
Und Borisens Heere werden wir besiegen!

(die Damen)
Nun, was ist, ihr Herren, zaudert nicht zu lange . . .

(Gehen in den Garten.)
Auf nach Moskau, schnell gegangen,
nehmt den Boris dort gefangen!

(Aus dem Garten zurückkehrend.)
(die Herren)
Für Polens Ruhm und Ehre
sei zerstört das Nest des Moskowiter!

(die Damen)
Marina wird's nicht können.
Schön ist sie, aber kalt,
voll Hochmut, bös . . .

MARINA *(aus dem Schloß tretend, zu den Gästen)*
Wein herbei, ihr Herren!

DIE GÄSTE Marina lebe hoch!

71

(Sie folgen Marina ins Schloß.)
(die Herren)

Leert das Glas aufs Wohl der Mnischek!
Mit Ungarwein Marina ehret!
Ein Hoch der Zarenkrone der Marina!

DIE GÄSTE *(hinter der Bühne)*

Vivat! Vivat! Vivat!
Vivat! Vivat! Vivat!

PRÄTENDENT *(läuft auf die Bühne)*

Der schlaue Jesuit
hielt mich fest in seinen Teufelskrallen.
Nur aus der Ferne, flüchtig so, erblickte ich die göttliche Marina.
Nur heimlich traf mein Blick auf ihrer Augen Zauberglanz.
Das Herz schlug bis zum Halse,
nicht einmal nur wollte die Freiheit ich erkämpfen.
mich mit dem ungebetnen Gaste schlagen,
dem geistlichen Berater.
Und während seines unerträglichen Geschwätzes,
voll unverschämter Arglist,
sah ich am Arm des prahlerischen Polen,
voll anmutiger Schönheit, Marina.
Ihr Lächeln strahlte so bezaubernd,
als die Holde von Zärtlichkeiten hauchte,
von stiller Leidenschaft, vom Glück, Gattin zu sein . . .
die Gattin jenes zahnlosen Zechers!
Wie das Schicksal ihr der Liebe Glück verheißt,
und Ehre, die goldne Krone und einer Zarin Purpur!
Nein, zum Teufel!
Schnell die Waffenrüstung angelegt!
Den Helm, das Schwert, das starke,
und dann aufs Pferd!
Zum Kampf!
Zum Todeskampf!
Es jagen voran die tapferen Scharen,
dem Feind ins Angesicht zu sehen
und im Kampf zu erobern den ererbten Thron!

MARINA Dimitrij!
Zarewitsch! Dimitrij!

PRÄTENDENT Sie ist's!

Marina!
Du bist hier, mein Alles, meine Schönheit!
Wie so quälend und wie langsam
schlichen die Stunden der Erwartung.
Qualen der Eifersucht und Zweifel
nagten am Herzen, trübten all meine klaren Gedanken
und ließen mich verwünschen meine Liebe und das
Glück!

MARINA Ich weiß, ich weiß alles!
Du wachst des Nachts, du schwärmst,
und Tag und Nacht träumst du nur von Marina!
Doch nicht der Liebesworte und nicht der leeren
unnützen Reden wegen kam ich zu dir.
Wenn du mit dir allein bist,
kannst du vor Liebe zu mir vergehen.

PRÄTENDENT Marina!

MARINA Mich können nicht berücken, so wisse dies,
deine Opfer und nicht einmal dein Tod vor lauter
Liebesleid.
Doch wann wirst du in Moskau Zar sein?

PRÄTENDENT Zar?
Marina, du erschreckst das Herz mir!
Sollte die Macht, der helle Glanz des Thrones,
der Schranzen eitler Schwarm, trauriges Denunzieren,
sollte all' das in dir die heilige Liebessehnsucht töten,
die Wonne der Liebkosung, die innige Umarmung,
die Zauberkraft der leidenschaftlichen Entzückung?

MARINA Natürlich!
Auch in einer kleinen Hütte könnten wir sehr glücklich
sein;
was ist uns an Ruhm, an der Herrschaft schon gelegen,
wir werden allein von der Liebe leben!
Doch wenn Ihr, Zarewitsch, nichts als Liebe sucht,
so gibt es in Moskau doch genügend Frauen,
die kräftig und rosig, mit buschigen Brauen . . .

PRÄTENDENT Was, unser Weibervolk!
In Federn wälzen sie sich, zu gern vergehen sie und
schmachten,
flüstre von Liebe nur ein Wort,
schmelzen sie hin, das es dich ekelt!
Nur dich, dich ganz allein, Marina,

dich verehre ich mit aller Leidenschaft,
mit der Wonne Sehnen und Glückseligkeit.
Erbarm dich des Leidens meiner gequälten Seele,
weise mich nicht von dir!

MARINA   Nicht mich, Marina, nur das Weib habt Ihr in mir
geliebt?
Nur der Thron der Moskauer Zaren,
nur der Purpur und die goldne Krone
könnten mich sogleich verführen!

PRÄTENDENT   Du brichst mir das Herz, grausame Marina,
von deinen Worten dringt mir Grabeskälte in die
Seele.
Sieh' zu deinen Füßen mich,
zu deinen Füßen flehe ich:
Verschmähe meine Wahnsinnsliebe nicht!

MARINA   Steh' auf, zärtlicher Freier!
Quäl dich nicht mit unnützem Flehen.
Steh' auf, du schmachtender Dulder!
Du dauerst mich, mein Liebster.
Bist vor lauter Liebe zu deiner Marina so erschöpft.
Tag und Nacht träumst du von ihr nur
und hast den Thron schon längst vergessen,
und den Kampf mit Zar Boris.
Fort, verwegner Strolch!

PRÄTENDENT   Marina, was ist mit dir?

MARINA   Fort, du Polendiener!

PRÄTENDENT   Was ist mit dir?

MARINA   Du Knecht!

PRÄTENDENT   Halt, Marina!
Schien es mir nur, daß du mir mein vergangnes Leben
in aller Schwere vorwarfst?
Du lügst, eitles Polenweib!
Ich bin der Zarewitsch!
Mir strömen zu Rußlands edle Führer.
Schon morgen führen wir zum Kampf die tapferen
Scharen,
stürmen geradewegs in den Kreml Moskaus,
auf den Thron der Väter, den mir das Schicksal baut.
Doch wenn ich als Zar, in unnahbarer Größe,
den Thron besteige,
O, mit welcher Wonne verlache ich dich dann,

     o, wie gern betrachte ich dich dann,
     wie du dich um den verlorenen Zarenthron grämst,
     und als gehorsame Sklavin
     wirst du vor die Stufen meines Thrones kriechen . . .
     Allen befehl ich dann, die dumme Polin auszulachen!
MARINA Auslachen! . . .
     O, Zarewitsch, ich beschwör' dich,
     verfluch mich nicht für die bösen Worte.
     Kein Vorwurf, kein Spott, nur reiner Liebe,
     sorge um deinen Ruhm und deine Größe
     spricht aus den Worten in nächtlicher Stille.
     Mein Liebster, mein Auserwählter,
     untreu wird dir Marina nicht!
     Vergiß, o vergiß sie jetzt, vergiß deine Liebe jetzt,
     und eile auf den Zarenthron!
PRÄTENDENT Marina!
     Entfache nicht die Höllenqual meiner Seele
     durch geheuchelte Liebesworte!
MARINA Ich liebe dich, du mein Teurer, mein Gebieter!
PRÄTENDENT O, wiederhol' es noch mal, Marina!
     O, laß nicht erkalten die Wonne!
     Erfreue die Seele, du meine Zauberin, mein Leben!
     Komm, du herzallerliebste Königin!
MARINA O, wie hast du das Herz mir erfreuet!
PRÄTENDENT Komm, umarme deinen Geliebten!
MARINA Mein Geliebter du!
RANGONI *(im Hintergrund)*
     Ha!
MARINA O, mein Dimitrij! Lange schon steht das Heer bereit,
     schnell nach Moskau auf den Zarenthron!
PRÄTENDENT Meine Marina! Wann schlägt mir der Wonne Stunde,
     wann erscheint der Tag des Glücks!
RANGONI O, meine Taubchen, ihr! Ihr seid so unbedarft, so
     zärtlich!
     Schmachtenden Blickes, in selger Umarmung,
     seid ihr meine sichre Beute!
     (Vorhang.)

Vierter Aufzug

(In der Fassung von 1869: IV. Teil)

Erstes Bild (Zweites Bild in der Fassung von 1869*)

Saal im Facettenpalast des Moskauer Kreml. An den Seiten Bänke. Rechts der Ausgang zur Großen Freitreppe, links zu den Gemächern. Rechts, näher zur Rampe, ein Tisch mit Schreibgerät. Weiter links der Platz für den Zaren. Außerordentliche Sitzung der Bojaren-Duma.

In der Fassung von 1869 beginnt der vierte Aufzug mit der folgenden Aussprache des Bojaren Schtschelkalow:

SCHTSCHELKALOW *(tritt links aus den Gemächern mit einem Pergament in der Hand und verneigt sich vor den Bojaren, die den Gruß erwidern)*
Edle Bojaren!
(Die Bojaren erheben sich.)
Der große Herrscher, Zar Boris Feodorowitsch,
mit dem Segen des großen und heiligen Vaters und
Patriarchen von Rußland,
befahl euch kundzutun:
(liest vor)
«Ein Räuber, Dieb, namenloser Vagabund,
Bösewicht, Aufrührer, hat mit einer Horde
Hungerleider Unruhe angezettelt
und sich den Namen des Zarewitsch anmaßend,
behauptet, selbst rechtmäßiger Zar zu sein,
hat in Gesellschaft geächtete Bojaren

---

* *Der Text des ersten Bildes der Fassung von 1869 ist abgedruckt S. 100 f.*

und lauter nichtswürdigen Pöbel,
will nun den Thron des Boris stürzen
und euch, Bojaren, lädt er anmaßend ein,
worüber er verräterische Kunde ausgibt.»
Deshalb sollt ihr, mit Gottes Segen,
gerechtes Urteil nun darüber sprechen.

BOJAREN Nun, geben wir unsere Stimmen ab, Bojaren?
Ihr fangt als erste an, Bojaren.
Ja, unsere Meinung ist lange schon fertig,
(zu Schtschelkalow)
Schreib', Andrej Michailowitsch!
(Einige erheben sich.)
Dem Frevler, gleich, wer er sei, den Tod!
Halt, Bojaren! Erst sollte man ihn fangen und dann
wohl hängen!
Auch gut.
Vielleicht nicht ganz so gut auch.
Ach was, Bojaren, verwirrt uns nicht!
Den Frevler, gleich, wer er sei, fangen
und sofort auf die Folterbank.
(Sie setzen sich.)
(stehen auf)
Und dann ihn richten und seinen Leib aufhängen,
sollen ihn dann die hungrigen Raben fressen.
(Verbeugen sich und nehmen Platz.)
(stehen auf)
Seinen Leichnam dann verbrennen auf der Richtstätt
vor dem Volke und dreimal verfluchen die unreine
Asche.
(Verbeugen sich und nehmen Platz.)
(stehen auf)
Und die verfluchte Asche außerhalb der Stadt in alle
Winde streuen, damit auch jede Spur von diesem her-
gelaufenen Prätendenten auf Ewigkeit verschwindet.
(Verbeugen sich und nehmen Platz.)
(stehen auf)
Und jeden, der es mit ihm hält, hinrichten.
(stehen auf)
Sein Leib soll an den Schandpfahl.

(stehen auf)
Und dies sei überall dem Volk verkündet, in allen
Dörfern, Städten, Höfen, in ganz Rußland, verlesen in
Kathedralen und Kirchen, auf Plätzen und Versamm-
lungen. Und den Herrgott kniefällig bitten, er möge
sich des vielgeprüften Rußlands erbarmen.
(während Schuiskij eintritt)
Schad', Fürst Schuiskij fehlt.
Zwar ist er ein Aufwiegler, doch ohne ihn ist unsre
Meinung nicht gut gelungen.

SCHUISKIJ Vergebt mir, Bojaren.

BOJAREN Er kommt ja, wie gerufen.

SCHUISKIJ Ich kam zu spät ein wenig, nicht rechtzeitig fand ich
mich hier ein . . .

Hier folgt in der Fassung von 1869:

SCHUISKIJ Geschäfte, schwere Sorgen, ist's denn leicht, das Regieren . . .

BOJAREN Du solltest dich schämen, Wassilij Iwanitsch,
in deinem Alter solchen Aufruhr anzuzetteln!
Das Volk auf den Plätzen aufzuhetzen,
zu sagen, daß der Zarewitsch noch lebt . . .

SCHUISKIJ *(erschreckt)*
O, was denn, Bojaren! Um Gottes willen!
Könnte ich zu einer Zeit des größten Leides,
da ich doch Rußlands Unglück in mir trage,
könnte ich da das Volk aufhetzen?
Alles nur böses Geschwätz, alle nur Feinde.
(zur Seite)
Und dafür hassen sie mich!
(geht auf die Bojaren zu)
So will nun ich, der ich euch von ganzer Seele liebe,
jetzt warnen.

SCHUISKIJ Als ich neulich seine Majestät verließ, schaute ich
bangen Herzens, mich um die Zarenseele sorgend,
zufällig durch den Türspalt. O, was erblickte ich, Bojaren!

Sehr bleich, in kalten Schweiß gebadet, am ganzen
Leibe zitternd, sinnlos irgendwelche seltsamen Worte
murmelnd. Zornig blitzten die Augen. Von einer ge-
heimnisvollen Pein geplagt, quälte sich die leidende
Majestät. Dann wurde er im Gesicht ganz blau, die
Augen starrten in die Ecke, er stöhnte furchtbar und
schauderte vor etwas . . .

BOJAREN   Du lügst! Du lügst, Fürst!

SCHUISKIJ   Den umgekommenen Zarewitsch anflehend . . .

BOJAREN   Wie?

SCHUISKIJ   Unfähig, seine Erscheinung zu verjagen:
Fort! Fort! flüsterte er . . .

(Zar Boris tritt ein.)

BORIS   *(im Sprechton)*
Fort! Fort!

SCHUISKIJ   *(im Sprechton)*
Fort! Fort!

SCHTSCHELKALOW   *(Boris erblickend)*
Leise! Der Zar . . . Der Zar!

BORIS   Fort! Fort!

BOJAREN   Gütiger Gott!
(Boris anschauend.)

BORIS   *(im Sprechton)*
Fort! Knabe!

BOJAREN   Gütiger Gott! Mit uns das allmächtige Kreuz!

BORIS   *(zur Rampe tretend)*
Wer hat gesagt: Ein Mörder. Da ist kein Mörder!
Es lebt, es lebt, das Kind! Und Schuiskij,
für seinen falschen Eid, verurteilen.

SCHUISKIJ   Der Segen Gottes über dir.

BORIS   *(lauschend)*
Wie?
(zu sich kommend)
Ich rief nach Euch, Bojaren;
(schreitet zu seinem Sessel)
ich vertraue Eurem weisen Rat.
(setzt sich)
In Zeiten des Elends und schwerer Prüfungen seid ihr
mein Bestand, Bojaren.

SCHUISKIJ   *(tritt näher und verbeugt sich)*
Großmächtiger Gossudar!

79

Gestatte mir unwürdigem, demütigem Knecht
zu sprechen.
Hier, bei der Großen Treppe, wartet ein frommer
Greis auf die Gnade, vor dein erhabnes Angesicht
zu treten. Als Mann von Wahrheit und Gewissen,
ein untadeliger Mann, möchte er von einem
wichtigen Geheimnisse berichten.

BORIS Sei es! So rufe ihn!
(Schuiskij geht hinaus.)
Des Greises Worte werden vielleicht lindern
die tiefe Unruhe der gequälten Seele!
(Schuiskij kehrt zurück, ihm folgt Pimen.)

PIMEN *(tritt ein und bleibt, Boris scharf anblickend, stehen)*
Ein Mönch voll Demut, in Dingen dieser Welt ein
schlechter Richter, wagt hier nun seine Stimme zu
erheben.

BORIS Erzähle alles, Greis, was du weißt, ohne Zaudern.

---

*Der Erzählung des Pimen geht in der Fassung von 1869 der
folgende Satz voraus:*

PIMEN Sehr kurz und einfach wird mein Bericht,
eine unverfälschte Erzählung von wunderbaren
Taten unsres Gottes! . . .

PIMEN Es kam einmal zur abendlichen Stund' zu mir ein Hirt,
ein ehrwürdiger Greis schon,
und tat mir kund ein wunderbar Geheimnis:
«Als ich ein Kind war», sprach er, «ward ich blind,
seit jener Zeit kannt ich nicht Tag, nicht Nacht,
bis ins Alter. Vergebens sucht' ich Heilung
in Kräutern und geheimen Zaubersprüchen,
vergebens netzte ich mit heilendem Wasser aus ge-
weihten Brunnen die Augen . . .
Vergebens! Und so gewöhnt an meine Nacht,
zeigten die Träume mir
schon nichts mehr von den einst geschauten Dingen,
ich träumte nur noch Klänge.
Einst, in tiefem Schlaf, da hör' ich . . .

Eine Kinderstimme ruft mich, ruft deutlich mir zu:
Steh, lieber Greis, auf, und geh nach Uglitsch hin,
tritt ein in die Verklärungskirche,
dort sollst du beten dann an meinem Grabe.
So wisse, Greis: Dimitrij bin ich, der Zarewitsch.
Mich nahm der Herrgott auf in seiner Engel Schar
und nun bin ich der große Wundertäter Rußlands . . .
Ich wachte auf . . . sann nach . . .
nahm meinen Enkel mit, den langen Weg zu wandern.
Um kaum verbeugte ich mich vor dem Grabe,
da war's so schön auf einmal,
die Tränen flossen auch,
sie flossen ausgiebig und still,
und ich erblickte die Gotteswelt, den Enkel und das
Gra . . .

BORIS O! schwül ist's! Schwül ist's! Licht her!
(stürzt besinnungslos den Bojaren in die Arme)
Schnell den Zarewitsch! O, schwer ist mir!
Die Schima![1]
(Die Bojaren helfen ihm auf den Lehnstuhl.)
*(Ein Teil der Bojaren läuft nach dem Zarewitsch, ein anderer
in das Tschudow-Kloster.)*
(Fjodor kommt herein.)
Verlaßt uns nun! Geht alle fort!
Leb wohl, mein Sohn, ich sterbe . . .
Jetzt gleich beginnt nun deine Herrschaft . . .
Und frage nicht, auf welchem Weg ich Zarenmacht
erlangt . . .
du brauchst es nicht zu wissen,
(feierlich)
du wirst rechtmäßig herrschen,
als mein Thronerbe, als erstgeborner Sohn.
Mein Sohn, o Kind, mein heißgeliebtes!

---

1 Schima (σχίμα = griech. Ornat, Mönchsgewand) russ. = höchste Stufe des Mönchs-
tums, die mit neuen, sehr strengen Gelübden verbunden ist. In früherer Zeit wurden die
sterbenden russischen Zaren in den Mönchstand aufgenommen. Diese Zeremonie wurde
auch «Schima» genannt.

*In der Fassung von 1869 sind hier die folgenden Sätze des Boris
eingeschoben:*

BORIS In schwerer Zeit erlangst du deine Krone,
stark ist der Prätendent!
Gar schrecklich geht von ihm die Kunde,
um dich herum, Verschwörung der Bojaren, Verrat im
Heer . . . Hunger, Pest . . .
Höre, Fjodor:

Traue niemals dem Ränkespiel der Bojaren,
scharf überwache ihre geheimen Beziehungen zu Litauen.
Bestrafe Verrat ohn' Erbarmen, bestraf' ihn gnadenlos,
halte dich streng an das unparteiische Volksgericht.
Stehe fest als Streiter für den rechten Glauben,
ehre fromm die heiligen Diener Gottes.

---

*In der Fassung von 1869 sind hier die folgenden Sätze des Boris
eingeschoben:*

BORIS Erhalte deine Reinheit, Fjodor,
in ihr ist deine Kraft und Macht,
die Festung deines Verstandes und des Heils.

BORIS Mein Sohn, behüte deine Schwester, die Zarewna,
denn du allein bleibst ihr Beschützer nun . . .
unsrer Xenia, der reinen Taube.
(fast im Sprechton)
Gütger Gott! Gütger Gott!
Erhör', ich flehe, die Tränen eines sündigen Vaters,
ich flehe nicht für mich,
nein, nicht für mich, mein Herrgott! . . .
Gütig, aus unnahbar fernen Höhn,
vergieß den segenreichen Schein
auf meine reinen, unschuldigen Kinder . . .
Himmlische Heerscharen! . . .

Wächter des ewigen Gottesthrons! . . .
(Umarmt den Sohn.)
Mit lichten Fittichen mögt ihr beschützen
mein heißgeliebtes Kind vor Haß und Not . . .
(im Sprechton)
vor der Versuchung . . .
(Küßt den Sohn.)
Ja! Totenglocken Klang!
(Gesang hinter der Bühne.)

CHOR   Weinet, weinet, Menschen ihr,
nicht mehr lebet er,
und stumm sind seine Lippen,
und gibt er keine Antwort,
weinet! Halleluja!

BORIS   Der Grabessang,
Schima . . . die heilge Schima . . .
zum Mönche wird der Zar.

FJODOR   *(tränenerstickt)*
Gossudar, sei beruhigt, der Herr wird helfen . . .

BORIS   Nein, nein, mein Sohn, mir schlug die Stund'! . . .

CHOR   *(betritt die Bühne)*
Ich sehe ein Kind, das da sterben muß
und ich klage, weine –
er bebet gar fürchterlich
und flehet laut um Gnade
und gibt es keine Gnade . . .

BORIS   *(in großer Erregung)*
Herrgott! Herrgott! Schwer wird's mir!
Kann ich Vergebung nie erflehn!
O harter Tod! Wie quälst du doch so grausam!
(steht auf)
(Der Chor bleibt stehen.)
Seid nicht so eilig . . .
noch bin ich Zar!
Noch bin ich Zar . . .
(Greift sich ans Herz und fällt in den Sessel.)
(im Sprechton)
Herrgott! Tod! Verzeihe mir!
(zu den Bojaren, auf den Sohn weisend)
da . . . ist . . . euer Zar . . . der Zar . . .
vergebt mir . . .

(geflüstert)
vergebt . . .
BOJAREN *(im Flüsterton)*
Er starb.
(Vorhang fällt langsam.)

Zweites Bild (fehlt in der Fassung von 1869)

*Waldlichtung bei Kromy[1]. Rechts ein Abhang, dahinter eine
Stadtmauer. Vom Abhang führt ein Weg über die Bühne. Direkt am Abhang ein großer Baumstumpf.*

(Vorhang. Geschrei der Menge hinter der Bühne.)
*(Ein Haufen Vagabunden stürmt den Abhang herunter; in ihrer
Mitte der gefesselte Bojar Chruschtschow.)*

MÄNNER Hierher mit ihm! Und setzt ihn auf den Baumstumpf,
Leute!
(Setzen Chruschtschow auf den Baumstumpf.)
Gut so!
Damit er nicht laut heult, damit er die Bojarenkehle
schont . . .
stopft sie ihm zu!
(Verstopfen ihm den Mund mit einem Lumpen.)
Richtig!
Was, Brüder? Ob denn der Bojar ohne Ehrbezeigung
auskommt?
Ja, ohne Ehren!
FRAUEN So geht das nicht! Ist doch beim Boris Woiwode.
MÄNNER Boris hat wie ein Dieb den Zarenthron verwaltet, und
der, der klaute bei dem Dieb.
Nun? Dafür gebührt im Ehr' wie einem guten Dieb!
He! Wache! Fomka[2]! Epichan[3]!
Stellt euch hinter ihn! Wichtig!
*(Zwei mit Knüppeln Bewaffnete aus der Menge stellen sich
hinter Chruschtschow auf.)*

---

1 Kromy = ein kleines Dorf in der Nähe der litauischen Grenze.
2 Fomka – kommt von Foma = Thomas.
3 Epichan – kommt von Epifan = Epiphanias.

FRAUEN Was für ein Wundertier!
Ob der Bojar bisher noch nie ein Liebchen wohl
gekannt hat?
Wohin zum Teufel! Bojar ohne ein Liebchen,
ißt Pirog[4] ohne Füllung, nur trocknes Brot!
Afimja, du Täubchen! Du hast schon, sagt man,
über hundert auf deinem Buckel.
Also ist's nicht mehr gefährlich.
Heran, du Schöne, an den Bojaren!
Heran!
*(Aus dem Haufen tritt ächzend und hüstelnd ein uraltes Weib
hervor und humpelt zu Chruschtschow hin.)*

ALLE He, he, he, he, he, he . . .

MÄNNER Also! Dann preisen wir ihn jetzt!
Dann preisen wir ihn jetzt!
He, Weiber, ihr fangt an!
He, Weiber, ihr fangt an!
(Der Chor stellt sich im Halbkreis vor Chruschtschow auf.)

FRAUEN Kein Falke auch fliegt in den Wolken hoch,
kein feuriges Roß springt durch Felder so,

ALLE tief in Gedanken sitzt der Bojar,
sitzt und grübelt nach.
Heil dem Bojaren! Freund des Boris, dir Heil!
Heil dem Bojaren! Freund des Boris, dir Heil!
Heil dir!
(verneigen sich)

MÄNNER Halt, Weiber! Man sieht ja beim Bojaren keinen
Knüppel!
Wozu ein Knüppel! Gebt 'ne Knute!
(Drücken Chruschtschow eine Knute in die Hand.)
Ja, so.
Los jetzt, macht fort!

FRAUEN Tief in Gedanken versinkt er so,
wie dem Boris er wohl nützen kann,

ALLE wie dem Diebe er helfe,
zu knechten, quälen das arme Volk!
Heil dem Bojaren! Freund des Boris, dir Heil!
Heil dem Bojaren! Freund des Boris, dir Heil!
Heil dir!

---

4 Pirog = hier eine Art gefüllte Pastete.

(verneigen sich)
Ehre, Würdigung hast du uns dargebracht,
Stürme, Unwetter, bei schlechten Wegen noch,
hast bereitet unseren Kinderlein,
und die Peitsche geschwungen fest.
Heil dem Bojaren! Freund des Boris, dir Heil!
Heil dem Bojaren! Freund des Boris, dir Heil!
Ach, soviel Ehre sei dir, dem Bojaren!
Ach, soviel Ehre sei dir, dem Bojaren!
Ewig Ehre dir!
(verneigen sich bis zur Erde)

DIE BUBEN Trrr-rrr-rrr-rrr!
Der eiserne Topf, der eiserne Topf!
Trrr-rrr-rrr-rrr!
Der eiserne Topf, der eiserne Topf!
U-lu-lu-lu-lu-lu-lu-lu-lu-lu-lu-lu
Trrr!

GOTTESNARR *(setzt sich auf einen Stein und singt, sich hin und her wiegend)*
Wenn der Mond geht,
weint das Kätzchen.
Gottesnarr, steh auf,
bet' zu Gott recht fleißig,
vor Christus verneig dich.
Christus, unser Gott.
Schönes Wetter kommt,
bringt uns Mondenschein,
schönes Wetter . . .
Mondschein . . .

DIE BUBEN Guten Tag, guten Tag, Gottesnarr Iwanowitsch!
Steh' auf, ehre uns.
Und verbeuge dich recht tief.
Nimm den Topf doch ab!
Ist der Topf doch schwer!
(schlagen auf den Topf)
Dsin, dsin, dsin, dsin, dsin, dsin,
wie das klingt!

GOTTESNARR Und ich hab ein Kopekchen bei mir.
DIE BUBEN Mach Spaß!
Uns legst du doch nicht herein!
(entreißen ihm die Münze)

86

GOTTESNARR *(sucht die Kopeke)*
Seht's!

DIE BUBEN Geht's!

GOTTESNARR A-a-a! Gekränkt hat man den Gottesnarrn!
A-a-a! Nahm ihm das Kopekchen weg!
(Legt sich nieder, stellt sich schlafend.)

MISSAÏL UND WARLAAM *(hinter der Bühne)*
Sonne und Mond verfinsterten sich,
Sterne des Himmels gehn unter schon,
das Weltall erbebte gar grauenvoll
vor schwerer Sünde, die Boris beging.
Traurige Bestien schleichen umher,
schaurige Bestien werden stets mehr,
sie verschlingen die menschlichen Leiber zu Hauf,
zu Ehren des Boris' Sünden all.

MISSAÏL *(näher)*
Folter und Qual dem ganzen Volk,
die Knechte Borisens quälen uns.

FRAUEN *(sich nach rechts drängend – vom Zuschauer aus gesehen)*
Was ist das denn?

MÄNNER Aus Moskau kommen heilige Mönche . . .

FRAUEN Wer sind die denn?

WARLAAM Aufgehetzt von böser Höllenmacht

MISSAÏL UND WARLAAM
zu Ehren des teuflischen Thrones.

MÄNNER Singen ein Lied von der Schande des Boris,
von schrecklichen Foltern,
von grausamen Qualen,
die unschuldiges Volk erduldet.

MISSAÏL UND WARLAAM *(auf die Bühne kommend)*
Das heilige Rußland stöhnet auf,
es stöhnt in des Gottlosen Gewalt,
in der verdammten Gewalt des Zarenmörders,
zum Lobpreis der untilgbaren Sünde.

VOLK Heida!

MÄNNER Frei und ledig ihrer Fesseln
bricht sich Bahn des Volkes Kraft.
Frei und ledig ihrer Fesseln
bricht sich Bahn des Volkes Kraft,
flammend lodert auf das Kosakenblut.

ALLE Aus der Tiefe steigt des Volkes Kraft empor.

Aus der Tiefe steigt des Volkes wilde,
allgewaltige, zornige Kraft empor,
steigt die Kraft empor, die allgewaltige.
Hei!

FRAUEN Hei, du Kraft, du mächtige.
Hei, du Kraft, du gewaltige!
Hei, du Kraft, du mächtige,
hei, du Kraft, gewaltige!
Du, verrat' die Burschen nicht,
Burschen, die verwegenen.
Hei!

MÄNNER Hei, du Kraft, du mächtige,
du zornige Kraft!
Hei!

ALLE Gib ihnen einmal Freuden,
gib ihnen auch zu essen!
O große Kraft,
o starke Kraft!
Hei!

MISSAÏL UND WARLAAM
Nehmt denn auf, den Zaren, Leute,
den rechtmäßigen Zaren,
nehmt den von Gott geretteten auf,
den von Gott vor Mördern behüteten.
Nehmt ihn auf denn, Leute,
den Zaren Dimitrij Iwanowitsch!

MÄNNER *(später alle)*
Heimlich schnüffeln Diener des Boris,
foltern das unschuldig' Volk!
Grausame Foltern,
Mord in Verließen,
vernichten die Rechtgläubigen.
Tod! Tod! Tod! Tod!
Ihm den Tod!
Tod dem Boris!
Tod dem Zarenmörder!
Tod!
Tod dem Boris!
Dem Zarenmörder, Tod!

LOWITZKI UND TSCHERNIKOWSKI *(hinter der Bühne)*
Domine, Domine, salvum fac Regem, Regem

(Die Menge horcht auf.)
Regem Demetrium Moscoviae,
salvum fac, salvum fac
Regem Demetrium omnis Russiae,
salvum fac, salvum fac
Regem Demetrium.

MÄNNER Wen bringt uns da der Teufel noch hierher?

FRAUEN Heulen wie die Wölfe!

MÄNNER Was für Teufelspack?
(Laufen nach links, den Jesuiten entgegen.)

LOWITZKI UND TSCHERNIKOWSKI
(näher)
Domine, Domine salvum fac
Regem Demetrium.

WARLAAM Die verdammte Rabenbrut! Es scheint so,
als ob sie auch künden vom Zarewitsch!
Da wird nichts draus, Vater Missaïl!

MISSAÏL UND WARLAAM
Da wird nichts draus!

LOWITZKI UND TSCHERNIKOWSKI
(betreten die Bühne)
Domine, Domine salvum fac
Regem Demetrium
Regem Demetrium Moscoviae!

MISSAÏL UND WARLAAM
Hängt die verdammten Raben!

VOLK Heida! Würgt sie! Schlagt sie!
Ha, die Blutsauger! Hexenmeister, eklige!
(ergreifen die Jesuiten)

WARLAAM Mögen sie zieren den Baum in ihrer Pracht

MISSAÏL UND WARLAAM
und mit lauten Stimmen das Weltall lobpreisen.

VOLK Heida!
(fesseln die Jesuiten)

LOWITZKI UND TSCHERNIKOWSKI
Sanctissima Virgo juva, juva servos Tuos!
Sanctissima Virgo juva, juva servos Tuos!

WARLAAM Fester binden!
Auf daß die Hände sich nicht mehr bewegen!
Daß verhindert wird Hilfe der Rechten!

VOLK Heida! auf die Espe!

LOWITZKI UND TSCHERNIKOWSKI

Sanctissima Virgo,
juva servos Tuos,
servos Tuos.

MISSAÏL UND WARLAAM

Heil dir, Zarewitsch! Heil sei dir!
Dem von Gott geretteten!
Heil dir, Zarewitsch!
Dem von Gott behüteten!

VOLK Heil dir, Zarewitsch!
Dem von Gott geretteten!
Von Gott behüteten!
Ehre sei dir!
Dem von Gott geretteten!
Ehre und Segen, Dimitrij Iwanowitsch!
Heil dir!
(Der falsche Dimitrij erscheint zu Roß.)
Heil dir! Heil dir!

DER FALSCHE DIMITRIJ

Wir, Dimitrij Iwanowitsch, Wir, von Gottes Gnaden Zarewitsch aller Reußen, Fürst vom Geblüte
unserer Ahnen, Euch, von Godunow Verfolgten, verkünden wir hiermit in Gnaden Unseren hohen Bei-
stand!

CHRUSCHTSCHOW

O, mein Gott! Sohn des Iwan, Ehre sei dir!
(Verneigt sich bis zur Erde.)

DIMITRIJ Steh auf, Bojar, und folge Uns zum großen Kampf!
Zu Unserer heiligen Heimat,
(reitet den Abhang rechts hinauf)
nach Moskau, zum goldnen Kreml!
(Hinter der Bühne hört man Glockengeläute.)

VOLK *(folgt dem falschen Dimitrij)*
Ehre sei dir, Zar, Väterchen!
(Hinter der Bühne.)
Ehre sei dir, Dimitrij Iwanowitsch!

LOWITZKI UND TSCHERNIKOWSKI

(folgen Dimitrij)
Deo gloria, gloria Deo,
(Hinter der Bühne.)
Deo gloria, gloria!

GOTTESNARR *(setzt sich auf einen Stein. Rechts in den Kulissen sieht man den
Widerschein einer Feuersbrunst)*
Fließet, fließet, bitterliche Tränen,
weine, weine, rechtgläubige Seele.
Denn der Feind kommt bald
und das Dunkel kommt,
dunkle Dunkelheit
undurchsichtige.
Wehe, Russisches Reich,
wein, wein, russisch Volk,
du hungernd Volk!
(Vorhang fällt langsam.)

Anhang

Zweiter Aufzug in der ursprünglichen Fassung von 1869 (dort als III. Teil bezeichnet)

*Zarengemach im Moskauer Kreml. Prunkvolle Ausstattung.
In der Tiefe der Bühne, links von den Zuschauern, ein Globus
und ein Tisch, an dem Fjodor im «Buch der großen Zeichnung»
(Atlas) liest. Rechts, in einiger Entfernung, ein Tisch, an dem
Xenia sitzt. Neben dem Tisch sitzt auf einer Bank die Amme
mit einer Handarbeit beschäftigt. Rechts, der Rampe näher, ein
Sessel.*

XENIA *(schaut auf das Bild ihres Bräutigams, küßt es, weint und
trauert)*
Königssohn du schöner,
Bräutigam mein teurer!
Nicht mir gehörst du,
deiner Braut nicht,
doch dem feuchten Grab,
im weiten, im weiten fremden Land ...

FJODOR *(an der Landkarte)*
Wolga, und hier fließt die Oka ...
Kljasma (hier ist das Städtchen Wladimir),
dort die Kama, Scheksna, Mologa,
alles Nebenflüsse.
Hier die Stadt: Twer, Jaroslawl,
Uglitsch, Kostroma, Nischnij ...
Hier liegt Astrachan ... hier der Wolga Mündung.
Herr, mein Gott, welche Breite!
Der Inseln so viel!

XENIA Wo weilst du, mein Geliebter?

Ach, warum hast du mich verlassen?
Und wer wird mich trösten,
stillt meine Tränen, mein unsagbar
schweres Leid um dich, mein heißgeliebter, ersehnter
Bräutigam . . .

FJODOR   Das Kaspimeer, Wolgamündung.
Der Wolga Mündung ist sieben Werst,
der Wolga ganze Länge ist zweitausend Werst,
und vielleicht sogar noch größer . . .

AMME   *(steht auf, geht zu Xenia und legt den Arm um sie)*
Genug Zarewna, mein Täubchen!
Genug geweint und sich verzehrt.

XENIA   Ach, traurig ist's, Amme! So traurig!

AMME   Sag' das nicht, Kindchen!
Mädchentränen sind wie der Tau:
steigt die Sonne auf,
trocknet sie den Tau.
Die Welt wurde nicht an einem Tag erschaffen!
Wir finden einen Freier –
und einen schönen, einen freundlichen.
Wirst Prinz Iwan schon bald vergessen!

XENIA   Ach nein, nein, teure Amme!
Wenn er auch tot ist, ich bleibe ihm treu.
(Boris tritt auf.)
Wo weilst du, mein Geliebter, mein teurer Bräutigam,
wo bist du, Iwanuschka, wo . . .

BORIS   Nun, Xenia, was ist, mein Liebes?
Im Brautstand noch und trauerst schon als Witwe . . .
Beweinst noch deinen toten Bräutigam?
Es ward mir nicht vergönnt, als Stifter eures Glückes
zu erscheinen.
Vielleicht hab' ich des Himmels Zorn erregt!
Doch du, so unschuldig, warum denn leidest du so?
(liebkost und küßt Xenia)
Nun geh', mein Kind, in deine Kammer,
mit deinen Freundinnen führ' trauliche Gespräche;
zerstreu' den Geist, vom Gram laß ab!
Nun geh', mein Kind!
(Xenia und die Amme gehen ab; Boris schaut Xenia nach.)

FJODOR   Und du, mein Sohn, was treibst du? Was ist das?
Die Moskowiter Karte, unser Reich ist's,

von Nord bis Süd. Hier, sieh nur:
(zeigt es auf der großen Zeichnung)
Moskau hier, dort Nowgorod und da Kasan, Astrachan.
Das Meer auch, das Kaspi-Meer,
Und hier die dichten Waldungen von Perm,
Sibirien hier.

BORIS Wie ist das schön, mein Sohn!
Mit einem Blick, wie aus den Wolken,
kannst du das ganze Reich erfassen,
Grenzen, Flüsse, Städte.
So lern', Fjodor!
Irgendwann einmal, und bald schon mag es sein,
wirst du des ganzen Reiches Erbe sein.
Lerne, mein Sohn!
*(Er geht an den Tisch und setzt sich in Gedanken versunken,
Rollen und Pergamente durchsehend.)*
Die höchste Macht erreicht ich.
Das sechste Jahr schon herrsche ich in Frieden.
(lebhaft)
Doch glücklich ist meine gequälte Seele nicht!
Die Wahrsager versprechen mir umsonst
ein langes, ruhiges Leben und Regieren.
Doch Leben, Macht, Verführungen des Ruhmes,
der Menge Rufe freuen mich nimmermehr.
Glücklos bin ich.
(überlegt)
Ich trachtete, mein Volk in Herrlichkeit und Ruhme
zu befrieden,
durch Milde wollt' gewinnen ich sein Herz.
Doch ich begrub das leere Unterfangen.
Was sind wir wahnwitzig, wenn wir das eitle Herz
durch Volksgeschrei und Zustimmung des Volks
geschmeichelt glauben.
Gott strafte uns durch bittre Hungersnot,
das Volk schrie auf, in Qualen so vergehend.
Ich gab Brot aus allen Speichern her,
und Gold streut' ich ihnen hin.
Ich schuf dem Volke Arbeit.
Und nur sein Fluch ist mir zum Dank geworden!
Durch Feuersnot ward Hab und Gut verzehrt,

durch Sturm und Wind die Hütten fortgerissen.
Und neue Häuser ließ ich ihnen bauen,
neue Kleider gab ich hin.
Welche Sorge, wieviel Liebe!
Das Volk hat mich der Brandstiftung beschuldigt!
Des Armen Spruch!
In der Familie hofft' ich, Trost zu finden,
wollt' meiner Tochter schon das Hochzeitsfest berei-
ten,
meiner Zarewna, dem reinen Täubchen.
Doch nicht vergönnte mir der Herrgott diese Freude.
Der Tod, ein Sturm, rafft hin den Bräutigam!
Selbst hier hat mich des Volkes Mund des Unglücks
meines heißgeliebten Kinds beschuldigt . . .
O, gerechter Gott, nur mich, nur mich, den unglückli-
chen Vater.
(erbebt)
*(Der Leibbojar schleicht sich zur Tür herein und bleibt auf der
Schwelle stehen.)*
Wo jemand stirbt, bin ich der listge Mörder!
(schaut um sich)
Vergiftet sei die Zarin, meine Schwester . . .
(Der Leibbojar schleicht sich an Boris heran.)
Fjodors Tod soll ich beschleunigt haben!
(Der Leibbojar verbeugt sich vor Fjodor.)
Ich hab' das unglückselge Kind,
(mit tiefer Empfindung)
den kleinen Zarewitsch . . .
*(Der Leibbojar fällt zu Boris' Füßen, die Arme nach vorn
gestreckt. Boris zuckt zusammen und redet unruhig und ärger-
lich zu ihm.)*
Was willst du hier?

LEIBBOJAR *(steht auf; ängstlich)*
Großmächtiger Gossudar!

BORIS *(schaut ihn genau an)*
Nun! Was gibt's? Sprich doch!

LEIBBOJAR *(mit wachsender Angst)*
Erhabene Majestät!
Dich bittet Fürst Schuiskij untertänigst um Gehör.

BORIS *(vorsichtig)*
Schuiskij? Ruf ihn! Nein, warte!

95

Sag' ihm, daß ich ihn gern empfange
und harre, sag's ohne Zorn, auch seiner Botschaft.

LEIBBOJAR *(schaut Boris flüchtig an und flüstert in sein Ohr)*
Heut nacht gab uns Puschkins Knecht geheime
Nachricht, daß Schuiskij, Mstislawskij und
andere sich heimlich bei Puschkin treffen
und geheime Gespräche führen. Aus Krakau sei
ein Bote eilig angelangt . . .

BORIS *(hart)*
Man nehme ihn fest!
(Der Leibbojar eilt hinaus.)
Zuwider ist der Stamm mir aller Puschkin! . . .
*(Schuiskij tritt ein, verbeugt sich vor dem Zarewitsch, geht zu
Boris und macht eine tiefe Verbeugung.)*
Auch Schuiskij kann man niemals mehr vertraun,
denn schlau ist er, doch kühn auch und voll Arglist.

SCHUISKIJ Großmächtige Majestät, ich neige mich!

BORIS *(ruhig)*
Was willst du, Fürst Wassilij?

SCHUISKIJ Mein Zar, ich bring' dir eine Nachricht von Wichtig-
keit.

BORIS Wohl die, die gestern dir und Puschkin überbracht
geheimnisvoll ein Bote . . .

SCHUISKIJ *(erschrocken)*
Ich glaubte, daß unbekannt dir dies Geheimnis . . .

BORIS *(raffiniert)*
Zur Sache, Fürst, erzähle nur.

SCHUISKIJ *(geht nahe an Boris heran; heuchlerisch)*
Doch vor dem Zarewitsch hier . . .
Nicht ziemt es . . .

BORIS Was, Schuiskij! Wovon du Kunde bringst,
darf wissen der Zarewitsch. Also sprich.

SCHUISKIJ *(entsetzt)*
Zar, es naht, o hör', ein Usurpator.

BORIS *(erschrocken)*
Was? Wer ist der Usurpator?

SCHUISKIJ König, Adel und Papst sind für ihn.

BORIS *(ungeduldig)*
Doch droht Gefahr durch ihn?

SCHUISKIJ *(kommt ganz nah an Boris heran; beschwichtigend)*
Natürlich ist, Zar, deine Macht sehr groß.

Durch deine Gnade, Eifer und durch Wohltaten sind
dir die Herzen deiner Knechte zugewandt.
Doch weißt du selbst: der einfache Pöbel
ist verräterisch, voll Aufruhr und voll Glauben;
immer hingegeben eitler Hoffnung,
geringsten Einflößungen gehorchend,
der Wahrheit ablehend und gleichgültig gegenüber,
für Märchen hat er immer nur Gehör,
Begeisterung hat er für tolle Kühnheit.
(hinter Boris und sich nahe zu ihm hinbeugend)
Wenn also . . . der . . . verräterische Schurke
von Litauen aus die Grenze überschreitet,
*(Boris erschaudert; der Zarewitsch horcht, die Augen auf
Schuiskij gerichtet.)*
ihm vielleicht die große Menge zuführt
den Namen des auferstandenen Dimitrij!

BORIS *(erschrocken)*

Dimitrij!
(zu Fjodor)
Zarewitsch, entferne dich!

FJODOR O Gossudar, gestatte mir . . .

BORIS *(ungeduldig)*

Nein, nein, mein Sohn, geh fort!
(begleitet ihn zur Tür)
Geh fort!
*(Schließt die Tür hinter ihm und wendet sich rasch zu
Schuiskij.)*
Maßregeln treffe man sogleich.
Rußland ist gegen Litauen abzusperren
mit Grenzwachen!
Daß keine Seele mir die Grenze überschreite; kein
Hase selbst darf zu uns aus Polen herein, kein Rabe
darf fliegen aus Krakau her.
Nun geh!
(Schuiskij macht seine Verbeugung.)
(mit gedämpfter Stimme)
Oder nein! Bleib' hier, bleib' hier, Schuiskij.
Ich finde, diese Kunde ist sonderbar!
(mit abergläubischer Furcht)
Hast du wohl jemals schon gehört,
daß tote Kinder aus dem Grabe auferstehn . . .

um Zaren anzuklagen . . . Zaren . . . rechtmäßige,
bestimmt und vom ganzen Volk erkoren . . .
und auch geweiht vom großen Patriarchen?
Ha ha ha ha ha ha ha ha!
(er schaut wild um sich)
Nun? Was? . . .
(starrt Schuiskij an)
Zum Lachen? . . .
(wirft sich auf ihn)
Was lachst du nicht . . .

SCHUISKIJ   *(bestürzt)*
Ich? Gossudar . . .

BORIS   Höre, Schuiskij: Als man dies kleine Kind . . .
(verwirrt)
Als dieses Kind, durch Zufall, seinen Tod fand . . .
(finster)
Du warst gesandt zur Untersuchung; und jetzt be-
schwör' ich dich mit Gott und allen Heiligen,
sei aufrichtig, nur Wahrheit sage mir;
(mit gedämpfter Stimme)
im Toten erkanntest du Dimitrij? . . .

SCHUISKIJ   Ich schwöre dir . . .

BORIS   Nein, Schuiskij, schwöre nicht, sag' mir, war's der
Zarewitsch?
(beobachtet Schuiskij ängstlich)

SCHUISKIJ   *(überlegt, als ob er sich bemühte, sich zu erinnern)*
Ja!

BORIS   Wassilij Iwanowitsch! Nur Gnade laß ich walten,
vergangne Lüge werd' ich nicht ächten, unnötig. Doch
wenn du mich belügst . . . ich schwör's bei meinem
Sohne! . . . ersinn' ich eine Strafe dir . . . solch eine
Strafe, daß Zar Iwan vor Grauen noch erbeben soll im
Grabe.

SCHUISKIJ   *(mit gesenktem Kopf)*
Kein Tod schreckt mich, ich fürchte deine Ungnad'.
Wie kann ich denn vor dir den Listgen spielen?
Im Dom, dort in Uglitsch, sah ich, drei Tage lang, das
tote Kind. Um es herum die dreizehn anderen Leiber;
an ihnen war Verwesungsspur schon merklich zu ge-
wahren. Doch das Antlitz des Zarewitsch war hell und
frisch und klar;

(Boris, mehr und mehr beunruhigt, sinkt in seinen Sessel und wischt sich wiederholt das Gesicht.)
nur fürchterlich die Todeswunde gähnte, jedoch die Züge waren unverändert. Es schien, als schliefe er in seiner Krippe ruhig, die Händchen gekreuzt, und in der Rechten hielt er noch sein Spielzeug fest, den Kreisel . . .

BORIS Genug jetzt, nun geh' fort!

(Schuiskij geht ab und dreht sich einige Male um, Boris beobachtend. Boris verfolgt mit wildem Blick Schuiskijs Abgang und sinkt dann erschöpft zurück.)
O, es ist schwer! Muß zu Atem kommen . . .
Ich fühlte mir das Blut zu Kopfe steigen und wie's nur langsam wich.
O, böses Gewissen, wie furchtbar kannst du strafen . . .
Doch wenn darin ein Fleck, ein einziger,
ein einziger sich zufällig eingenistet hat,
so wie ein Weltgeschwür verbrennt die Seele, ein Gift
fließt in das Herz, und schwer wird's einem,
wie Hammerschlag pocht in den Ohren –
Vorwurf und Verwünschung . . .
und 's würgt dich etwas.
Und in dem Kopfe schwindelt's . . .
vor Augen . . . das Kind . . . blutüberströmt!
Da . . . da vorn . . . was ist das . . . in der Ecke . . .
Gespensterhaft, es wächst . . . nähert sich . . .
zittert und stöhnt . . .
Fort! fort! . . . Nicht ich . . . dein Mörder bin nicht ich . . .
Fort, Knabe, fort! . . .
Das Volk . . . des Volkes Wille! . . .
Fort, Knabe!
Gott, mein Gott! Du willst nicht den Tod des Sündigen!
Erbarm der Seele dich des frevelhaften Zaren Boris!
(Der Vorhang fällt.)

Das erste Bild des IV. Teils der ursprünglichen Fassung von 1869

Platz vor der Kirche «Wassilij Blashennij»* in Moskau.
(Das hungernde Volk wandert über die Bühne. Die Frauen
sitzen an der Seite in der Nähe des Seitenausgangs der Kirche.
Wachen sieht man häufig in der Menge. Eine Gruppe Männer,
ihnen voran Mitjucha, kommt aus der Kirche.)

VIERTE GRUPPE Nun, ist zu End' die Messe?

ZWEITE GRUPPE Ja! Man hat verflucht den einen.

DRITTE GRUPPE Wer war es denn?

ERSTE GRUPPE Der Grischka doch.

ERSTE UND ZWEITE GRUPPE
Grischka Otrepjew war's.

VIERTE GRUPPE Ach so!

MITJUCHA Kam an, Brüder, dieser Diakon, dieser große und dicke, plötzlich brüllt er: «Grischka Otrepjew, Anathema!»

DRITTE GRUPPE Was, Teufel! Was redst du da!

VIERTE GRUPPE Hast wohl zu viel gefressen?

ZWEITE GRUPPE Doch, wirklich!

ERSTE UND ZWEITE GRUPPE
So brüllte er fürwahr:
«Grischka Otrepjew», sagte er, «Anathema!»

DRITTE UND VIERTE GRUPPE
Ha, ha, ha, ach laßt nur!
Dem Zarensohn ist's gleich,
daß Grischka man verflucht hat.

VIERTE GRUPPE Ist er denn Grischka?

ERSTE UND ZWEITE GRUPPE
Gewiß doch!

MITJUCHA Dem Zarewitsch, sang man weiter, ewigen Frieden.

DRITTE GRUPPE Nanu! Es wird ja immer toller.

VIERTE GRUPPE Dem Lebenden?

DRITTE GRUPPE Sind das alles Gotteslästrer!

DRITTE UND VIERTE GRUPPE
Dem lebenden Zarensohn! Na, wart', euch holt man

---

* *Gemeint ist die Kirche am «Roten Platz», die im deutschen Sprachgebrauch «Basilius-Kathedrale» heißt.*

noch! Er wird's Boris schon zeigen!

(schauen um sich)

VIERTE GRUPPE Bei den Kromy, sagt man, ist er schon.

ERSTE UND ZWEITE GRUPPE

(schauen um sich)

Mit großer Macht kommt er heran.

DRITTE GRUPPE Besiegt ist überall des Boris tapfres Heer.

ZWEITE UND DRITTE GRUPPE

Im Siegeszug naht er dem Thron der Väter, dem Thron
der rechtgläubgen Zaren.

Bringt Hilfe uns und Tod Boris und seiner ganzen
Teufelsbrut!

VIERTE GRUPPE *(alte Männer)*

Was denn, was denn! Ruhe, Teufel!

Die Foltern und die Henker harren eurer!

*(Sie kratzen sich am Kopf, schauen umher und wandern wieder
auf die Bühne.)*

DIE BUBEN *(hinter der Bühne)*

Trrr-rrr-rrr-rrr!

Der eiserne Topf, der eiserne Topf!

(näher)

Trrr-rrr-rrr-rrr!

Der eiserne Topf, der eiserne Topf!

U-lu-lu-lu-lu-lu-lu-lu-lu-lu-lu-lu

Trrr!

*(Der Gottesnarr tritt auf, in Ketten; hinter ihm eine Horde
Buben. Einige der Leute drohen den Buben mit der Faust,
andere springen zur Seite.)*

GOTTESNARR *(setzt sich auf einen Stein und singt, sich hin und her wiegend)*

Wenn der Mond geht,
weint das Kätzchen.
Gottesnarr, steh auf,
bet' zu Gott recht fleißig,
vor Christus verneig dich.
Christus, unser Gott.
Schönes Wetter kommt,
bringt uns Mondenschein,
schönes Wetter . . .
Mondschein . . .

DIE BUBEN Guten Tag, guten Tag, Gottesnarr Iwanowitsch!
Steh' auf, ehre uns.

101

Und verbeuge dich recht tief.
Nimm den Topf doch ab!
Ist der Topf doch schwer!
(schlagen auf den Topf)
Dsin, dsin, dsin, dsin, dsin, dsin,
wie das klingt!

GOTTESNARR Und ich hab ein Kopekchen bei mir.

DIE BUBEN Mach Spaß!
Uns legst du doch nicht herein!

GOTTESNARR *(sucht die Kopeke)*
Seht's!

DIE BUBEN Geht's!
(entreißen ihm die Münze)

GOTTESNARR A-a-a! Gekränkt hat man den Gottesnarrn!
A-a-a-! Nahm ihm das Kopekchen weg! A-a-a-a!
*(Boris tritt mit seinem Gefolge aus der Kirche. Die Bojaren
verteilen Almosen an das Volk.)*

FRAUEN UND BUBEN
(vor dem Portal)
Gebt uns, in Christi Namen, einen Almosen;
o Vater, gib uns, in Christi Namen!

MÄNNER *(auf der Bühne)*
Dort kommt der Zar!
(kniend)
Zar, gib in Christi Namen, o Vater!
Sei uns Ernährer und gib du uns Almosen, in Christi
Namen!

FRAUEN UND BUBEN
(folgen Boris)
Herr und Zar, Brot gib, in Christi Namen!

DAS GANZE VOLK O Vater, gib uns Brot her!
(kniend)
Brot her! Brot her! Hungrig sind wir!
Den Hungernden Brot!
Brot her! Brot her!
Gib uns Brot her, o Vater, in Christi Namen!
(Alle verneigen sich zur Erde.)

GOTTESNARR A-a-a-a-a-a!
(erblickt Boris)
Boris! Hör', Boris!
Gekränkt hat man den Gottesnarren!

A-a-a!

BORIS *(bleibt vor ihm stehen)*

Weswegen weint er?

GOTTESNARR Die Buben nahmen mir's Kopekchen weg, befiel, daß man sie schlachte, wie du befahlst zu schlachten den armen Zarensohn.

SCHUISKIJ Schweige, Dummkopf! Ergreift den Dummkopf!

BORIS *(mit herrischer Geste zu Schuiskij)*

Nein, laßt ihn! Du Seliger, bete für mich . . .

(Geht ab.)

GOTTESNARR *(springt auf)*

Nein, Boris! Das darf ich nicht, Boris!

(Das Volk zerstreut sich und blickt hinter Boris und seinem Gefolge her.)

Ich darf nicht beten für den Zar Herodes! . . .

Unsre Gottesmutter duldet's nicht.

(schaut um sich; setzt sich auf einen Stein und stopft seinen Schuh)

Fließet, fließet, bitterliche Tränen,

weine, weine, rechtgläubige Seele.

Denn der Feind kommt bald,

und das Dunkel kommt,

dunkle Dunkelheit

undurchsichtige.

Wehe, Russisches Reich,

wein, wein, russisch Volk,

du hungernd Volk!

(Vorhang fällt langsam.)

*Modest Mussorgskij (1839–81) im Jahr der Uraufführung
des ‹Boris Godunow› (1874).*

Dokumentation

I. Der Stoff und seine historischen Grundlagen

Günter Rimkus*

Der historische Hintergrund der Oper ‹Boris Godunow›

Rußland in den Jahren 1550 bis 1613

Die Machtstellung des Boris Godunow unter den Zaren Iwan und Fjodor

Als Günstling Iwans IV. (1533–84) hatte Boris Godunow bereits eine steile Karriere gemacht: daß er, der keineswegs dem russischen Hochadel, sondern nur einem alten Tatarengeschlecht entstammte, in eine solche politische Machtstellung gelangt war, hatte schon zu Lebzeiten des Zaren Iwan den Neid und Haß der Bojaren auf Godunow gelenkt.

Nach seinem Tod im Jahre 1584 hinterließ Iwan zwei Söhne: aus erster Ehe den schwachsinnigen Fjodor und aus siebenter Ehe mit Marija Nagaja den damals erst zweijährigen Dimitrij. Fjodor, der 27 Jahre alt war und als rechtmäßiger Thronerbe galt, wurde am 31. Mai 1584 zum Zaren gekrönt. Doch noch vor seiner Krönung kam es in Moskau zu Unruhen, bei denen vermutlich eine Bojarengruppe versuchte, den kleinen Dimitrij zum Zaren auszurufen. Der Aufstand wurde niedergeschlagen und die Familie Nagoj nach Uglitsch verbannt. Hier wurde dem kleinen Zarensohn und seinen Verwandten ein Teil-Fürstentum zugewiesen.

* Günter Rimkus, geboren 1929, war Operndramaturg an der Deutschen Staatsoper Berlin und arbeitet heute als deren stellvertretender Intendant.

Fjodor, der, wie zeitgenössische Chronisten berichteten, für die Regierungsgeschäfte völlig unbrauchbar war, erhielt zunächst seinen Onkel Nikita Romanow als Regenten zur Seite gestellt, und zwei Jahre später, nach dessen Tod, trat Boris Godunow – der wohl nicht ohne Spekulation Fjodor mit seiner Schwester Irina verheiratet hatte – an dessen Stelle. Jetzt trat die Feindschaft der Bojaren, aber auch der Haß der reichen Kaufleute offen zutage, denn Boris besaß auch viele den Kaufleuten lästige Handelsprivilegien. Zunächst versuchte man, ihn im Haus eines Bojaren zu ermorden. Aber der Anschlag mißlang, und über die Verschwörer wurde die Strafe der Verbannung verhängt. Bald darauf wurde dann dem Metropoliten eine Denkschrift überreicht, die von den Schuiskijs und anderen Bojaren sowie zahlreichen Kaufleuten unterschrieben war, in der gefordert wurde, Zar Fjodor sollte von der kinderlosen Schwester Godunows geschieden werden. Auf diese Weise hoffte man, Boris aus seiner Machtstellung zu drängen. Doch er kam ihnen erneut zuvor. Gegen die Schuiskijs wurde ein Hochverratsprozeß eröffnet und die gesamte Familie außer Wassilij Schuiskij verbannt. Einige Bojaren wurden heimlich erdrosselt, sieben Kaufleute als abschreckendes Beispiel öffentlich enthauptet, der Metropolit aber, der ebenfalls in das Komplott verwickelt war, wurde in ein Kloster gesteckt. An seine Stelle trat Hiob, ein Vertrauter Godunows.

Damit hatte Boris klar zu erkennen gegeben, was jedem drohte, der ihn zu stürzen versuchte. Andererseits aber wußten viele ausländische Diplomaten und sogar seine ärgsten Feinde in Rußland von der großen staatspolitischen Klugheit des Bojaren Boris zu erzählen. Selbst beim russischen Volk konnte er durch diplomatisches Geschick (er erwirkte unter anderem das Einverständnis zur Einsetzung eines eigenen Patriarchen für die russische Kirche) und militärische Erfolge eine gewisse Popularität erringen.

Die Ermordung des Zarewitsch Dimitrij

Nichts stand dem Streben des Boris Godunow nach der höchsten Macht im Staat entgegen, außer Prinz Dimitrij, der bei einem etwaigen Tod des Zaren Fjodor einen Anspruch auf die russische Krone gehabt hätte. Er hätte Boris dann nicht nur den Weg zum Zarenthron versperrt, sondern bestimmt auch dessen augenblickliche Position durch Bojaren der eigenen Familie besetzen lassen. So scheint es durchaus möglich, daß Godunow den Befehl gab, Dimitrij zu töten. Chronisten berichteten, daß nach einem mißlungenen Giftanschlag auf den Prin-

Der historische Zar Boris Godunow auf einem zeitgenössischen Gemälde (um 1600).

zen dieser um die Mittagszeit des 15. Mai 1591 im Schloßhof von Uglitsch ermordet wurde. Die Zaren-Witwe fand ihren kleinen Sohn mit durchschnittener Kehle auf der Erde liegen. Vor dem herbeieilenden Volk bezichtigte sie den Sohn des Statthalters Bitjagowskij, den Mord an ihrem Kind begangen zu haben. Die erregte Volksmenge erschlug daraufhin seinen Vater und zehn weitere Personen.

107

Am 19. Mai 1591 traf in Uglitsch eine Untersuchungskommission ein, die unter Leitung von Wassilij Schuiskij stand. Sie führte zahlreiche Verhöre durch, fertigte viele widerspruchsvolle Protokolle an, die scheinbar ganz darauf abzielten, Boris von jeder Schuld freizusprechen. Schließlich kam man zu dem Schluß, Dimitrij hätte sich infolge eines epileptischen Anfalls bei einem Messerspiel tödlich verletzt und die aufgehetzte Menge hätte zu Unrecht die vermeintlichen Mörder getötet. Die Strafe Godunows war furchtbar. Zweihundert Bürger der Stadt Uglitsch wurden hingerichtet und viele in die Verbannung geschickt. Die Zaren-Witwe Marija Nagaja wurde in ein Kloster gesperrt. – Im Volk wurde nach wie vor die Meinung vertreten, daß Boris den kleinen Dimitrij habe umbringen lassen. Und als einen Monat später in Moskau ein riesiger Brand ausbrach, verdächtigte man ihn sogar, das Feuer gelegt zu haben, um damit von seinem Verbrechen abzulenken und so die Möglichkeit zu erhalten, durch Geschenke an die Betroffenen die Gunst des Volkes wiederzugewinnen. Als dann die Tochter seiner Schwester Irina bald nach der Geburt starb, vermutete man auch hier ein Verbrechen Godunows; ja selbst als Zar Fjodor 1598 nach langer Krankheit verschied, sprach man von einem Mord durch Godunow.

Die Herrschaft des Zaren Boris Godunow

Mit dem Tod Fjodors war die Zaren-Dynastie erloschen und es galt, einen neuen Monarchen zu wählen. Die Wahl fiel auf Godunow, der als langjähriger Regent von vornherein für das Amt prädestiniert schien, andererseits als Bruder der Zarin und Freund des Patriarchen auch den nötigen Rückhalt hatte. Als man ihm das hohe Amt antrug, wies er es zunächst mit der Begründung zurück, man solle, bevor man an diese weltlichen Dinge dächte, erst des verstorbenen Fjodor gedenken. Die Zwischenzeit aber nutzte er aus, um in Geheimbesprechungen mit Patriarch Hiob alles gut vorzubereiten, vor allem den Semskij Sobor einzuberufen – denn nur von dieser Vertretung aller Stände wollte er sich wählen lassen. Am 17. Februar trat der Semskij Sobor zusammen und bat Boris, die Zarenwürde anzunehmen. Er weinte und erklärte sich für unwürdig, die russische Krone zu tragen.

Vier Tage lang mußten nun Prozessionen zu Boris veranstaltet werden, wo Vertreter aller Stände und zusammengetriebene Volksmassen ihn zu erweichen versuchten. Am 21. Februar 1598 endlich – nachdem von verschiedenen Bojaren schon die Meinung vertreten wurde, man solle doch Fjodor Nikititsch Romanow zum Zaren wählen – sagte er zu. Sogleich zeigte sich Boris dem Volk und dem Heer gegenüber als ein großzügiger Gastgeber. Bis zu 70 000 Personen wurden zu den Festessen, die er aus Anlaß seiner Thronbesteigung veranstaltete, eingeladen. Das Volk war überrascht und hoffnungsfroh wie selten zuvor. Noch während der Krönungsfeierlichkeiten versprach Boris, daß es in seinem Land keinen armen Menschen geben werde und gelobte, auch das letzte Geld mit seinem Volk zu teilen. Daß es nur leere Worte waren, sollte sich nur zu bald erweisen. Auch die Polizeimethoden Iwans IV. wurden bald wieder eingeführt. Zahlreiche Bojaren, die Boris als seine Rivalen betrachtete, wurden gefoltert und in die Verbannung geschickt. Und in seinem Verfolgungswahn ließ er öffentlich erklären, daß jede Anzeige einer Verschwörung gegen den Zaren mit der Verleihung von Adelstiteln und «Pomestje»-Gütern belohnt würde. Die Folge davon war die Denunziation und Bestrafung vieler völlig unschuldiger Menschen. Die schwerste Zeit während der Herrschaft Boris Godunows aber durchlebte das russische Volk in den Jahren 1601 bis 1604. Durch anhaltende Regenfälle und früh hereinbrechenden Winter war 1601 die gesamte Ernte vernichtet worden, und auch in den folgenden zwei Jahren hatte man keine gute Ernte einbringen können. Die Menschen litten schrecklichen Hunger und aßen sogar Gras, Heu und Baumrinde. Boris, der die größte Not zu lindern versuchte, ließ zunächst in Moskau Brot und Geld verteilen. Das sprach sich im Land herum und zu Tausenden strömten die Menschen in die Hauptstadt, wo sie vergeblich Hilfe suchten. Alte Chroniken berichten von 127 000 Personen, die allein in Moskau den Tod fanden. Das Volk aber sah in all dieser Not nur die Strafe Gottes, der auf dem russischen Thron keinen Kindermörder dulden wollte. Auch als ein dänischer Fürst, den Boris mit seiner Tochter Xenia vermählen wollte, kurz nach seinem Eintreffen in Moskau starb, wurde das als eine Fügung des Schicksals ausgelegt.

Der Aufstand des falschen Dimitrij

In dieser Zeit der unbeschreiblichen Not raunte man sich im Volk so manches Gerücht zu. Im Jahre 1603 hörte man flüstern, nicht Dimitrij sei den Häschern Godunows zum Opfer gefallen, sondern ein anderes Kind wäre an Stelle des jüngsten Zarensohnes irrtümlicherweise in Uglitsch ermordet worden. Der Zarewitsch aber befinde sich in Polen,

Der «falsche Dimitrij» (Demetrius) auf einem Holzschnitt von Wassilij Masjutin (1884–1957) aus einer Serie von Illustrationen zu Puschkins ‹Boris Godunow›.

sammle ein Heer und werde bald sein Land befreien. – In der Tat fand sich in jenem Jahr bei dem polnischen Aristokraten Wisniowieckij ein junger Mann ein, der vorgab, Dimitrij zu sein. Dem polnischen Hochadel wie der römisch-katholischen Kirche paßte das Erscheinen dieses Prätendenten ganz in ihre politische Konzeption, und obgleich man von der Identität des Hochstaplers mit Dimitrij wohl kaum überzeugt war, schenkte man ihm willig Glauben. Die polnischen Magnaten rüsteten ihm eine Privatarmee aus und rührten für ihn eifrig die Propagandatrommel. All das blieb Boris natürlich nicht unbekannt. In einem umfangreichen Briefwechsel versuchte er die Polen davon zu überzeugen, daß es sich bei dem Mann, der sich für den Zarewitsch Dimitrij ausgab, um einen ehemaligen Bediensteten des Bojaren Romanow namens Grischka Otrepjew handle. Dieser sei wegen Diebstahls zum Tode verurteilt worden, hätte sich aber als Mönch, unter anderem als Schreiber des Patriarchen, verbergen können. Inzwischen sei er mit dem Popen Warlaam und dem Kirchenchronisten Missaïl nach Litauen geflüchtet. (Diese von Boris verbreitete Version wird auch von der Mehrzahl der Historiker als authentisch betrachtet.) Der falsche Dimitrij trat jedoch in Polen mit aller Bestimmtheit auf und richtete an Boris sogar ein Schreiben, in dem es unter anderem hieß: «Gegen den Willen Gottes hast Du, unser Untertan, mit des Teufels Hilfe unser Reich gestohlen . . . Besinne Dich nun und reiße uns nicht durch Deine Bosheit zu großem Zorn hin. Gib uns, was unser ist, zurück . . .»

Die Zeit der Machtkämpfe und Volksaufstände

Die Stimmung in Rußland war für das Vorhaben des falschen Dimitrij mehr als günstig. Die Unzufriedenheit im Volk hatte den Siedepunkt erreicht, das Heer war demoralisiert. Mit einer kleinen Armee von 4000 Mann hatte «Dimitrij» im August 1605 seinen Feldzug begonnen, und bereits in einem knappen Jahr stand er nach anfänglichen militärischen Mißerfolgen mit einem riesigen Heer vor den Toren Moskaus. Da starb völlig unerwartet am 13. April 1605 im Alter von 53 Jahren Zar Boris. Bis heute ist es ungeklärt geblieben, ob sein plötzlicher Tod durch einen Blutsturz herbeigeführt wurde oder ob er mit Gift Selbstmord verübte. Nun wurde Fjodor, der Sohn Godunows, zum Zaren gekrönt. Doch nur wenige Wochen dauerte seine Herrschaft. Das russische Heer war entscheidend geschlagen, der junge Zar und die Familie Godunow wurden gefangengenommen und dem Sieger ausgeliefert. Fjodor und seine Mutter wurden darauf ermordet. Xenia, die Tochter Godunows, mußte mit dem Prätendenten das Bett teilen, bevor sie in ein Kloster gesteckt wurde. Am 30. Juli 1605 wurde Dimitrij zum Zaren gekrönt. Aber schon nach knapp einjähriger Regentschaft fiel er einer vom Bojaren Wassilij Schuiskij geleiteten Verschwörung zum Opfer.

Schuiskij ließ sich selbst zum Zaren ausrufen; aber auch ihm gelang es nicht, der wirtschaftlich und politisch verworrenen Lage Herr zu werden. Nach dreijährigen Auseinandersetzungen, bei denen der Bauernführer Iwan Bolotnikow und ein neuer falscher Dimitrij wichtige Rollen spielten, zwangen die Bojaren und das Volk Schuiskij im Juli 1610 zum Rücktritt.

Nach weiteren drei Jahren blutiger Unruhen wurde am 21. Februar 1613 der damals sechzehnjährige Michail Romanow zum Zaren ausgerufen. Das Haus der Romanows regierte Rußland bis zum Sturz der Monarchie 1917.

In ihrer 1974 gedruckten Dissertation über ‹Mussorgskijs ‚Boris Godunow' – Geschichte und Werk – Fassungen und Theaterpraxis› geht es Gerlinde Fulle um die Verteidigung der beiden von Mussorgskij selbst hergestellten Fassungen der Oper ‹Boris Godunow› (1869 und 1872/74). Eine dramaturgisch stichhaltige Analyse der Oper verlangt darüber hinaus die Untersuchung der historischen Grundlagen. Das geschieht im sechsten Kapitel der Dissertation, aus dem wir den folgenden ersten Abschnitt gewählt haben. Besonders wichtig ist der Hinweis der Autorin auf die neuere sowjetische Geschichtsforschung, auf den Historiker Ruslan Grigorjewitsch Skrynnikow, der in seinen Arbeiten die Epoche der Herrschaft Boris Godunows ausführlich untersuchte. Er bringt dokumentarisches Material, das im einzelnen die Geschehnisse um den Tod des Zarewitsch Dimitrij in Uglitsch behandelt: «Aufgefundenes Material der Untersuchungen zeugt davon, daß Boris nicht am Tod des Zarewitsch beteiligt war», ist das Ergebnis der Forschungen Skrynnikows.

Gerlinde Fulle

Historische Fakten in der Oper Mussorgskijs und ihre Bedeutung nach dem gegenwärtigen Stand* der Geschichtsforschung

Die Frage nach den historischen Ereignissen in der Oper, die die Jahre 1598 bis 1605 umfassen, läßt sich in bezug auf die Ereignisse und deren politische Motive stellen.

Den geschichtlichen Hintergrund der Oper bildet die Zeit zwischen der Wahl und dem Tod des Boris Godunow. Bei der Betrachtung dieser Begebenheiten ist vorauszuschicken, daß das geschichtliche Urteil über Boris Godunow in Rußland lange Zeit negativ ausfallen mußte, da die Familie Romanow, die das russische Geschichtsbild von 1613 an entscheidend bestimmte, schon zu Lebzeiten des Zaren zu seinen erbitterten Feinden gehörte.[1] Als Fjodor Iwanowitsch 1598 starb, hinterließ er weder einen Erben, noch hatte er einen Nachfolger

---

* *das heißt 1973.*

1 Angeblich hatte Fjodor Iwanowitsch 1598 Nikitisch Romanow zu seinem Nachfolger bestimmt. Hedwig Fleischhacker, Rußland zwischen zwei Dynastien, Studien zur osteuropäischen Geschichte, N. F. I, Baden bei Wien 1933, S. 42; siehe auch Günther Stökl, Russische Geschichte, 2. erweiterte Aufl., Stuttgart 1965, S. 259.

112

designiert.[2] In dieser Situation erfolgte die Anerkennung Irinas, der Witwe Fjodors, als Zarin. Boris Godunow trat als Regent zurück, statt dessen führte der Patriarch an der Spitze der Bojaren-Duma im Namen Irinas die Regierung.[3] Nach der Trauerzeit von vierzig Tagen[4] hätte die Anerkennung und Krönung Irinas als Zarin erfolgen können. Die erste Bitte des Patriarchen und «ganz Moskaus» lief auf diese Lösung hinaus, wobei Boris Godunow wie schon unter Fjodor die Regentschaft wahrnehmen sollte. Nach dem Verzicht Irinas war Boris Godunow als nächster männlicher Anverwandter genealogisch erbberechtigt.

Es ist wahrscheinlich, daß Boris Godunow, der nicht dem Hochadel entstammte und bei den fürstlichen Geschlechtern als Emporkömmling galt, seine anfechtbare genealogische Thronfolge mit der Wahl durch den Semskij-Sobor (Landesversammlung) legal absichern wollte. Zuerst aber lehnte Godunow die Zarenwürde ab, er verwies auf Fürsten und Bojaren, die der Krone würdiger seien.[5]

Mit den Auswirkungen dieser Ablehnung setzt die Handlung der Oper im ersten Bild ein. Mussorgskij vermittelt das Bild des manipulierten «Volkswillens» unter dem Zwang der Gewaltandrohung sowie der Propaganda der Kirche und des Bojarentums in Gestalt Andrej Schtschelkalows. Nach Schiele[6] forderte Schtschelkalow 1598 das auf dem Roten Platz in Moskau versammelte Volk zu Eidesleistungen an die Fürsten und Bojaren auf, mithin die Gegner Godunows. Die Rede Schtschelkalows ist nicht abgesichert. Als historische Tatsache bleibt jedoch bestehen, daß Schtschelkalow als Gegner Godunows bereits 1593 im Auftrag der Bojaren den Wunsch einer habsburgischen Kandidatur auf dem moskowitischen Thron äußerte.[7] Er fiel daraufhin in Ungnade.

Die Wahl Godunows erfolgte durch den Semskij-Sobor. Diesem Gremium gehörten neben den Bojaren die Vertreter aller Dienstklas-

---

2 Eine letzte Verfügung zugunsten Irinas oder Nikitisch Romanow wird je nach Quelle zitiert (vgl. Fleischhacker, a.a.O., S. 42/43). H. Fleischhacker verweist auch darauf, daß die Einsetzungsformel: «befahl seinen Thron» abstrakt zu verstehen ist und keiner testamentarischen Verfügung entspricht. Hier fußte auch die Vorstellung, daß Fjodor Boris seinen Thron überantwortete (ebd., S. 51).

3 Ebd., S. 46.

4 Ebd., S. 47, Anm. 1.

5 Ebd., S. 48.

6 Ebd.

7 Ebd., S. 67.

sen[8] Moskaus und der Provinzen an. Desgleichen war die Geistlichkeit in dieser Landesversammlung, die als Wahlversammlung ein Präzedenzfall war, vertreten. Die Parteilichkeit der Geistlichkeit steht außer Zweifel, da nach der Intrige Schuiskijs (1587) gegen Boris Godunow der damalige Metropolit als Mitbeteiligter des Amtes enthoben wurde. Er wurde durch den Patriarchen Hiob ersetzt, der ein Anhänger Godunows war.[9]

Im Bojarentum waren mit Sicherheit Gegner Godunows anzutreffen, da hier Fürstenfamilien vertreten waren, die genealogisch Anspruch auf den Zarenthron erheben konnten. Im Semskij-Sobor entschied nach offizieller Verlautmachung die «Stimme des Volkes»[10] über die Wahl Godunows. Es entschied letztlich die Tatsache, daß nach elfjähriger Regentschaft Boris Godunow eine Lösung «faktischer Staatsbedürfnisse»[11] war. Im Anschluß an die Nominierung Godunows erfolgten Bittgänge von Geistlichkeit und Bojaren. Das Volk sammelte sich vor dem Neujungfrauen-Kloster, wohin sich Boris Godunow für die Zeit der Trauer zurückgezogen hatte.

Solange die Furcht vor einem Interregnum im Volke herrschte, stand es auf seiten Godunows. Es bleibt eine Frage der Interpretation, wie groß der propagandistische Anteil der Godunowy und ihrer Anhänger an der Volksmeinung waren. Gewalt wurde jedoch nicht angewendet.

Bemerkenswert ist, daß Boris Godunow seine Herrschaft durch ein neues Rechtsmoment, das der Volkswahl, absicherte. Er nahm das Votum des Semskij-Sobor am 21. Februar 1598 an und ließ sich am 1. September des Jahres krönen. Bereits in der Zeit, die zwischen Wahl und Krönung verstrich, entstand unter den Bojaren eine Verschwörung, die mißlang. Die fürstlichen Adelsgeschlechter bildeten die politische Opposition[12] Godunows, die ständig nach Möglichkeiten suchte, die Legalität dieses Herrschers zu erschüttern.

Um das Jahr 1600 tauchten Gerüchte von der Existenz Dimitrijs auf. Damit gewannen die Ereignisse in Uglitsch, die in jedem Falle eine

---

8 Die Dienstränge waren durch Verträge an den Herrscher gebunden.

9 Stökl, a.a.O., S. 258.

10 Ebd., S. 259, vgl. auch Fleischhacker, a.a.O., S. 50. Nach heutiger Terminologie war das Volk in der Landesversammlung nicht vertreten. Die Stimmung im Volke war jedoch zur Zeit der Wahl für Boris Godunow, wie selbst negativ eingestellte Quellen erkennen lassen.

11 Fleischhacker, a.a.O., S. 55.

12 Die Bojaren erwägten eine Habsburger Kandidatur auf dem Zarenthron, als Fjodor noch lebte (1593). Die Verschwörung zwischen Wahl und Krönung Godunows hatte zum Ziel, S. Bekbulatow zum Zaren auszurufen.

Voraussetzung der Thronfolge Godunows bildeten, wieder an Bedeutung. Historisch nicht einwandfrei belegbar ist, auf welche Art am 15. Mai 1591 in Uglitsch der jüngere achtjährige Sohn Iwans IV., Dimitrij Iwanowitsch, ums Leben kam. Die zeitgenössischen Berichte nennen drei Versionen:

1. Dimitrij, der ein Epileptiker war, fiel während eines Anfalls in sein Messer und erstach sich.[13]

2. Dimitrij wurde im Auftrag Godunows ermordet.[14]

3. Der Knabe, der in Uglitsch starb, war nicht Dimitrij.[15]

Die erste Version wird als «Unfallversion» bezeichnet, die zweite als «Mordversion», die dritte als «Vertauschungstheorie». Diese dritte Version, wonach Dimitrij den Anschlag überlebte, wird in der gegenwärtigen Geschichtsschreibung nicht mehr berücksichtigt. Die Ansichten über den Tod Dimitrijs – von Tatsachen kann nicht gesprochen werden – tendieren zu einer Rehabilitation Godunows.[16] Hierfür sprechen die politischen Umstände der Zeit, die einen Mord im Auftrag Godunows als außerordentlich unklug erscheinen lassen. Rußland befand sich in den neunziger Jahren des 16. Jahrhunderts innen- wie außenpolitisch in großen Schwierigkeiten. Das Land stand nach dem fünfundzwanzigjährigen Livonischen Krieg vor dem wirtschaftlichen Ruin. Hinzu kamen Hungersnot und Mißernte. Zudem befanden sich die Krim-Tartaren im Anmarsch auf Moskau. Als in dieser Situation Dimitrij in Uglitsch ums Leben kam, schickte Boris Godunow einen seiner bekanntesten Gegner, Wassilij Schuiskij, nach Uglitsch.[17] Der Fürst vernahm 140 Personen, von denen sieben Augenzeugen des Unglücks waren. Die traditionelle russische Geschichtsforschung ging davon aus, daß dieser Bericht Schuiskijs, da er Godunow rechtfertigte, nicht vertrauenswürdig sei. In dieser Hinsicht gelangte vor allem R. Skrynnikow in der jüngsten Publikation von 1971 zur entgegengesetzten Meinung: Die Urheber der «Mordversion» sind bei den Vorfällen

---

13 Offizieller Bericht der Prüfungskommission unter Wassilij Schuiskij, vgl. Fleischhacker, a.a.O., S. 66.

14 U. a. Konrad Bussow, Moskowskaja Chronika, S. 204.

15 J. G. Peyerle, Beschreibung der Moscouittischen Reise, zitiert nach: Bussow, a.a.O., S. 64/66, Anm. 4.
Die gleiche Ansicht vertritt der Söldnerkapitän Dimitrijs, Margaret, in seinem «Estat de l'Empire de Russie et Grand Duché de Moskovie, Paris 1669, zitiert nach Fleischhacker, a.a.O., S. 88/89.

16 Stökl, a.a.O., S. 257 u. 259, FAZ 20. 9. 1971, Bericht über die Forschungsergebnisse R. Skrynnikows.

17 W. Schuiskij gehörte den fürstlichen Geschlechtern an, die ihre Abstammung auf die Rurikiden zurückführen konnten und daher Anspruch auf den Thron erhoben. W. Schuiskij wurde von 1606 bis 1610 Zar des russischen Reiches.

in Uglitsch nicht unmittelbar anwesend gewesen, hingegen die Zeugen der «Unfallversion». Die «Mordversion» sei politisches Instrument der Gegner Godunows gewesen.[18]

Ein strikter Beweis läßt sich nicht führen, doch sprechen auch die folgenden Motive für diese Annahme. Dimitrij Iwanowitsch war nach den damaligen Kirchengesetzen nicht sukzessionsfähig, da er der siebten[19] Ehe Iwans IV. entstammte und als illegal galt. Die orthodoxe Kirche erlaubte nur drei Ehen. Zudem bedeutete die Ausschaltung Dimitrijs zum damaligen Zeitpunkt noch keine Garantie auf den Thron, da die Zarin Irina nicht unfruchtbar war.[20] Sie gebar nach mehreren Fehlgeburten 1592 eine Tochter, die Zarewna Feodosija.[21] Zu diesem Zeitpunkt war also noch mit Nachkommen Fjodors und Irinas zu rechnen. Damit verliert das stärkste Motiv, das Boris Godunow haben konnte, seine Glaubwürdigkeit, da der Mord an Dimitrij nicht die Herrschaft sichern konnte.

Es bleibt als historische Tatsache bestehen, daß sich der Tod Dimitrijs zu einem entscheidenden Politikum auswuchs. Der Tod des Zarewitsch lieferte sowohl Boris Godunow als auch seinen Gegnern die politischen Argumente. Die Gegner des Zaren bezichtigten ihn des Mordes, er selbst benutzte den Tod Dimitrijs, um den aus Polen nahenden Kronprätendenten als Betrüger zu entlarven.

Die «Vertauschungsversion» aber, die aus den wissenschaftlichen Betrachtungen ausgeschieden ist, bildete die Voraussetzung für den Werdegang des Dimitrij Samoswanez. Entscheidend war hier nicht die Glaubwürdigkeit der Version, sondern politische Motive, auf die in Verbindung mit den Erfolgen Dimitrijs noch eingegangen werden soll.

Mit der Person des Pseudo-Demetrius beginnt der zweite Komplex, dessen Quellen keine eindeutige historische Beweisführung zulassen. Es sind neben der «Vertauschungsversion» im wesentlichen folgende Thesen:

1. Der Pseudo-Dimitrij ist der aus dem Kloster Tschudow entlaufene Mönch Grigorij Otrepjew aus der Klientel der Romanows.[22]

18 Vgl. Stöckl, a.a.O., S. 259.
19 Fleischhacker, a.a.O., S. 62, Skrynnikow spricht von sechs Ehen, FAZ, 20. 4. 1971.
20 Dieses Motiv, die Unfruchtbarkeit der Zarin, hatte 1587 den Schuiskijs zum Anlaß gedient, Fjodor eine Scheidung von Irina vorzuschlagen. Auf diesem Anschlag, der sich vor allem gegen Boris Godunow richtete, beruhte die Feindschaft der Godunowy und der Schuiskijs.
21 Fleischhacker, a.a.O., S. 45. Die Zarewna starb noch als Kleinkind.
22 Die «Erzählung von 1606» enthält diese offizielle Version, ebenso die «Erzählung von Avraamij Palycyn» und die «Erzählung von Grischka Otrepjew», vgl. ebd., S. 77, S. 96/97.

2. Grigorij Otrepjew wird konspiratorisch veranlaßt, in Polen einen jungen Mann zu suchen, der die Rolle des Dimitrij Iwanowitsch übernehmen soll. Er findet ihn in einem Jüngling, der dem Vernehmen nach der uneheliche Sohn Stephan Bathorys, des polnischen Königs, war.[23]

In anderen Quellen ist Dimitrij Samoswanez ein unbekannter Mann, der als Werkzeug der Bojaren erzogen wurde. Für oder gegen alle Thesen sprechen die gleichen Argumente wie in bezug auf den Tod Dimitrijs. Wer der Pseudo-Dimitrij war, wird nicht mehr zu klären sein, da seine Gegner nach seinem Tode alle von ihm ausgehenden Darstellungen restlos vernichteten.[24] Die pragmatische Propaganda der verbliebenen Quellen ist unverkennbar.

Die These, daß Dimitrij mit Grigorij Otrepjew identisch gewesen sei, wird angegriffen.[25] Als Begründung spricht schon die Bezeichnung «ein Rastriga aus der Klientel der Romanows» für sich, da hier zwei propagandistische Argumente vereinigt sind.

Die ersten Gerüchte über Dimitrij tauchen im Jahre 1600 auf. Die Flucht Grigorijs aus dem Kloster Tschudow wird auf 1603 datiert. Daneben zeigen Charakterisierungen Grigorij Otrepjews[26] wenig Übereinstimmung mit der späteren Verhaltensweise des Dimitrij Samoswanez. Dimitrij verkörperte Zug für Zug in seiner Handlungsweise «die Kontradiktion der moskowitischen Tradition»[27]. Hier liegt die Begründung für sein Scheitern als russischer Zar, aber auch die Vermutung, daß Dimitrij weniger ein Werkzeug der russischen als der polnischen Interessen war.

Ein weiterer Faktor in der Oper Mussorgskijs sind die Ereignisse während der Regierungszeit Godunows. Als Boris Godunow 1598 Zar des moskowitischen Reiches wurde, setzte er eine Herrschaft fort, die er de facto bereits während der Regierung Fjodors ausgeübt hatte. Ein Teil der Ereignisse, die in der Oper erwähnt werden, fallen noch in die Zeit der Regentschaft Godunows. Hier wäre der Tod Dimitrijs, 1591, und der Großbrand in Moskau zu nennen. Bereits während der Regentschaft Godunows waren die sozialökonomischen Probleme vorrangig, die sich während seiner Zarenherrschaft durch die großen Hungersnöte der Jahre 1601 bis 1603 noch vermehrten. Da Boris

23 Bussow, a.a.O., S. 218/219.
24 Martin Schulze, Puschkin, «Boris Godunow», Dichtung und Wirklichkeit, Frankfurt am Main 1963, S. 84.
25 Ebd.
26 Die bekannteste Beschreibung stammt von dem Schweden Paterson, den M. Schulze zitiert (S. 86). Karamsin fußt ebenfalls auf der Darstellung des Schweden.
27 Fleischhacker, a.a.O., S. 88.

Godunow seine Herrschaft vor allem auf die Loyalität des Dienstadels stützte, war die Sicherheit seines Regimes weitgehend von der wirtschaftlichen Stabilität abhängig.[28] Solange der Dienstadel hinter dem Zaren stand, lag keine Gefahr in der politischen Intrige der Hocharistokratie.

Boris Godunow war bemüht, im Ausland eine dynastische Verbindung zu finden, die seine Zarenherrschaft absichern sollte. Eine erste Absicht ging dahin, aus dem Hause Habsburg aus dem ihm der Gegenkandidat drohte, den Schwiegersohn zu gewinnen.[29] Diese Verbindung scheiterte ebenso wie das Heiratsprojekt mit dem vertriebenen Gustav von Schweden.[30] Der dänische Prinz Hans von Holstein, der Bräutigam Xenias, starb 1600[31] noch vor der Hochzeit in Moskau.

Im gleichen Jahr wurden die ersten Gerüchte verlautbar, daß Dimitrij noch lebe. Mit dem Auftauchen des «Dimitrij Iwanowitsch» in Polen war die Legende zu einer politischen Gefahr geworden. Wassilij Iwanowitsch Schuiskij wurde 1604 zum Kronzeugen gegen den aus Polen nahenden Kronprätendenten. Der Zar ließ den Leiter der offiziellen Untersuchungskommission von Uglitsch öffentlich nochmals den Tod Dimitrijs bestätigen.[32] Mit der Einholung der unverwesten Überreste des Zarewitsch nach Moskau,[33] der Kanonisierung des heiligen Märtyrers Dimitrij, 1606, war allen weiteren Kronprätendenten ihre Glaubwürdigkeit entzogen.[34] Gleichzeitig mit der öffentlichen Bestätigung Schuiskijs wurde in den Kirchen verkündet, daß der unter dem Namen Dimitrij Auftretende der aus dem Kloster Tschudow entlaufene Mönch Grigorij Otrepjew sei.[35] Die von Godunow erstrebte Reaktion in der Bevölkerung blieb aus, es mußte zur Machtprobe zwischen ihm und

28 Stökl, a.a.O., S. 260.
29 Fleischhacker, a.a.O., S. 69.
30 Ebd., S. 70.
31 Bussow, a.a.O., S. 212.
32 Fleischhacker, a.a.O., S. 77.
33 Die Wirren um die Identität des Dimitrij Samoswanez wurden von Wassilij Schuiskij und der Mutter des Zarewitsch, Marfa, verursacht, die beide Dimitrij anerkannten und die Anerkennung späterhin widerriefen, vgl. Fleischhacker, a.a.O., S. 99. Das Wunder der unverwesten Leiche wird für den Zeitpunkt der Kanonisierung berichtet, desgleichen das Wunder an dem Hirten, der am Grabe Dimitrijs sehend wurde. K. Bussow berichtet von einem Täuschungsmanöver Schuiskijs, der die Leiche des vor fünfzehn Jahren verstorbenen Dimitrijs durch die Leiche eines Popensohnes ersetzen ließ. Desgleichen sei der Hirte nur vorgeblich blind gewesen, vgl. Bussow, a.a.O., S. 264.
34 In der Folgezeit erschienen etwa zwanzig Kronprätendenten, der bekannteste wurde der «Vor» oder «Gauner von Tuschino», in dessen Lager Marina Mniszech überwechselte.
35 Fleischhacker, a.a.O., S. 78.

dem Usurpator kommen. Das Heer des Zaren stand in unmittelbarer Nähe der Stadt Kromy dem Heer Dimitrijs gegenüber. In dieser Situation starb am 13. April 1605 Boris Godunow.[36] Die Tradition schrieb vor, daß ein Zar auf dem Totenbett zum Mönch geschoren wurde. Boris folgte dieser Tradition und erhielt den Namen Bogolêp.[37]

Das Ende der Herrschaft der Godunowy war angebrochen. Als Boris Godunow angesichts einer politisch ungeklärten Lage starb, hinterließ er den Thron seinem desiginierten Nachfolger Fjodor Borisowitsch. Die traditionelle Trauerzeit von vierzig Tagen ließ die Ereignisse zugunsten des vor Kromy stehenden Dimitrij verlaufen. Schon am 17. April 1605, vier Tage nach Boris' Tod, erfolgte die Vereidigung der Truppen auf Fjodor. Doch am 7. Mai ging das Heer, das unter der Führung der Golycin stand, bei Kromy zu Dimitrij über.[38] Der Weg nach Moskau war frei. Am 1. Juni 1605 wurden die Godunowy gefangengesetzt. Fjodor und seine Mutter wurden ermordet, die Schwester, Xenia, Dimitrij überlassen, der am 4. Juni in Moskau einzog. Der Patriarch Hiob, treueste Stütze Godunows, wurde gezwungen abzudanken. Am 21. Juni krönte man in Moskau Dimitrij Samoswanez zum Zaren Dimitrij Iwanowitsch.

Der Werdegang des Kronprätendenten wurde bestimmt von den polnisch-katholischen Interessen. Mit dem Auftreten des Mannes, der sich später Dimitrij nannte, am Hofe des polnischen Fürsten Wisniowetzky, kann sich die Geschichtsforschung auf historisch verbürgte Quellen stützen. Der Fürst schickte den vorgeblichen Dimitrij an den Hof des Starost von Sambor, Wojewoden von Sandomierz und Mitglied des polnischen Senats, Georg von Mniszech. Der Fürst gehörte zu den einflußreichsten Männern des polnisch-litauischen Reiches.[39] Die Motive, die ihn veranlaßten, Dimitrij zu unterstützen, waren jedoch weniger staatspolitisch als persönlich. Der Fürst befand sich ständig in finanziellen Schwierigkeiten.[40] Aus dieser Situation sollte ihn der Kronprätendent befreien. Der Fürst bereitete den militärischen Teil des Angriffs auf den Moskauer Zarenthron vor.[41] Ehe er aber seine Kräfte in den Dienst Dimitrijs stellte, sicherte er sich durch vertragliche Vorleistungen ab. Dimitrij sollte nach seiner Thronbesteigung die Tochter des Magnaten, Marina, ehelichen. Zur Apanage der

---

36 Fleischhacker, a.a.O., S. 72.
37 Ebd.
38 Stökl, a.a.O., S. 261.
39 Ebd., S. 270.
40 Ebd.
41 Ebd.

künftigen Zarin Rußlands gehörten neben einer Million Gulden zwei Provinzen des moskowitischen Staates, Nowgorod und Pskow.[42]

Neben den Vorleistungen gegenüber dem Hause Mniszech hatte sich Dimitrij der katholischen Kirche verpflichtet. Im Hause Mniszechs nahm Dimitrij erste Kontakte mit dem Jesuiten Wietewitzky auf, ein Unternehmen, das von der päpstlichen Nuntiatur in Krakau gefördert wurde.[43] Dimitrij verpflichtete sich im Falle seines Sieges, Rußland zum Katholizismus zu überführen.[44] Er selbst trat zum katholischen Glauben über.[45] Diese Verträge waren zu Dimitrijs Lebzeiten in Moskau nicht bekannt, eine Tatsache, die mit Sicherheit erst den Erfolg Dimitrijs ermöglichte.[46]

Es waren der konfessionelle Gegensatz und die entschiedene Gleichgültigkeit Dimitrijs gegenüber der russischen Tradition, die seiner Regierung ein Ende setzten.[47] Während Rußland durch seine Regierung einen Beweis seiner Echtheit erwartete, widersprach sein Verhalten diesen Erwartungen. Die beabsichtigte Heirat des Zaren mit der Polin Marina Mniszech löste die heftigsten Reaktionen aus. Der Unwille über diese Heirat wurde durch den konfessionellen Gegensatz verschärft. Marina Mniszech, die späterhin die Unbedenklichkeit ihrer Mittel bewies, die ihr den Zarenthron Moskaus verschaffen sollten[48], vermochte es nicht, aus politischen Gründen die konfessionellen Schranken zu durchbrechen. Die Geistlichkeit forderte die Taufe der Katholikin, da sie als Ungetaufte gemäß der orthodoxen Tradition nicht getraut werden durfte.[49] Die Trauung fand dennoch statt.[50] Während der Vermählungsfeierlichkeiten brach der lang vorbereitete Aufstand[51] am 17. Mai 1606 aus. Mit der Ermordung Dimitrijs endete die Regierung des Kronprätendenten. [. . .]

42 Fleischhacker, a.a.O., S. 99.
43 Stökl, a.a.O., S. 270.
44 Fleischhacker, a.a.O., S. 94.
45 Ebd.
46 Dimitrij Samoswanez hätte in Rußland keine Chance der Anerkennung gehabt, wenn Unterlagen über die Gebietsabtretungen und den Übertritt Dimitrijs zum Katholizismus in die Hände von Boris Godunow gelangt wären. Es steht fest, daß W. Schuiskij Kenntnis von der Apanage Marinas besaß, jedoch läßt sich nicht feststellen, zu welchem Zeitpunkt er diese Unterlagen erhielt, vgl. Fleischhacker, a.a.O., S. 99.
47 Ebd., S. 88 ff, besonders S. 94.
48 Sie wechselte nach der gescheiterten Verbindung mit dem I. Dimitrij in das Lager des zweiten Kronprätendenten über.
49 Fleischhacker, a.a.O., S. 95.
50 Es wird in einigen Quellen berichtet, daß Dimitrij vor der Synode die Gleichwertigkeit der Religionen vertrat, vgl. ebd., S. 94/95.
51 Der Aufstand stand unter Leitung der Golycin und W. Schuiskijs, die bereits Anfang

Als historische Substanz der Oper blieben nach dem gegenwärtigen Stand der Geschichtsforschung folgende Tatsachen bestehen:

1. Wassilij Schuiskij war Leiter der Untersuchungskommission in Uglitsch (III. Teil; II. Aufzug).

2. Der Pseudo-Dimitrij wurde durch die römisch-katholische Kirche unterstützt (III. Aufzug).

3. Der Pseudo-Dimitrij war mit Marina Mniszech, der Tochter des polnischen Magnaten Mniszech, verlobt, die Zarin von Rußland werden sollte (III. Aufzug).

4. Die Anhängerschaft Dimitrijs rekrutierte sich im Gebiet der Ukraine aus kosakierenden Bauern und Kosaken, revoltierender Bevölkerungsgruppen (IV. Aufzug, 2. Bild).

An historisch-politischen Motivationen erscheint allein der Hinweis auf das historisch so zentrale Legalitätsprinzip des moskowitischen Zarismus. Die dynastische Legalität wird in der Volksmeinung anerkannt (IV. Teil, 1. Bild; IV. Aufzug, 2. Bild). Das politische Pendant, die Wahlmonarchie Godunows, fehlt in der Oper gänzlich.

Zu den historischen Tatsachen treten zwei Hypothesen von geringer Wahrscheinlichkeit, die in die Handlung verflochten sind:

1. Dimitrij Samoswanez ist identisch mit Grigorij Otrepjew.

2. Boris Godunow ließ Dimitrij Iwanowitsch ermorden.

Daneben weisen auch sekundäre Merkmale, wie die chronologische Folge der Ereignisse, in der Oper geringe historische Richtigkeit auf. An der zeitlichen Anordnung wird ablesbar, daß Mussorgskij die Ereignisse dramatischen Prinzipien unterordnete. Mussorgskij stellte, abweichend von Puschkin, keinem der Bilder eine Datenangabe voran. Die Datierungen sind ausschließlich dem Libretto zu entnehmen. Für die Methode Mussorgskijs mag der zweite Aufzug (III. Teil) und die darin verwerteten Fakten als Beispiel dienen.

Die Szene beginnt mit der Klage Xenias um ihren Bräutigam, der 1600 verstorben war. Im Monolog des Zaren finden sich Hinweise auf historisch verbürgte Ereignisse während der Regentschaft und Regierung Boris Godunows. Kurz nach dem Tode Dimitrijs brach in Moskau ein Großbrand aus, dem ganze Stadtteile zum Opfer fielen.[52] Daneben wird die große Hungersnot[53] der Jahre 1601 bis 1603 er-

---

Januar 1606 dem polnischen König Vorschläge zum Sturz Dimitrijs unterbreitet hatten.

52 Auf dieses Ereignis nimmt der Text «Durch Feuernot ward Hab und Gut verzehrt», Bezug (Klavierauszug, hg. von Pawel Lamm, London 1928, S. 134).

53 Im Monolog heißt es: «Gott strafte uns durch bitt're Hungersnot» (Klavierauszug, a.a.O., S. 133).

wähnt. Der Text des Monologs verweist durch die Einleitung: «das sechste Jahr schon herrsche ich in Frieden» (Klavierauszug, hg. von Pawel Lamm, London 1928, S. 131 und 183) auf das Jahr 1604.

In der Szene: «Bei Kromy» (IV. Aufzug, 2. Bild) tritt der Bojar Chruschtschow auf. Der Aufstand bei Kromy fand 1605 statt, der Bojar lief 1604 bei Morawsk zu Dimitrij über. Mussorgskij bediente sich der historischen Details, ohne den historischen Zusammenhang zu wahren.

Erstausgabe des ‹Boris Godunow›
von Alexander Puschkin, 1831.

II. Zu Alexander Puschkins ‹Boris Godunow›

Alexander Puschkin

Entwurf eines Vorwortes zum ‹Boris Godunow› (1829/30?)*

Das Studium Shakespeares, Karamsins** und unserer alten Chroniken gab mir den Gedanken ein, eine der dramatischsten Epochen der neueren Geschichte in dramatische Form einzukleiden. Von keinem anderen Einfluß verwirrt, ahmte ich Shakespeare, seine freie und breite Schilderung der Charaktere, die ungekünstelte und einfache Zusammenstellung der Typen nach; Karamsin folgte ich in der übersichtlichen Entwicklung der Ereignisse, in den Chroniken bemühte ich mich, den Gedankengang und die Sprache der damaligen Zeit zu enträtseln. Reiche Quellen! Ob es mir gelungen ist, sie zu nutzen, weiß ich nicht. Wenigstens waren meine Bemühungen emsig und gewissenhaft.

Lange konnte ich mich nicht entschließen, mein Drama drucken zu lassen. – Der gute oder schlechte Erfolg meiner Gedichte, das wohlwollende oder strenge Urteil der Zeitschriften über irgendeine Erzählung in Versen beruhigten meine Eigenliebe nicht sonderlich. Die schmeichlerischen Besprechungen haben sie nicht geblendet. Beim Lesen der beleidigendsten Besprechungen war ich bemüht, die Meinung der Kritik zu erraten und mit möglichster Kaltblütigkeit zu begreifen, worin ihre Beschuldigungen eigentlich bestehen, und wenn

---

* Puschkins Drama, in den Jahren 1824/25 geschrieben, wurde erst 1831 gedruckt.
** Der russische Schriftsteller und Historiker Nikolai Michailowitsch Karamsin (1766–1826) schrieb eine zwölfbändige ‹Geschichte des russischen Reiches›, die in den Jahren 1816 bis 1829 gedruckt wurde und auch in Leipzig in deutscher Sprache erschien. Puschkin entnahm seine historischen Kenntnisse für seine Boris-Tragödie dem 9. und 10. Band.

*Alexander Puschkin (1799–1837), der Dichter des Dramas ‹Boris Go-
dunow›. Geschrieben 1824 bis 1825, wurde das Stück erst 1831 gedruckt.
Wie zu erwarten war, stieß die Behandlung dieses historischen Stoffes
auf den Widerstand der Kritiker und vor allem der Theaterzensur, die die
Aufführung des Dramas bis 1866 verbot. Angriffspunkte waren die Szene
im Palast des Patriarchen und die Szene in der Schenke an der litauischen Grenze mit ihrer realistischen Zeichnung der Bettelmönche Missaïl und Warlaam. Vor allem ließ Puschkin in dem Stück durchblicken,
daß «der beste Zar keine Geschichte machen kann, wenn das Volk nicht
bedingungslos hinter ihm steht» (Martin Schulze). Nicht verstanden
wurde die filmische Dramaturgie des Dramas. Die klassische Einheit von
Ort und Zeit war kaleidoskopisch aufgebrochen. Hohe Sprache stand
neben niederer Prosa. Die Kritiker sprachen von einem «Durcheinander
Shakespearischer Art». Erst am 17. September 1870 fand die Uraufführung von sechzehn der insgesamt dreiundzwanzig Szenen im Petersburger Marinskij-Theater statt, in dem vier Jahre später Mussorgskijs Oper
‹Boris Godunow› zum erstenmal gegeben wurde.*

ich auf sie nie erwiderte, so geschah es nicht aus Verachtung, sondern einzig aus der Überzeugung, daß unsere Literatur *il est indifférent*, ob dieses oder jenes Kapitel aus dem ‹*Onegin*› höher oder tiefer stehe als ein anderes. Aber ich gestehe aufrichtig, der Mißerfolg meines Dramas würde mich kränken; denn ich bin überzeugt, daß unserem Theater die volkstümlichen Gesetze des Shakespeare-Dramas anstehen, nicht aber die höfische Sitte der Tragödie Racines, und daß jedes mißlungene Experiment die Umgestaltung unserer Bühne verlangsamen würde. (Der ‹*Jermak*› von A. S. Chomjakow ist mehr ein lyrisches Werk als ein Drama. Seinen Erfolg verdankt es nur seinen herrlichen Versen.)

Ich gehe nun zu einigen näheren Erklärungen über. Der von mir angewandte Vers (der fünffüßige Jambus) wird gewöhnlich von den Engländern und Deutschen angewandt. – Bei uns finden wir, dünkt mich, das erste Beispiel dafür in den ‹*Argiviern*›. A. Shandr verwendet in dem Bruchstück seiner schönen, in freien Rhythmen geschriebenen Tragödie vornehmlich dieses Versmaß. – Ich behielt die Zäsur des französischen Pentameters auf dem zweiten Fuß und habe damit, scheint mir, einen Irrtum begangen, da ich dadurch meinen Vers der ihm eigenen Mannigfaltigkeit freiwillig beraubte.

Es gibt da derbe Scherze, volkstümliche Szenen. Der Dichter darf nicht nach eigenem Belieben vulgär sein, wenn er es vermeiden kann; ist es aber notwendig, darf er sich nicht davor scheuen.

Als ich in der Geschichte einem meiner Vorfahren begegnete, der in dieser unglücklichen Epoche eine wichtige Rolle spielte, brachte ich ihn auf die Bühne, ohne an die Kitzligkeit des Anstands zu denken, *con amore*, aber ohne jeden versteckten Adelsstolz. Von allen meinen Nachahmungen Byrons wäre der Adelsstolz die lächerlichste. Unsere Aristokratie wird vom neuen Adel gebildet, der alte ist in Verfall geraten; seine Rechte sind den Rechten der anderen Stände angeglichen, die großen Güter sind längst zerstückelt, vernichtet . . . Einer solchen Aristokratie anzugehören ist in den Augen des vernünftigen Pöbels gar kein Vorzug, und die einsame Verehrung des Ruhms der Vorfahren kann einem lediglich den Vorwurf der äußersten Geschmacklosigkeit oder der Nachahmung der Ausländer zuziehen.

Der Geist des Zeitalters fordert große Veränderungen auch auf der dramatischen Bühne. Es ist möglich, daß auch sie die Hoffnungen der Reformatoren enttäuschen werden. Der auf *der Höhe des Schaffens lebende* Dichter sieht vielleicht auch die Mängel der gerechten Forderungen klarer und das, was sich vor den Blicken der erregten Menge verbirgt; aber es wäre vergeblich für ihn, darum zu kämpfen . . . So gaben

Lope de Vega, Shakespeare und Racine dem Strom nach. Aber das Genie bleibt Genie, welche Richtung es auch immer wählt: das Urteil der Nachwelt wird das Gold, das ihm gehört, von den Schlacken scheiden.

Georg Lukács*

Puschkins ‹Boris Godunow›

... Denken wir an ‹*Boris Godunow*›. In einer vielfarbigen, Shakespeareschen Darstellungsweise der historischen Wirklichkeit zeigt uns Puschkin hier, wie im Zerfall des Feudalismus die schwere Geburt des russischen Absolutismus sich vollzieht. Hier können wir nur ein Motiv der Puschkinschen Kompositionsweise zur Beleuchtung seines kompositionellen Prinzips hervorheben. Puschkin zeigt in diesem Drama unter anderem, wie diese Umgestaltung – da das Volk selbst noch nicht imstande war, eine aktiv führende und gesellschaftsformende Rolle zu spielen – oben und unten gleichermaßen eine menschliche Verstümmelung und Verzerrung hervorbringt. Dieses Motiv kommt im Ganzen des Dramas überall als unmittelbar sichtbare Konsequenz, als eine die menschlichen Gestalten bewegende Kraft zur Geltung. Aber direkt wird dieses Motiv nur in zwei – dem Ton und dem Charakter nach qualitativ verschiedenen – Szenen in den Vordergrund der dramatischen Handlung gestellt. Der alte Mönch Pimen tritt aus dem Leben heraus: er wird Chronist, nur um ein Mensch bleiben zu können. Der falsche Dimitrij wird, wie die anderen handelnden Personen, zum Opfer der geschichtlichen Notwendigkeit. Er macht nicht nur in einer Szene den Versuch, diese Schranken zu durchbrechen, um trotz seiner geschichtlichen Rolle, die sein Menschentum verzerrt, Mensch bleiben zu können. Dem einzigen Menschen, den er liebt, Marina, versucht er sein wirkliches Selbst aufzudecken; Marina jedoch, die nur nach der Zarenkrone strebt, weist ihn hochmütig zurück, und nun kann er seine hochgespannten Pläne nur erfüllen, indem er die Komödie verdoppelt, sie endgültig macht, in seiner Rolle menschlich erstarrt. So drängt ihn eine mächtige dramatische Szene in eine Heuchelei, die ihn menschlich endgültig verzerrt.

* *Georg Lukács (1885–1971), einflußreicher marxistischer Philosoph, der außer seinen politischen Schriften umfangreiche und zahlreiche Studien zur Geschichte der deutschen, französischen und russischen Literatur veröffentlicht hat. Sein Hauptwerk, die ‹Eigenart des Ästhetischen›, blieb unvollendet.*

Die Szene im Hof des Nowodewitschij-Klosters bei Moskau (erstes Bild des Prologs in Mussorgskijs Oper) in einem Stich von V. A. Favorskij aus seinen Illustrationen zum ‹Boris Godunow› Puschkins.

Diese beiden wichtigen Szenen geben jedem Detail des Dramas ihr besonderes Licht und ihre besondere Farbe, ohne daß Puschkin gezwungen wäre, die übrigen Szenen, die anderen geschichtlichen Momente, die er mit derselben lakonischen Gedrängtheit und Plastizität vor uns hinstellt, mit diesem Motiv zu belasten, zu komplizieren, sie überflüssigerweise polyphon tönen zu lassen. Diese können sich deshalb, jede auf ihre qualitativ verschiedene Weise, künstlerisch vollkommen ausleben. Deshalb wird das Ganze des Dramas farbiger, polyphoner als bei den Modernen, gerade infolge der lakonischen Kürze, der einfachen, unmittelbaren Plastizität. [. . .]

‹Boris Godunow› ist Puschkins bedeutendstes Drama. Den Platz des Dramas in des Dichters Lebenslauf zu bestimmen ist nicht schwer. Es ist bekannt, daß Puschkin wegen seiner scharf kritischen Gedichte vom Zarismus aus der Hauptstadt verbannt wurde. Puschkin verbrachte sehr wichtige Jahre seiner Entwicklung im Kaukasus, in der Moldau, später auf dem väterlichen Gut in Michailowskoje. Hier, in seinem Heimatort, lebte Puschkin vom Jahre 1824 an, und hier schrieb er den ‹Boris Godunow›. Die Tragödie wurde also kurze Zeit vor dem Ausbruch des Dekabristenaufstands* begonnen und beendet. Die Reaktion, die auf die Niederschlagung der Revolution folgte, verhinderte das Erscheinen von ‹Boris Godunow›, die Tragödie erschien erst 1831 in stark zensurierter Form. Eine Aufführung konnte Puschkin nicht mehr erleben.

Die Entstehung von Puschkins größtem dramatischem Werk fällt nicht zufällig mit dem Dekabristenaufstand zusammen, dem ersten Versuch, das feudal-absolutistische Joch abzuwerfen. Die Mitglieder der Verschwörung stammten, wie Puschkin, vorwiegend aus dem fortschrittlichsten, europäischen, radikalsten Teil des russischen Adels. Puschkin selbst gehörte nicht der illegalen Organisation der Dekabristen an; deshalb konnte er ihrem Schicksal entgehen: dem Galgen oder der Hölle der sibirischen Gruben. Aber wenn Puschkin auch keine organisatorische Bindung zu den Dekabristen hatte, so waren seine ideellen Verbindungen zu ihnen um so inniger. Als die zaristische Polizei nach der Niederwerfung des Aufstands die Schriften der Dekabristen durchsuchte, gab es fast keinen führenden Kopf, bei dem sich nicht Kopien zahlreicher, nur im Manuskript verbreiteter Gedichte von Puschkin vorgefunden hätten. Außerdem war es allbekannt, daß Puschkin zu den meisten führenden Dekabristen in intimer, freund-

---

* Gemeint ist der Umsturzversuch im Dezember 1825 (dekabr = Dezember), den russische Offiziere unternahmen.

Grigorijs Flucht aus dem Fenster in der Szene «in einer Schenke an der litauischen Grenze» (zweites Bild des ersten Aufzugs der Oper Mussorgskijs) in einem Stich von V. A. Favorskij aus seinen Illustrationen zum ‹Boris Godunow› Puschkins.

schaftlicher Beziehung stand. Diese Verbindungen leugnete Puschkin nie. 1826 berief Zar Nikolaus den Dichter zu sich und stellte ihm offen die Frage: was er getan hätte, wenn er am 14. Dezember (dem Tag des Aufstands) in Sankt Petersburg gewesen wäre? Auf die entschiedene Frage antwortete Puschkin ebenso entschieden: daß er sich bestimmt in den Reihen der Aufständischen befunden hätte. Der Zar, der sich vor der öffentlichen Meinung fürchtete und nicht wagte, gegen den größten und volkstümlichsten Dichter des Landes polizeiliche Maßnahmen zu ergreifen, preßte Puschkin in diesem Gespräch das Versprechen ab, in Zukunft seinen Standpunkt zu ändern.

Dieses erzwungene Versprechen löste Puschkin so ein, wie der Zar es verdiente. Unter den Schranken der brutalen Unterdrückung, der strengen Zensur setzte sich Puschkin – in einer durch die Verhältnisse diktierten Form – ebenso mutig für die Ideen der Freiheit, der nationalen Befreiung ein, wie er es vor dem Aufstand getan hatte.

Indessen, so eng die Fäden auch gewesen sein mögen, die Puschkin mit der ersten modernen russischen Befreiungsbewegung verbanden, man kann ihn doch nicht einfach und unbedingt mit den Dekabristen identifizieren. Der große Dichter verhielt sich zu allen Fragen viel freier, er hatte eine viel weitere Perspektive als die meisten seiner adlig-revolutionären Kampfgenossen. Als Lenin die Gründe untersuchte, weshalb der Dekabrismus zusammenbrechen mußte, betonte er in erster Linie das vollkommene Fehlen einer engen Verbindung mit dem Volk selbst, obwohl das Ziel der Bewegung darauf gerichtet war, den Interessen des Volkes zu dienen. Von diesem Gesichtspunkt aus ist Puschkins Dichtung nicht einfach die des Dekabrismus, sondern geht weit darüber hinaus: in der Form, in der Sprache, in den Motiven und Gestalten hängt sie auf das engste mit dem Volksleben zusammen, ihr Geist ist ein wirklicher, tief im Volksleben verwurzelter Demokratismus. [. . .]

Wenn Puschkin in ‹Boris Godunow› einen tragischen Abschnitt der Entstehungskrise des russischen Absolutismus darstellt, so ist dieses Drama zugleich – freilich unausgesprochen – auch das Vorspiel der Auflösungskrise desselben Absolutismus. Der dramatische Historismus Puschkins ist gleichzeitig eine gesellschaftliche Prophezeiung. [. . .]

Puschkin gestaltet die Entwicklung des Absolutismus und dessen unaufhaltsamen Triumphweg derart, daß die kommende und sich später offenbarende Problematik dieses Systems bereits sinnfällig wird.

Im Vordergrund steht selbstverständlich auch hier der Gegensatz von Absolutismus und Feudalismus, die Überlegenheit des ersteren. Der Absolutismus bedeutet auch hier, wie überall, daß der Adel im Prozeß der Umwandlung zum Hofadel seine Unabhängigkeit verliert. Menschlich offenbart sich dieser Prozeß in erster Linie als moralischer Verfall; die Übergangsform ist eine mit Wut gepaarte Ohnmacht gegen den Absolutismus. Der Adel hat seine alten feudalen Tugenden verloren, aber seine spätere höfische Kultiviertheit noch nicht erreicht: eine Mischung aus der alten Roheit und der neuen Niederträchtigkeit charakterisiert die Vertreter des Adels. Sie sind sich ihrer Schwäche dem Volk gegenüber bewußt, ebenso ihres Entwurzeltseins aus dem Volksboden. Einer der Bojaren spricht dies so aus:

> Schon lange sieht das Volk in uns nicht mehr
> Den Nachwuchs seiner kriegerischen Herrscher,
> Schon lange sind wir unsrer Länder bar,
> Schon lange sind wir nur der Zaren Diener;
> Doch er verstand durch Schrecken und durch Milde
> Sowie durch seinen Ruhm das Volk zu blenden.

Boris wird von den Bojaren argwöhnisch belauscht im Empfangssaal des Moskauer Kreml (erstes Bild des vierten Aufzugs der Oper Mussorg-skijs, in der Fassung von 1874) in einem Stich von V. A. Favorskij aus seinen Illustrationen zum ‹Boris Godunow› Puschkins.

Die verständigeren Vertreter des Hochadels sind sich auch darüber im klaren, daß diese Lage nicht durch die individuellen Fähigkeiten Boris Godunows entstand, daß es vom Standpunkt der Aristokratie aus geradezu gleichgültig bleibt, wer die Person des Zaren ist. Ein anderer Bojar charakterisiert Boris wie folgt:

> . . . er regiert uns fast schon
> Wie Zar Iwan. (Gedenk sein nicht zur Nachtzeit!)
> Was hilft es, wenn man nicht zur Schau mehr köpft,
> Daß auf der blutigen Richtstatt vor dem Volke
> Wir nicht zu Jesu Preis mehr Hymnen singen,
> Daß nicht mehr auf dem Markt man uns verbrennt,
> Wobei des Zaren Zepter schürt die Kohlen?
> Sind heuer wir des armen Lebens sicher?
> Es droht ein jeder Tag uns mit Verbannung,
> Mit Turm, Sibirien, Fesseln, Mönchshabit,
> Mit Strick und Hungertod gar im Verliese.

So leben die Bojaren in ewiger Furcht, ständig von Angebern umkreist, zu denen auch ihre intimsten Diener gehören. Sie reagieren darauf so, daß sie auch zu Angebern werden, und ihren bewußtesten und geschicktesten Führern gelingt es, inmitten dieser Verkommenheit auch den Zaren zu betrügen und den Versuch zu machen, seine politischen Entscheidungen im Interesse des Hochadels zu beeinflussen. Der Preis dieser Niedrigkeit und Erniedrigung sind die Hof- und Staatswürden als Vorrechte des Bojarentums. Aber auch diese sind ständig gefährdet. Der sich entwickelnde Absolutismus hat talentierte, zu ernstlicher Handlung fähige Menschen nötig, und diese kann das Bojarentum nicht immer, ja sogar nur sehr selten liefern. Dehalb ist für diese Zeit die stürmische Laufbahn der von unten Heraufkommenden charakteristisch. (Dies können wir auch in den Romanen Scotts sehen.) Bei Puschkin entspinnt sich ein interessanter, die ganze Situation beleuchtender Dialog zwischen Boris und dem von ihm erwählten Heerführer Basmanow.

> ZAR Ich schick dich, den Befehl zu übernehmen;
> Nicht Adel, nein, Verstand mach ich zum Feldherrn;
> Die mögen jammern über Rangverletzung!
> Zeit wird's, erlauchten Pöbels Murren spottend,
> Jetzt auszurotten diesen üblen Brauch.
> BASMANOW Ach, Zar, gesegnet hundertfach der Tag,
> An dem du endlich die Geschlechtsregesten

Mit ihren Zänken, ihrem Stammbaumhochmut
Dem Feuer übergibst.
ZAR Der Tag ist nah . . .

Zar Boris ist selbst ein solcher *selfmademan*. Noch mehr der Thronprätendent Grigorij Otrepjew, der sich für den ermordeten Zarewitsch
Dimitrij ausgibt. Die Konflikte, die sich aus dieser Situation ergeben,
machten diese Periode der russischen Geschichte zum volkstümlichen
Thema der gesamten Weltliteratur. Aber die nichtrussischen Schriftsteller, selbst die größten unter ihnen, sahen nur die Äußerlichkeiten
des Konflikts, und insofern sie diese Erscheinungswelt «vertieften»,
gaben sie ein falsches, verzerrtes Bild dieser geschichtlichen Situation
und der ihr entstammenden Tragödie. Ein solcher «vertiefter» Ober-
flächenkonflikt ist das tragische Problem der Legitimität. Diese Tragödie schreiben – um nur die Größten zu nennen – Schiller und
Hebbel. Bei beiden stammt – freilich in sehr verschiedener Form – die
Tragödie aus der Tatsache, daß der Thronprätendent seine eigene
illegitime Abkunft erfährt und so der Gegensatz zwischen der im
Namen der Legitimität erfolgten Thronbesteigung und der illegitimen
Abkunft zum Ausgangspunkt eines inneren, zum tragischen Zusam-
menbruch führenden Konflikts wird. Puschkins tiefer historischer
Sinn weiß hingegen, daß die Legitimität in diesen Kämpfen nur eine
Äußerlichkeit ist, nur ein Losungswort oder eine Fahne; in diesen
Kämpfen messen sich große historische Kräfte während eines primiti-
ven Abschnitts des Prozesses, in dem sich das russische Volk zur
Nation zusammenschließt. Die Legitimität ist für die Kämpfe nur ein
Vorwand. Der Thronprätendent spricht es klar aus:

. . . Hör,
Daß weder König, Papst noch die Magnaten
Sich scheren um die Wahrheit meines Worts.
Ob Dimitrij ich, ob nicht – was kümmert sie es?
Der Vorwand bin ich nur zu Krieg und Zwist.
Dies einzig brauchen sie in mir . . .

Dies alles ist möglich, weil das Volk selbst noch nicht so weit entwickelt ist, um sein Los, das Schicksal der Nationwerdung in die eigenen
Hände zu nehmen. Diese Entwicklung beginnt hier erst, kaum sichtbar,
unter der Oberfläche, offenbart sich in dem stumpfen Haß gegen die
«obere Welt», in der Zurückweisung jener Vorspiegelung, als wären die
«oben» vor sich gehenden Veränderungen die Sache des Volkes. Nur so

viel ist klar, daß das Volk nie und nirgends die Bojaren gegen den Zarismus unterstützt. Als Zar Boris, Komödie spielend, die Krone zurück-
weist und die Kirchenväter, die Bojaren und das zusammengetriebene
Volk ihn weinend darum anflehen, die Krone anzunehmen, stellt
Puschkin die wirkliche Volksstimmung folgendermaßen dar:

> VOLK *(auf den Knien; Geheul und Gejammer)*
> Erbarm dich, Vater! Wolle uns beherrschen!
> EINER *(leise)*
> Sei Vater uns und Zar!
> EIN ANDERER Was weinen jene?
> Wie soll man's wissen? Die Bojaren wissen's –
> nicht wir.

Dies bedeutet aber keineswegs, daß das Volk mit dem Unter-
drückungsapparat des Zaren sympathisiert. Seine Vertreter sind in den
Augen des Volkes ebensolche erpresserischen Banditen wie die Bojaren. Als der aus dem Kloster entflohene Thronprätendent von zaristischen Grenzwächtern gesucht wird, sagt die Wirtin einer Grenz-
schenke: «Von diesen Polizeimenschen aber kommt nur das eine, daß
sie die Reisenden belästigen und uns arme Leute schinden . . . Die
sagen nur, sie machen die Runde, in Wahrheit heißt es: Schnaps her
und Brot her und weiß Gott was noch – verrecken sollen sie, die
Malefizkerle! Möge ihnen . . .»
Dem Volk also hat die Geschichte noch keinen Raum zum Handeln
gegeben. Die Selbstzerfleischung, das Sich-selbst-Verzehren der feudalen Schichten ist gerade so intensiv wie in Shakespeares Königsdramen
der Krieg der Weißen und der Roten Rose, wobei freilich diese die
Vorgeschichte des entstehenden Absolutismus spiegelt, Puschkin die
Krisen seiner Konsolidierung. Das Volk nimmt an diesen Kämpfen
nur unter dem Druck des Zwangs teil; eine besondere Szene zeigt,
welch zusammengewürfelte fremde Söldnerheere die feindlichen Lager
neben dem eigenen Volk in den Kampf werfen müssen.
Das Mißtrauen des handlungsunfähigen Volkes ist jedoch ein wichtiger Hintergrund und eine Erklärung dafür, was im Vordergrund
geschieht. Das Volk haßt sowohl den Zaren als auch die Bojaren. Wie
dies bei derartigen unentwickelten Bewegungen zu geschehen pflegt,
sehen sie noch nicht nach vorwärts, sondern nach rückwärts: in die
guten alten Zeiten, in denen die Leibeigenschaft unter den unentwickelten feudalen Verhältnissen ihr sogenanntes goldenes Zeitalter
erlebte. (Diese Volkspsychologie finden wir auch in den Tragödien

Szenenbilder von der Uraufführung des ‹Boris Godunow› Puschkins am Petersburger Marinskij-Theater. Die Dekorationen wurden auch für die Uraufführung der Oper Mussorgskijs verwandt. Links die Szene am Springbrunnen im Garten des Schlosses der Marina Mnischek in Sandomir (zweites Bild des dritten Aufzugs der Oper Mussorgskijs), rechts der Tod des Boris (erstes Bild des vierten Aufzugs der Oper Mussorgskijs in der Fassung von 1874).

Shakespeares; in der Wirklichkeit spielte sie in der Ideologie der großen Bauernaufstände des 16. Jahrhunderts eine wichtige Rolle.) Diese Erkenntnis klingt auch in den Worten des Bojaren Puschkin an:

> Und steht es denn ums Volk jetzt besser?
> Frag nur. Und sollte jener Usurpator
> Dem Volke den Georgentag versprechen,
> Gleich wär der Teufel los.

Unter solchen Umständen gibt es für einen Menschen, der seine menschliche und moralische Integrität bewahren will, nur einen Weg· aus dem Leben zu treten und zum Zuschauer zu werden; also ins Kloster zu gehen. Puschkin stellt dieses Verhalten mit unübertrefflicher Schönheit und Klarheit in der Gestalt des alten Mönch-Chronisten dar. Es ist kein Wunder, daß Dostojewskij für diese Gestalt schwärmte. In dem vollkommenen Beiseite-Stehen Pimens, der nur das treue Bild der Zeit für bessere Zeiten aufzeichnen will, offenbart sich die reine Form der in dieser Periode möglichen Opposition.

Der gesellschaftliche Boden und die aus diesem hervorwachsenden seelischen und moralischen Verhaltensweisen erklären auch die Gestalt des Thronprätendenten. Wie sein Gegner Boris ist auch er ein Abenteurer, der sich den Zarenthron durch persönliche Geschicklichkeit, durch das erfinderische Ausnützen der klassenbedingten Situation erwirbt. Der Unterschied besteht nur darin, daß sich Boris im Dienst des Zaren hinaufarbeitete, während sich Grigorij für den Thronfolger ausgibt, den Boris ermordet hat. Wir haben schon die großen deutschen Dramatiker erwähnt, die denselben Stoff bearbeitet haben. Wir sahen, daß sowohl Schiller als auch Hebbel an dem wirklichen großen geschichtlichen Drama vorbeigehen: Schiller, weil ihn das Bild einer Napoleonischen Lebensbahn fasziniert, Hebbel, weil er sich in das psychologische Problem vertieft, was ein zum Herrschen geborener Mensch fühlen muß, wenn er erfährt, daß er ein wirklicher legitimer Herrscher ist und besonders was sein menschliches Verhalten sein wird, wenn es sich herausstellt, daß seine Legitimität nicht echt ist. Beide Erlebnisse zerbrechen den geschichtlichen Rahmen; Hebbel verlegt die Tragödie in die «zeitlosen Tiefen» der Seelenforschung. In dieser Beziehung sind die Worte des Hebbelschen Thronprätendenten, als er seine legitime Abstammung erfährt, außerordentlich charakteristisch:

> Denn nicht allein ein Reich und einen Thron,
> Ihr schenkt mir auch ein Recht, das ich nicht hatte,
> Und das vor mir wohl noch kein Mensch entbehrte,
> Das Recht zu sein, wie ich nun einmal bin.

Erklärungen in einem solchen psychologischen Drama benötigen immer einen großen Apparat. So spielt zum Beispiel sowohl bei Schiller als auch bei Hebbel die Mutter des getöteten Zarewitsch eine bedeutende Rolle und die Frage, ob in ihr beim Anblick des falschen Dimitrij die Mutterinstinkte erwachen. Puschkin schiebt diese ganz moderne Seelenproblematik beiseite. Bei ihm sind sowohl Boris als auch Grigorij Abenteurer der Gesellschaft und dem Geist der Zeit entsprechend mit dem natürlichen Mut, der Energie, dem Verstand und der Vorurteilslosigkeit dieses Typus.

So steht diese Tragödie in ihrer äußeren Form den Chronik-Dramen, dem Stil des jungen Shakespeare sehr nahe. Und dennoch ist diese Tragödie in jedem ihrer Momente vielmehr als ein bloßes Chronik-Drama, wie ja auch der junge Shakespeare weit über das nur Chronikmäßige hinausging. Aber dieses Hinauswachsen geschieht im-

*Oben: Der «falsche Dimitrij» als Zar auf einem
zeitgenössischen Gemälde.
Unten: Marina Mnischek, die Gemahlin des «falschen Dimitrij», auf einem zeitgenössischen Gemälde.*

mer im Geiste der Geschichte, nicht wie bei Hebbel mit Hilfe der Modernisierung des Problems, durch das Zurückprojizieren gegenwärtiger Fragen in die Vergangenheit. Wir haben bereits im Zusammenhang mit der Gestalt des alten Mönchs, Pimen, darauf hingewiesen, daß die grundlegende Konsequenz der ganzen Epoche die Verstümmelung, die Verzerrung, das Hinter-einer-Maske-Verbergen der wirklichen Persönlichkeit ist. Um die Totalität und Unversehrtheit seiner Persönlichkeit so weit wie möglich zu retten, tritt Pimen – unter religiösen Formen – aus dem Leben heraus. Die größten Persönlichkeiten des Dramas, Boris Godunow und Grigorij Otrepjew, fühlen die Wucht dieses Konflikts. Und es zeugt von einer Shakespeareschen Höhe der Charakterisierungsweise, daß Puschkin in diesen scheinbar extrem verschiedenen Typen die tiefste menschliche Problematik der Zeit versinnbildlicht. Bei Boris offenbart sich – ebenfalls dem Geist der Zeit entsprechend – dieser Konflikt in einer religiösen Form; er hat Gewissensbisse wegen der Schandtaten, die er verüben mußte, um den Zarenthron zu gewinnen.

Der Konflikt bricht in der mächtigsten Szene des Dramas aus, in der Szene zwischen dem Thronprätendenten und Marina, der Tochter des polnischen Magnaten Mnischek. Aus politischen Gründen, um sich die polnische Hilfe zu sichern, will der Thronprätendent Marina zur Frau nehmen, doch sie ist auch der einzige Mensch auf der Welt, den er wirklich auf menschliche Weise liebt. Marina jedoch will von Liebe, von nur menschlichen Beziehungen nichts hören; sie interessiert sich ausschließlich für den Thronprätendenten, den zukünftigen Anwärter auf die Zarenkrone. Hier bricht nun das Gefühl der menschlichen Verlassenheit aus Grigorij heraus, die Verzweiflung, menschlich so allein zu stehen:

> Warum mich quälen, reizende Marina;
> Nein, sage nicht, daß du den Rang, nicht mich
> Erkoren hast. Marina! Wenn du wüßtest,
> Wie schmerzlich du das Herz mir damit triffst.
>
> Wie! Wenn du wirklich . . . Zweifel unerträglich!
> So sag mir: Wenn nicht kaiserliche Herkunft
> Das blinde Los mir hätte zuerkannt
> Und wenn ich gar der Sohn Iwans nicht wär,
> Der Jüngling nicht, den längst die Welt vergessen;
> In diesem Fall . . . sag: Würdst du lieben mich?

Marina, die ausschließlich nach Erfolg, nach Macht lechzt, kann Grigorij selbstverständlich keine beruhigende Antwort geben, denn zum Mann wünscht sie sich ja wirklich nur den Anwärter auf den Zarenthron, und nur diesen; sonst ist ihr völlig gleichgültig, was er als Mensch darstellt. In seiner Verzweiflung bekennt Grigorij die Wahrheit über seine Abkunft. Damit existiert er für Marina auch als Mensch nicht mehr. Für sie hat die Aufrichtigkeit des Bekenntnisses überhaupt keinen Wert:

> Wenn's dir gelang, Landstreicher, namenloser,
> So wunderbar zwei Völker zu verblenden,
> Dann müßtest du bestrebt sein, wenigstens
> Dich würdig zu erweisen des Erfolges
> Und die verwegne Täuschung sicherstellen
> Durch tiefes, hartnäckiges, ewiges Schweigen.

Nur als der in die höchste Verzweiflung getriebene Grigorij wieder den zu allem entschlossenen Abenteurer hervorkehrt (hier spricht er den schon zitierten Gedanken aus, daß es für die um die höchste Macht kämpfenden Kräfte vollständig gleichgültig bleibt, ob er tatsächlich der Sohn Iwans des Schrecklichen ist), gewinnt er von neuem das Vertrauen Marinas, sichert sich ihre Unterstützung im Kampf um den Thron.

> . . . Ich hörte jetzt
> Nicht mehr des Knaben, hört des Mannes Rede –
> Und diese, Fürst, die söhnt mich aus mit dir.
> Vergessen will ich deinen tollen Ausbruch
> Und seh aufs neu Dimitrij.

Der Abenteurer hat zwar gesiegt und von Marinas Seite nichts mehr zu befürchten, aber der einzige Versuch seines Lebens, Mensch zu sein oder zumindest zu einem erwählten Menschen eine wirkliche und aufrichtige Beziehung zu schaffen, ist mißglückt, mußte den Notwendigkeiten der Zeit entsprechend mißglücken. Tiefe ideelle und künstlerische Fäden verbinden diese Szene, eine Szene von mächtiger dramatischer Kraft, mit dem scheinbar nur lyrischen, erzählerischen Charakter der Pimen-Szene. Puschkin komponiert seine Dramen in Gegensätzen und Parallelen wie Shakespeare, nicht im offenen Aussprechen der tiefsten Konflikte wie Racine oder Hebbel.

Grigorij also, der wie Boris Godunow von «unten» kommt, muß

unter den gegebenen Umständen handeln, und zwar so handeln, wie dies die gesellschaftlichen Gesetze der «oben» Lebenden vorschreiben; er wird vor unseren Augen in jenes natürliche Verhalten hineingedrängt, in welches die Bojaren infolge derselben gesellschaftlich-historischen Notwendigkeit sozusagen hineingeboren werden. Das unmenschliche Verhalten der Zeit ist also für ihn mehr äußerlich natürlich als für jene, und eben deshalb macht gerade dieser Widerspruch, dieses der subjektiven Tragödie Nahekommen seine Handlungsweise wirksamer, imponierender, als es die seiner dem Bojarentum angehörigen Rivalen ist. Dasselbe gilt auch für den individuell so verschiedenen Boris Godunow in seinem menschlichen Verhältnis zu den Bojaren.

Boris Godunow und Grigorij, die wichtigsten handelnden Helden des Dramas, deren Kampf die geschichtliche Handlung des Dramas ausmacht, treffen sich nie auf der Bühne, stehen nie unmittelbar von Angesicht zu Angesicht einander gegenüber. Dies ist die Folge der Shakespeareschen Chronik-Form. Und Shakespearisch an Puschkins Drama ist gerade der wesentliche Zug, daß der gesellschaftlich-geschichtliche, seelische, moralische, sich in Taten verdichtende – und deshalb dramatische – Gegensatz das ganze Drama beherrscht. Das Schicksal von Boris ist die Zukunft Grigorijs; das Schicksal Grigorijs die Vergangenheit von Boris. Beide, in ihrer sich ineinander verflechtenden dramatischen Wechselwirkung, fassen eine große Krise der Entwicklung des russischen Volkes, seines Wachstums zur Nation zusammen.

Die Krise selbst endet in Puschkins Drama stumpf, ohne theatralische Zuspitzung, ohne dramatische Pointe: mit der Ausrottung der Familie Godunow, mit dem Sieg des Thronprätendenten, von dem der Zuschauer weiß, daß er nur ein vorübergehendes Moment der großen geschichtlichen Krise ist, daß der Strudel dieser Krise auch den Sieger Grigorij in die Fluten reißen wird. Der besondere Platz Puschkins in der Entwicklung des Dramas im 19. Jahrhundert – nur Georg Büchner kann in dieser Beziehung neben ihn gestellt werden – wird eben dadurch bestimmt, daß er eine solche *Volkstragödie* schrieb und nicht das Drama irgendeiner Persönlichkeit, die nur dazu bestimmt sein konnte, eine historische Schicksalswende zu symbolisieren. Dieses letztere versuchten die übrigen bedeutenden Bearbeiter der Dimitrij-Tragödie, Schiller und Hebbel. Puschkin weicht in der äußeren Form mehr von den modernen Regeln des dramatischen Aufbaus ab, aber er tut dies eben deshalb, und zwar sehr bewußt, um in dem Stil der Königsdramen auch formal das wirkliche Volksschicksal zu spiegeln, in einem

Zeitabschnitt, der im aufwärts strebenden Weg der Nation tragisch zerrissen und aussichtslos schien. Puschkins tragische Weltanschauung ist das Spiegelbild seines tiefen Vertrauens zum Gang der Geschichte.

Puschkin ist auch in dieser Beziehung ein Kind seiner Zeit. Der Zusammenklang gilt aber nur dann, wenn wir an die größten, wahrsten Repräsentanten der Zeit denken, an Goethe und Hegel, Walter Scott und Balzac. Daß Puschkin Hegel nicht kannte und Balzac nicht schätzte, ändert nichts an diesem wesentlichen Zusammenhang: daran, daß sie alle die Tragödie des Individuums nur als Moment des Menschengeschlechts ansahen (und als Moment der dieses Menschengeschlecht unmittelbar verwirklichenden Nation). Dieser Geist, die vollkommene Gestaltung erhebt Puschkins Drama an die Seite der größten denkerischen und dichterischen Schöpfungen seiner Zeit, auf eine Höhe, zu der jener Mensch der Gegenwart, der die große geschichtliche Perspektive verloren hat, ebenso neiderfüllt und befremdet hinaufblickt wie zu den Königsdramen Shakespeares.

Aber Puschkin ist auch künstlerisch Goethes würdiger Zeitgenosse. Nicht umsonst spricht Heine von Goethes Zeit als von der «Kunstperiode», nicht umsonst nannte der Zeitgenosse Heines, Berlinskij, Puschkin den «Künstler-Dichter», nach dem eine ganz neue russische Literatur, von ganz anderem Charakter, die Literatur des Gogolschen Typus, zur Herrschaft kam. Völlig falsch pflegt man diesen Gegensatz zwischen dem klassischen Intermezzo am Anfang des 19. Jahrhunderts und den darauffolgenden gesellschaftlich-kritischen Tendenzen als den Gegensatz von Stilisierung und Realismus hinzustellen. Goethe ist ebensogut Realist wie Balzac, Puschkin nicht weniger als Gogol. Aber die auf die Französische Revolution folgenden günstigen Umstände gaben Puschkin noch die Möglichkeit, die tiefste Erfassung der Wirklichkeit und ihre klassische Darstellung mit einer schlanken, leichten und musikalischen Linienführung in der Form zu verbinden.

Der russische Schriftsteller und Historiker Nikolai Michailowitsch Karamsin (1766–1826), dessen zwölfbändige ‹Geschichte des russischen Reiches› (gedruckt 1816 bis 1829) die Quelle für die historische Basis des ‹Boris Godunow› Puschkins und Mussorgskijs war. Die konservative Ansicht Karamsins von der Ausnahmeerscheinung des Zaren Boris Godunow und der Unentbehrlichkeit des monarchischen Prinzips für die Entwicklung Rußlands indessen wurde von Puschkin und insbesondere von Mussorgskij nicht geteilt, da sie die Rolle des Volkes akzentuierten. Mussorgskij ging dabei noch einen Schritt weiter als Puschkin, indem er an den Schluß der Fassung von 1874 seiner Oper eine selbsterfundene Revolutionsszene («Waldlichtung bei Kromy») stellte, für die es in Puschkins Drama keine Vorlage gab.

Günter Meyer

Puschkins und Mussorgskijs ‹Boris Godunow›

So paradox es klingen mag: am Anfang der russischen Oper steht der vor 125 Jahren im Alter von 38 Jahren verstorbene Dichter, der der russischen Literatur Weltgeltung verschaffte, Alexander Sergejewitsch Puschkin. An seinen Stoffen und Gestalten entzündeten sich die schöpferischen Kräfte der Komponisten, von Michael Glinka bis zu Assafjew*. Auch ‹Boris Godunow› von Modest Mussorgskij basiert auf Puschkins «dramatischer Chronik vom Zaren Boris und Grischka Otrepjew», nach der sich der Komponist den Text seiner Oper einrichtete.

1824 mußte Puschkin wegen atheistischer Äußerungen, die die Zensur in einem Brief festgestellt haben wollte, seinen Verbannungsort Odessa mit Michailowskoje, seinem elterlichen Gut, vertauschen. Diese demütigende Verbannung hatte indes auch ihr Gutes. In der dörflichen Einsamkeit blieb dem Dichter nur die Flucht in die Arbeit. Unter den Werken, die er hier vollendete, befand sich auch die Tragödie ‹Boris Godunow›, über deren Entstehung er selbst berichtete: «Das Studium Shakespeares, Karamsins und unserer alten Chroniken gab mir den Gedanken, in dramatischer Form eines der dramatischsten Ereignisse der neueren Geschichte zu behandeln . . . Ich folgte Shakespeare in der freien und breiten Charakterschilderung, in der zwanglosen und schlichten Darstellung der Typen. Karamsin folgte ich in der klaren Entwicklung der Geschehnisse, in den Chroniken suchte ich die Art des Denkens und der Sprache jener Zeiten zu ergründen.»

Mit der Erwähnung des Schriftstellers und Historikers Nikolai Michailowitsch Karamsin weist Puschkin auf die zwölfbändige ‹Geschichte des russischen Reiches› hin, die in den Jahren 1816 bis 1829 gedruckt wurde. Das blendend geschriebene Werk erregte bei seinem Erscheinen großes Aufsehen. Dem 1826 verstorbenen Geschichtsschreiber widmete Puschkin sein 1831 gedrucktes Drama mit den Worten: «Dem den Russen teuren Gedenken Nikolai Michailowitsch Karamsins widmet dieses von seinem Genius beseelte Werk in Ehrfurcht und Dankbarkeit Alexander Puschkin.» Das Nationaldrama, das Puschkin im Herbst 1825 abschloß, behandelt den historischen

---

* *Boris Assafjew (1884–1949), Komponist und Musikwissenschaftler, der für seine Kritiken und teilweise für seine Aufsätze das Pseudonym Igor Glebow verwandte. Er war der wohl bedeutendste Musiktheoretiker der russischen Musikgeschichte.*

Machtkampf um den Zarenthron zwischen Boris Godunow und Dimitrij, dem «falschen Demetrius», in den Jahren 1598 bis 1605. Das Verhängnis der blutigen Auseinandersetzungen um die Zarennachfolge begann bereits 1584 mit dem Regierungsantritt Fjodors I., des Sohnes Iwans des Schrecklichen, der praktisch seinem Schwager Godunow die Regierungsgewalt überließ. Boris sicherte die Eroberungen in Sibirien, hielt die aufsässigen Krimtataren nieder und machte die russische Kirche von Konstantinopel unabhängig. Indes soll er auch die Ermordung des nach Uglitsch verbannten Thronfolgers Dimitrij 1591 befohlen haben, um nach Fjodors Tod 1598 selbst den Thron zu besteigen. Die Ungewißheit über den Tod Dimitrijs hatte eine Legendenbildung zur Folge, so daß unter diesem Namen mehrere falsche Thronanwärter von sich reden machten. Dem angeblich ehemaligen Mönch Grigorij Otrepjew gelang es, als Dimitrij mit einem polnischen Heer 1604 in Rußland einzubrechen. Als er Boris bereits mehrmals besiegt hatte, starb der Zar 1605 ganz unerwartet. Boris' Sohn wurde zwar als Fjodor II. zum Zaren ausgerufen, aber bereits wenige Wochen später von den Strelitzen, der Zaren-Leibwache, ermordet. So war der Weg zum Thron für den falschen Dimitrij frei. Aber seine im ganzen umsichtige Herrschaft dauerte kaum ein Jahr. 1606 wurde er an seinem Hochzeitstag das Opfer eines Volksaufstands. Das Volk, das in ihm anfangs den rechtmäßigen Herrscher erkennen wollte, fiel von ihm ab, als seine katholische Braut, die Polin Marina Mnischek, in Moskau einzog. Die Polen waren es denn auch, die den nächsten Zaren Wassilij Schuiskij schlugen und ins Kloster steckten. Die Zeit der Wirren war erst 1613 vorüber, als Michael Fjodorowitsch, der erste Romanow, der Anarchie ein Ende machte.

Dieses gewaltige Geschichtsthema, vor allem das Geheimnis um den ersten falschen Demetrius, hat viele Dichter zur Gestaltung angeregt. Vor Puschkin hatte es schon Schiller aufgegriffen. Ebenso wie der spätere Versuch Hebbels blieb Schillers Werk ein Fragment. Puschkin legte seine Chronik weniger als Persönlichkeitsdrama, denn als Volksepos an. Unter Berufung auf Shakespeare blieben die aristotelischen Einheiten unbeachtet. Der Blankvers wurde mit Prosateilen vermischt. In 23 sehr locker gefügten Szenen findet das Geschehen eine mehr epische als dramatische Gestaltung.

Die ersten vier Szenen dienen Puschkin zur Exposition des Dramas. Er läßt die Vorgeschichte schildern, von der die Handlung ihren Ausgang nimmt. Der Gegensatz zwischen Adel und Volk wird aufgezeigt. Scheinbar widerstrebend nur nimmt Boris Godunow 1598 die Zarenkrone an.

In den folgenden vier Szenen, die fünf Jahre später spielen, wird der falsche Dimitrij ins Spiel gebracht. Seine Vergangenheit und sein Entschluß, sich zum Zaren aufzuschwingen, seine Flucht über die litauische Grenze werden dargestellt. Dazwischen ist eine retardierende Szene eingeschaltet, in der die Gewissensnot des Zaren Boris verdeutlicht wird. Die nächsten zwei Szenen begeben sich wieder in Moskau, wo die ersten Nachrichten über das Auftauchen des falschen Dimitrij in Polen bekannt werden. Der dramatische Konflikt bereitet sich vor.

Die 11. bis 14. Szene braucht der Dichter, um den Erfolg Dimitrijs in Polen darzustellen. Sein Aufstieg geht nicht ohne Intrigen ab; auch die Liebesepisode zwischen Dimitrij und Marina wird vom Machtrausch überschattet. Mit seinem Heer überschreitet der falsche Demetrius am 16. Oktober 1604 die russische Grenze.

Bis einschließlich der 19. Szene wird in kurzen Einzelbildern das wechselnde Schlachtenglück der feindlichen Heere gezeigt, während die 20. Szene den dramatischen Höhepunkt mit dem plötzlichen Tod des Zaren Boris bringt, der im Kreml an einem Blutsturz stirbt.

Die letzten drei Szenen künden vom Triumph Dimitrijs, der Zarewitsch Fjodor wird getötet. Das Volk aber, das den neuen Zaren Dimitrij hochleben lassen soll, «bleibt stumm». Schon bahnen sich neue tragische Konflikte, neue Machtkämpfe und Verbrechen um den Zarenthron an.

Das Geschichtsbild überragt bei Puschkin die dramatische Konzeption. Auf der Sprechbühne konnte das Stück sich nicht halten. Nur wenige Inszenierungen fanden statt. Uraufgeführt wurde es erst 1870 in Petersburg, wobei sieben Szenen völlig gestrichen wurden. Die Aufführung im Moskauer Künstlertheater 1907 vermochte es ebensowenig durchzusetzen wie eine Inszenierung des Dramatischen Theaters in Leningrad 1934.

Die Bilder dieser historischen Szenenfolge brauchen eine Klammer, damit sie nicht auseinanderflattern. Als eine solche Klammer erwies sich die Musik, zumal es Modest Mussorgskij war, der in dem Puschkin-Drama eine wirksame Textvorlage für eine große Oper erkannte. Der Gutsbesitzer und ehemalige Offizier, als Komponist eigentlich Dilettant, war der Meinung, daß das Musiktheater vor allem das dichterische Wort, die dramatische Situation zur Geltung bringen müsse. So ging er daran, Puschkins Dichtung zu einem Operntext umzuarbeiten, indem er gleichzeitig wie auch der Dichter auf Karamsins Geschichtswerk zurückgriff. Durch Szenenumstellungen und Akzentverschiebungen brachte er ein bühnenwirksames Libretto zustande.

In einem Prolog faßte er die Vorgeschichte zusammen, um dann mit der Huldigung des neugewählten Zaren Boris Godunow in die engere Handlung einzutreten. In zwei Bildern umriß er Motiv und Flucht des Gegenhelden Dimitrij und ließ die Wirkung dieser politischen Entwicklung im nächsten Bild sich in der Reaktion des Zaren und seiner Höflinge widerspiegeln. Wiederum zwei Szenen benötigte er zur Darstellung der Machtentfaltung Dimitrijs in Polen, um dann unter Umgehung der kriegerischen Auseinandersetzung in je einer Szene die Parteinahme des Volkes für Dimitrij und die wankelmütige Haltung des Adels zu zeigen, der auch nach dem Tod Boris' unentschieden blieb. Die Oper schließt mit dem Marsch Dimitrijs auf Moskau. Durch Umstellung der letzten beiden Bilder wurde oft auch mit dem Tod des Zaren die Oper beendet.

Mit Recht hat Mussorgskij sein Werk als «musikalisches Volksdrama»* bezeichnet, denn er hat die Rolle des leidenden und duldenden russischen Volkes noch stärker betont als Puschkin. Eine Figur wie der «Blödsinnige»** weist in der Oper weit mehr auf einen Shakespearischen Narren hin als im Drama. Auch die Gewissensqualen des Zaren wurden vom Komponisten eindringlicher, weil direkter gestaltet als vom Dichter.

---

* *Diese Bezeichnung findet sich in keiner der handschriftlichen Quellen, dagegen im ersten gedruckten Klavierauszug von 1874.*
** *Die richtige Übersetzung ist «Gottesnarr». Vgl. dazu S. 16.*

III. Entstehungsgeschichte und Uraufführung der Oper ‹Boris Godunow›

Oskar von Riesemann*

Mussorgskijs Umarbeitung des Puschkinschen ‹Boris Godunow› zum Opernlibretto

Das Gerüst der dramatischen Vorgänge in der Oper sollte, wie wir wissen, das Drama Puschkins gleichen Namens liefern oder, wie der Dichter sein Werk ursprünglich genannt hatte: ‹*Die dramatische Novelle von dem Unglück des moskowischen Reiches, dem Zaren Boris und dem Grischka Otrepjew*›. Von wo hatte Puschkin seinerseits den Stoff zu seiner dramatischen Novelle hergenommen? Aus der ‹*Geschichte des russischen Reiches*› von Karamsin, in deren zehntem Band er die fertige Vorlage zu seiner Godunow-Tragödie vorfand.

Unter der talentvollen Feder Karamsins war Godunow zum russischen Macbeth geworden. Die Gunst Iwans des Schrecklichen, an dessen Hofe Godunow heranwuchs, erhob ihn zu Ansehen und Würde; sie führte ihn auch in die Herrscherfamilie ein, denn seine Schwester Irene durfte den Zarewitsch Fjodor heiraten. Schlauheit, Begabung und Verbrechen vollendeten den Aufstieg Godunows. Er war es, der in Wirklichkeit regierte, als der schwachsinnige, bigotte Zar Fjodor auf den Thron gelangte. Es fehlte ihm nur die Krone. Um sie zu erreichen, ließ er Fjodors kleinen Stiefbruder Dimitrij, den letzten legitimen Sproß des regierenden Hauses, ermorden. Godunow hatte sich nicht verrechnet. Aber als ihm die Krone, die «Mütze Mono-

---

* Oskar von Riesemann (1880–1934), deutscher Musikschriftsteller und Dirigent. Lebte zeitweise in Moskau als Musikkritiker und Dirigent, später in München, wo er seine beiden grundlegenden Bücher ‹Monographien zur russischen Musik› schrieb. Dem zweiten, nur Mussorgskij gewidmeten Band entnahmen wir den folgenden Abschnitt.

machs», von den Großen des Reiches tatsächlich angeboten wurde, stellte er die Geduld der Bojaren durch seine gespielten Verzichte auf eine harte Probe, bevor er sich entschloß, der Nachfolger Fjodors zu werden. Wie Puschkin den Fürsten Schuiskij von ihm sagen läßt:

«Er zögert schaudernd mit gefurchter Stirn
gleich einem Trinker vor dem Becher Wein.»

Aber er ließ sich erweichen. Sieben Jahre, von 1598 bis 1605, dauerte dann seine Herrschaft. Er regierte klug, als Schüler Iwans, doch floh ihn, wie diesen, das Glück. Allerhand Schrecken, Hunger, Brände, Krankheiten brachen über Rußland herein. Das Volk murrte, obgleich Boris sein möglichstes tat, um seine Gunst zu gewinnen. Da entstand, man wußte nicht recht wie, das Gerücht, Dimitrij sei der Mörderhand entgangen, lebe in der Fremde und werde bald in Moskau erscheinen, um Godunow die geraubte Krone zu entreißen. Tatsächlich überschritt im Jahre 1604 ein Heer von polnischen Söldnern, Kosaken und russischen Überläufern die südwestliche Grenze Rußlands. An seiner Spitze stand der aus dem Tschudow-Kloster entflohene Novize Grischka Otrepjew, der sich für Dimitrij ausgab. Anfangs schlugen ihn die russischen Feldherrn. Schrecklicher war der Kampf, den Godunow mit seinem Gewissen auszufechten hatte. Er unterlag. Sein Tod entschied den Krieg. Die russische Armee huldigte Dimitrij, als welchen sie nun den Grischka Otrepjew anerkannte, und zog mit ihm nach Moskau. Godunows Sohn und Erbe, Fjodor, wurde ermordet, seine Tochter Xenia vom Sieger geschändet, und dieser bestieg den Thron. Im nächsten Jahr jedoch wurde auch er vom meuternden Volk erschlagen. «So», sagte Karamsin, «wurde Godunows Verbrechen an ihm, seinen Kindern und dem Lande selbst gerächt.» Denn für Rußland begann damals die schreckensreiche Zeit der Wirren, sieben apokalyptische Jahre, in denen das Reich von fremden und einheimischen Horden geplündert, verwüstet, zerstückelt wurde, bis im Winter 1613 die versammelten Stände einen neuen Herrscher, Michail Romanow, wählten.

Diesen großen und verlockenden Stoff, der allerdings nicht in allen Einzelheiten den tatsächlichen Vorgängen der Geschichte entsprach, dramatisierte Puschkin. Er tat es in Shakespearescher Manier und stellenweise auch mit Shakespearescher Kraft, aber ohne die zwingende, formgebende Gewalt des großen Engländers. Der ‹Boris› ist ein Kaleidoskop historischer Szenen. Aber jede einzelne Szene ist von wunderbar packender Treue, Wahrheit, Einfachheit; alles durchglüht von der Sympathie des Dichters für seinen Stoff. Kein Wunder, daß sich Mussorgskij gefesselt fühlte. Denn gleich ihm führt Puschkin keine blutleeren Typen vor, schematisierte Bösewichte, Ehrgeizige, Heuchler usw., wozu der Stoff leicht hätte verführen können, sondern scharf profilierte Individuen, Menschen von Fleisch und Blut, vielgestaltig wie im Leben selbst. Ebenso wie Mussorgskij, bei einem ersten Besuch in Moskau, die visionäre Anschauung des Altertums aufgegangen war*, so erfaßt auch Puschkin die Entwicklung der um viele hundert Jahre zurückliegenden Ereignisse mit außerordentlicher historischer Sehschärfe. Zum Beispiel die herrliche Szene in der Klosterzelle, wo der Mönch Pimen, während der Abfassung seiner Annalen, seine Anschauung von Welt und Menschen und dem eigenen Werk entwickelt; oder die Volksszenen in der Schenke an der litauischen Grenze und in Moskau, die keine Vorbilder in der Weltliteratur haben und nur selbst als solche gelten können. Eben in dieser seherischen Kraft, die den Geist des Jahrhunderts erfaßt und mit unheimlicher Überzeugungstreue wiedergibt, und nicht im Aufbau liegt die Größe des ‹Godunow› von Puschkin.

Trotz der unvergleichlichen Vorzüge der Puschkinschen dramatischen Novelle sah Mussorgskij doch sofort, daß er damit allein als Operntext nicht auskommen würde. Deshalb macht er sich selbst an die Urquellen heran und stürzt sich voller Eifer in historische Forschung, gemeinsam mit Stassow**, der damals schon Bibliothekar der Öffentlichen Bibliothek in Petersburg war. Stassow wird sein hauptsächlicher, treu ergebener, zu allen Diensten bereiter Helfer. Er findet ihm die Texte zu den Volksgesängen, exzerpiert Material zu den szenischen Anordnungen und Beschreibungen der notwendigen Requisiten bis auf die feinsten Einzelheiten aus den Anmerkungen zur ‹Geschichte des russischen Reiches› von Karamsin, wo er auch zusammen mit Mussorgskij die Nachricht von den ersten während der Regierung

---

* *In einem Brief vom 23. Juni 1859 schreibt Mussorgskij an Milij Balakirew: «Überhaupt versetzte mich Moskau in eine andere Welt – die Welt der Vergangenheit, eine Welt, die zwar voller Abscheulichkeiten ist, die aber doch, ich weiß nicht warum, höchst anziehend auf mich wirkt. Wissen Sie was? Ich war bis jetzt Kosmopolit, nun aber geht irgendeine Verwandlung in mir vor: alles Russische wird mir nahe und vertraut [. . .] ich glaube, ich fange ernstlich an, Rußland zu lieben.»*

** *Wladimir Stassow (1824–1906), ausgezeichneter Kunst- und Musikkritiker, der mit Mussorgskij befreundet war, ihn stark beeinflußte und sich als geistiger Führer und Propagandist der «Mächtigen Häufleins» (so nannte er selbst die fünf Petersburger Komponisten Mussorgskij, Rimskij-Korsakow, Borodin, Cui und Balakirew) profilierte. Er verfocht die Ästhetik der revolutionären Demokraten. Vgl. dazu S. 12.*

/'За сценой' левеющая толпа
монахов/:

<u>Хоръ</u>

Помилуй наст Боже.'
Помилуй наст Всеблагій.'
Отче нашъ Вседержитель
Боже вышній, Боже правый,
Помилуй наст.'

<u>Григорій</u> (одинъ)

Борисъ, Борисъ.' все предъ тобой трепещетъ
Никто не смѣетъ и напомнить
О жребій несчастнаго младенца.—
·/отходя къ двери/:
А между тѣмъ отшельникъ въ темной кельи
Здѣсь на тебя доносъ ужасный пишетъ:
:/у самой двери/: И не уйдешь ты отъ суда людскаго,
Какъ не уйдешь отъ Божьяго суда.'
/уходитъ/:
(Занавѣсъ падаетъ.)

Картина окончена
расцвѣтанъ и тексту
5 Dec. 1868 · въ Петроградѣ
М. Мусоргскій

---

*Schluß der Szene im Tschudow-Kloster (erstes Bild des ersten Aufzugs)
aus dem handschriftlichen Textbuch Mussorgskijs zur Oper ‹Boris Godunow›.*

des Boris nach Rußland gebrachten Papageien herausliest. Ebendort finden sie die Spieluhr «mit Couranten» erwähnt und begegnen den Jesuiten Tschernikowski und Lowitzki, für die Stassow auf Wunsch Mussorgskijs lateinische Angstrufe mit möglichst viel darin vorkommenden i und u ausfindig machen muß – ein Beweis für die Hellhörigkeit Mussorgskijs in bezug auf sprachlichen Ausdruck. Alle diese zum größten Teil überaus wirkungsvollen Einzelheiten haben in der Mussorgkijschen Bearbeitung des Godunow-Stoffes Verwendung gefunden. Für die Jesuiten schlug Stassow den Ausruf «Salve sanctissima virgo, juva servos tuos» vor, der an dieser Stelle gute Dienste leistet. Den Text zu dem nachher so berühmt gewordenen Lied Warlaams «Hört, was einst in der Stadt Kasan geschehen» entnahm Stassow einer ‹Sammlung altertümlicher russischer Gesänge›. Er erzählt, wie er Mussorgskij diesen glücklich gefundenen Text in ein Konzert der Musikalischen Freischule* mitgebracht und wie dieser sich voller Eifer noch während der Musikaufführung darauf gestürzt habe und in Begeisterung geraten sei. Der Text zum großen Chor des revoltierenden Volkes im vierten Akt «Frei und ledig ihrer Fesseln bricht sich Bahn des Volkes Kraft» ist ein altes russisches «Räuberlied», das Stassow in der Sammlung eines seiner Freunde ausfindig machte. Drei von den liebenswürdigsten Nummern der ‹Boris›-Partitur, die erst in die zweite Bearbeitung aufgenommen wurden, komponierte Mussorgskij zu Texten einer ebenfalls von Stassow «entdeckten» Sammlung russischer «Kinderlieder» von Schein. Es sind dies das Lied der Schenkwirtin: «Hab' gefangen ich – einen Enterich» und die Spiellieder des Zarewitsch Fjodor mit seiner Amme: das Lied von «Mück' und Wanz» und das «Klatschhändchenspiel». [. . .]

Von den vierundzwanzig Szenen der Puschkinschen «dramatischen Novelle» hat Mussorgskij nur vierzehn benutzt, von den unzähligen handelnden Personen nur einen kleinen Teil in sein Opernbuch übernommen, statt dessen allerdings selbst eine ganze Reihe neuer Personen eingeführt, von denen die mit dem Meißel des echten Dramatikers modellierte Figur des Jesuitenpaters Rangoni die bedeutsamste ist. Auch die einzelnen Komparsen des Chors, alle diese Mitjuchi und

---

* *Die «Musikalische Freischule» gründeten im März 1862 Milij Balakirew und Wladimir Stassow. Die Konzerte sollten hauptsächlich zeitgenössische russische Musik zur Aufführung bringen. Außerdem war dieser Institution, als Gegengewicht zu dem kurz zuvor ins Leben gerufenen Petersburger Konservatorium, die Aufgabe zugedacht, junge Menschen aller Bevölkerungskreise unentgeltlich musikalisch auszubilden. Balakirew war, wie auch insbesondere Mussorgskij, ein Gegner akademischer Musiklehre, während später Nikolai Rimskij-Korsakow dahin überwechselte.*

Fomki, die er mit ihren übercharakteristischen kurzen Unterhaltungen, wenn auch nicht als handelnde, so doch als redende Personen hervortreten läßt, sind eine Neueinführung in den Puschkinschen Text. Es ist zuzugestehen, daß Mussorgskij im großen und ganzen ziemlich skrupellos mit den Versen des Dichters umgesprungen ist, doch muß gleich hinzugefügt werden, daß das keineswegs aus Leichtsinn oder Unbedacht geschah. Das Vorgehen Mussorgskijs ist immer durch eine tiefschauende, nie an der Oberfläche haftende künstlerische Einsicht bedingt und wird stets durch die erreichte Wirkung gerechtfertigt. Einige Szenen von Puschkin hat Mussorgskij nur gekürzt oder leicht verändert, in anderen Fällen verbindet er zwei oder drei Szenen zu einer, indem er sie gleichzeitig beschneidet und ummodelt; mitunter entnimmt er Puschkin nur einzelne Sätze, Verse, Sentenzen, die er in den eigenen Text einfügt; nur selten läßt er den Puschkinschen Text völlig unverändert. Zehn Szenen hat er, wie gesagt, ganz weggelassen, darunter einige, deren Wegfall man bedauert, zum Beispiel die Szene des Gastmahls im Hause des Fürsten Schuiskij, die ein für die Charakteristik des Fürsten wichtiges Gespräch zwischen ihm und dem Bojaren Puschkin enthält, und die so wirkungsvoll – besonders für eine musikalische Darstellung – mit dem Tischgebet eines Knaben vom Hofgesinde des Fürsten abschließt; oder das Zwiegespräch zweier Höflinge über Godunow, durch welches die Halluzinationen des von seinem Gewissen gefolterten Zaren ihre psychologische Erklärung finden:

ERSTER HÖFLING . . . In seinem Schlafgemach
Schloß er mit einem Zauberer sich ein.
ZWEITER HÖFLING . . . Das ist jetzt sein liebster Zeitvertreib:
Wahrsagen, Sternendeuter, Kartenschläger,
Wer weiß, warum das Schicksal er befragt,
Gleich einer Braut, die ihres Liebsten harrt.

Der Kritiker Strachow meint voller Wut, Mussorgskij habe «die göttlichen Verse Puschkins» durch «schlechte Prosa ohne Klang und Zusammenhang» ersetzt. Das Urteil ist ungerecht. Strachow übersieht die Welt des Theaters nur, wie ein russisches Sprichwort sagt, «von seinem Kirchturm aus», nämlich vom Standpunkt des Literaturhistorikers. Er vergißt, daß die Gesichtspunkte des Bühnenkomponisten gänzlich andere sind als die des dramatischen Schriftstellers. Davon hatte sich Mussorgskij schon auf Grund der mit dem ‹Steinernen Gast› von Dargomyshski und mit der ‹Heirat› von Gogol gemachten Erfahrungen überzeugen können. Deshalb lehnt er es jetzt vollkommen bewußt ab, dem Wortlaut des Dichters sklavisch zu folgen. Er war fraglos zur Einsicht gelangt, die sich leider bei so wenigen Bühnenkomponisten findet, daß die Zeitverhältnisse des gesprochenen und gesungenen Dialogs gänzlich verschieden sind und daß infolgedessen im Drama und in der Oper verschiedene künstlerische Methoden zur Anwendung gebracht werden müssen.

Puschkin hatte in seinem ‹Boris Godunow› ein wahres Wunder des sprachlichen Ausdrucks geschaffen, wie ihn bisher noch kein russischer Dichter erreicht hatte. Ähnlich wie Karamsin als Geschichtsschreiber den Stil der alten Chroniken meisterhaft nachahmt, so läßt auch Puschkin seine Personen einfach, kräftig, altertümlich sprechen und steigert dadurch die Illusion des Lesers und Zuschauers nicht unerheblich. Aber auch Mussorgskij hatte sich, wie wir aus seinen Briefen wissen, diese Sprache längst vergangener Zeiten vollkommen zu eigen gemacht. Die Prosa und auch die Verse von Mussorgskij sind so ausgezeichnet, daß sie mit wenigen Ausnahmen gut neben denen von Puschkin bestehen können. Man muß über einen ungewöhnlich fein ausgebildeten literarischen Spürsinn verfügen, um an einigen veränderten Stellen, zum Beispiel in der Abschiedsszene des Zaren Boris von seinem Sohn, die Verse Mussorgskijs von denen Puschkins unterscheiden zu können. Von «schlechter Prosa ohne Klang und Zusammenhang» kann jedenfalls keine Rede sein. Jedenfalls wurde das Lesedrama Puschkins durch die Bearbeitung Mussorgskijs zu einem Bühnenstück von gänzlich unvorhergesehener, ja ungeahnter Wirkungskraft.

Außer den äußeren Veränderungen, die den Szenenaufbau und den Wortlaut des Textes angehen, weist die Mussorgskijsche Fassung des ‹Godunow›-Dramas im Vergleich zu Puschkin auch innere Unterschiede auf, die eine viel wesentlichere Bedeutung haben. Das Drama Puschkins war vor allem ein Literaturprodukt. Jede Zeile ist mit Inhalt gesättigt und kann, gleich den Shakespeareschen Versen, als Zitat, Sentenz, Sinnspruch dienen. Eines der charakteristischsten Merkmale der Dichtung ist ihre bis zum äußersten gesteigerte Intellekualität. Die Unmittelbarkeit, das rein Gefuhlsmäßige, auf das es dem Musiker in erster Linie ankommen mußte, fehlt, ebenso «Handlung» im Sinne bühnenwirksamer, vor den Augen des Zuschauers sich vollziehender Vorgänge. Es ist fraglich, ob Puschkin überhaupt an eine szenische Darstellung seines ‹Boris› gedacht hat. Aus manchen seiner Äußerungen geht hervor, daß er sich dessen bewußt war, daß sein Stück viel mehr ein Lesedrama als ein Schauspiel im wahren Sinne des Wortes war. Die zeitgenössische Kritik hatte es, nicht mit Unrecht, ein «chinesisches Schattenspiel» genannt. Der kaleidoskopartige Wechsel der

24 Bilder, von denen einige nur von minutenlanger Dauer sind, ja aus einmaliger kurzer Rede und Gegenrede bestehen, würde auf der Bühne einen fast unerträglichen Eindruck der Buntheit machen, was bei der Lektüre keineswegs der Fall ist. Die Phantasie eines Lesers vermag sich viel schneller und reibungsloser um- und einzustellen als die eines Zuschauers. Ein Vorwurf, den man dem Puschkinschen Drama nicht ersparen kann, ist außerdem der, daß die Aufmerksamkeit allmählich von der Hauptfigur, dem Zaren Boris, auf den zweiten Helden – Pseudodemetrius – abgelenkt wird.

Mussorgskij hat sich keine Mühe verdrießen lassen, um die Bühnenwirksamkeit des Werkes zu heben. Durch gewaltige Kürzungen säuberte er es von den vielen Verästelungen, welche die gerade Linie der dramatischen Entwicklung verhüllten. Außerdem vereinfachte er die Konturen der psychologischen Vorgänge, zum Beispiel in den Monologen des Zaren Boris, fast bis zur Primitivität. Für die bühnenmäßige Fernwirkung, bei der sich – besonders in der Oper – das psychologische Filigran doch verwischt, ist das natürlich nur vorteilhaft. Mit genialem dramaturgischem Instinkt erkannte Mussorgskij, daß man im Theater Boris nicht nur von seinen Seelenmartern erzählen hören, sondern diese Gewissensqualen auch sehen will. So fügte er die einzigartige Szene mit der Spieluhr ein. Er erkannte sehr wohl, welche ungeheure dramatische Kontrastwirkung der Gegensatz zwischen dem harmlosen Schnurren und Klimpern des «ausländischen Spielzeugs» und den an die Grenze des Wahnsinns führenden, von Halluzinationen begleiteten Angstzuständen des von Gewissensbissen verfolgten Zaren abgeben mußte. Er hat sich nicht verrechnet. Die Wirkung dieser Szene ist erschütternd. Eine andere dramatische Notwendigkeit erkannte Mussorgskij darin, daß der Tod des unglücklichen Zaren augenfällig gemacht werden müßte. Bei Puschkin schließt die Rolle des Boris mit der szenischen Anmerkung: «Es beginnt die Zeremonie der Einkleidung» – zu jener Zeit war es üblich, daß die russischen Zaren vor ihrem Tode das Gelübde der Mönchwerdung ablegten –, während Mussorgskij die Rolle bis zum letzten Atemzug fortführt, was durch die vorhergehende dramatische Entwicklung der Szene ausgezeichnet vorbereitet ist. In beiden Szenen wird das «dramatische Crescendo» – nach einem trefflichen Ausdruck A. N. Rimskij-Korsakows* – bis zu einem nicht mehr zu überbietenden Fortis-

---

* *Andrej Nikolajewitsch Rimskij-Korsakow (1878–1940), Sohn des Komponisten. Betätigte sich als Musikwissenschaftler und -kritiker. Er schrieb auch eine Studie über ‹Boris Godunow› (liegt nur in dem russischen Original vor).*

simo gesteigert. In der Sterbeszene des Zaren schwächt sich dieses dramatische Fortissimo auch während der wenigen Augenblicke, die der Vorhang nach dem Tode des Boris noch oben bleibt, nicht ab. Das macht die stumme Handlung, mit der dieses Bild seinen Abschluß findet. Vor dem Zuschauer öffnet sich die hoffnungslos tragische Perspektive, die das Schicksal des – bald darauf ermordeten – Zarewitsch Fjodor bietet: Der Knabe bricht fassungslos, überwältigt von seinem Schmerz, unter den kalten, teilnahmslosen Blicken der Bojaren und des Patriarchen an der Leiche des Vaters zusammen, während in der Ferne schon der Aufruhr um seinen glücklichen Rivalen, Pseudodemetrius, tobt.

Durch die Veränderungen, die Mussorgskij an der Rolle des Zaren Boris und an ihrem szenischen Verlauf vornahm, gelang es ihm, dem Puschkinschen Buch echtes dramatisches Leben einzuhauchen. Die drei großen Szenen des Boris sind dadurch zur dramatischen Achse des Stückes geworden, um die sich alles übrige Geschehen dreht.

Hatte die Überarbeitung der Rolle des Boris jedoch nur ihren äußeren Verlauf betroffen, so drang Mussorgskij bei der Rolle des Usurpators viel tiefer, indem er den Charakter und das Wesen der von Puschkin gezeichneten Figur in völlig anderem Lichte darstellte. Bei Puschkin ist der Pseudodemetrius weiter nichts als ein dreister Betrüger, der sich gar keinen Illusionen über seine Vergangenheit und seine wahre Herkunft hingibt, ein geschickter Abenteurer, der sich die Umstände mit gemeiner Skrupellosigkeit zunutze macht und der in seinen Reden – besonders Marina Mnischek gegenüber – sich oft zu einer zynisch-dreisten Offenherzigkeit versteigt:

«Ob wirklich ich Demetrius – was frommt's,
Bin ich ein Vorwand doch für Brudermord und Krieg!»

Nicht so bei Mussorgskij. In seinem Demetrius steckt etwas von einem Phantasten, vom Gogolschen Chlestakow, der selbst an die von ihm erfundenen Märchen glaubt, und der daher wohl auch auf seine Umgebung durch die Kraft der eigenen Überzeugung wirkt, wenn er davon träumt:

«. . . in ehrenvollem Kampf
Den angestammten Thron mir zu erobern.»

In der Gartenszene mit Marina wird er geradezu zum begeisterten Seher und wirkt durch die Ehrlichkeit und Freimütigkeit seiner Gefühle gegenüber der kaltherzigen Berechnung der intriganten polnischen Magnatentochter fast anziehend. Und in der Szene bei Kromy erscheint er dann als Auserwählter des Volkes, wobei auch die Sympathien des Zuschauers auf seiner Seite sind. Dazu ertönt, von jauchzenden Trompeten intoniert, das Leitmotiv des Zarewitsch Dimitrij. Man ist einen Augenblick lang verwirrt und weiß nicht recht, wen man vor sich hat: den rechtmäßigen Zar oder einen dreisten Schwindler. Dieses Riesenfragezeichen, mit dem Mussorgskij seine Oper abschließt, ist ein außerordentlich geschickter dramaturgischer Kunstgriff, von dem bei Puschkin keine Andeutung vorhanden ist.

In seiner erschöpfenden Analyse des Mussorgskijschen Werkes macht A. N. Rimskij-Korsakow die sehr feine Bemerkung, daß die musikalische Charakteristik des Usurpators einem das Recht gibt, in ihm, wenn auch nicht den rechtmäßigen Sohn Iwans IV., so doch eine ihrer Bedeutung nach gleichwertigen Kraft zu erblicken. Die Idee dieser Kraft ist – die Personifizierung der Rache für das grausige Verbrechen des Zaren Boris. Ihr Wachstum führt den Verlauf des inneren Dramas in der Seele des Boris deutlich vor Augen, ist eine sinnfällige Parallele zum seelischen Zusammenbruch des unglückseligen Zaren. Diese eigenartige psychologische Fassung der Gestalt des Usurpators bei Mussorgskij liefert vielleicht die Erklärung dafür, warum der Komponist für die musikalische Charakteristik des ermordeten Zarewitsch Dimitrij und des Usurpators seiner Rechte, des Grischka Otrepjew, ein und dasselbe musikalische Motiv verwendet. Für den Verlauf der seelischen Tragödie des Boris ist es gleichgültig, ob der Dimitrij, der sich gegen ihn erhoben hat, «echt» oder «falsch» ist. Er schreckt ihn nicht als reale Kraft, sondern als Symbol einer furchtbaren Rache, die das Schicksal für ihn in Bereitschaft hält.

Wesentlich bereichert hat Mussorgskij das Puschkinsche Drama durch die zum Teil neu hinzugefügten, zum Teil erweiterten und ausgebauten Volksszenen. Auch hierin zeigt sich das Bestreben, *sichtbar* zu machen, was bei Puschkin nur in den Gesprächen der handelnden Personen durchklingt. Auch bei Puschkin spürt man es ja, daß der eigentliche tragische Held dieses Dramas das russische Volk ist, doch tritt dieser Held fast nie in Aktion, wenngleich sein Vorhandensein fast überall als Hintergrund der psychologischen Motivierung der Vorgänge dient. Mussorgskij bringt das Volk selbst auf die Bühne, läßt es reden und handeln, macht die Ausbrüche seiner Empfindungen und Leidenschaften sichtbar. Szenen, die bei Puschkin nur angedeutet sind, schmückt er durch zahlreiche charakteristische Einzelheiten aus. Die von Mussorgskij erfundene und dem Drama gleichsam als prophetischer Ausblick in eine nahe und ferne Zukunft angeschlossene Szene des Volksaufruhrs bei Kromy, in der die beteiligten «Proletariermassen» ihren Leidenschaften frei die Zügel schießen lassen, macht jetzt, da man in jüngster Vergangenheit allenthalben in Rußland ähnliches erlebt hat, einen erschütternden Eindruck durch ihre Lebenswahrheit. Fast meint man, daß sich dem Seherauge des Schöpfers Fernsichten erschlossen hätten, die nicht nur in die Tiefe vergangener Jahrhunderte, sondern auch in die Zukunft, das heißt bis in unsere Tage hinein, reichten. Das scheinen auch die merkwürdigen prophetischen Worte zu beweisen, die er dem «Jurodiwyi», dem heiligen Narren, in den Mund legt, einer Figur, die bei Puschkin nur ganz episodisch und in ganz anderem Zusammenhang vorkommt, während Mussorgskij sie durch die aus ihrem Mund ertönenden Weissagungen zu hoher Bedeutung erhebt: «Fließet, fließet, bittre Tränen, weine, gläubige Christenseele! Es naht der Feind, und dumpfe Finsternis senkt sich aufs Vaterland herab . . . wehe dir, wehe, du armes, hungerndes Volk!»

In der Urfassung hatte Mussorgskij sein Werk noch «Oper» genannt und die Quellen des Textes auf dem Titelblatt überhaupt nicht angegeben. Später nannte er es ein «*musikalisches Volksdrama* nach Puschkin und Karamsin»*. Damit deutete er an, worauf es ihm in seinem Werk vor allen Dingen ankam – aufs *Volk*. Mussorgskij treibt im ‹*Boris Godunow*› musikalische Massenpsychologie. Wir wissen, ein wie starkes Interesse er von jeher für die unteren Schichten des russischen Volkes gehabt hatte. Aber bis jetzt hatte er sich darauf beschränkt, in der grauen Masse des russischen Volkes einzelne Individuen aufzuspüren, deren reiches Seelenleben mit all seinen unendlich feinen Zügen er dann zu so unerhört wirkungsvoller künstlerischer Darstellung brachte. Im ‹*Boris*› wendet er sich zum erstenmal dem Volk als Kollektivorganismus zu. Er wußte es selbst ganz genau, daß gerade in der Erforschung und künstlerischen Verwertung der Psychologie der Masse eine der wesentlichsten Seiten seiner künstlerischen Berufung bestand, gleichwie er die Ausnahmestellung, die er in dieser Beziehung unter den Musikern seiner Zeit einnahm, sehr wohl erkannte. Er äußerte sich darüber in einem Brief an Stassow (vom 18. Oktober 1872) folgendermaßen:

«Das Aufsuchen der intimsten Wesenseigentümlichkeiten des einzelnen Individuums *und der Masse,* das Eindringen in diese Regionen, das Hervorholen aller Schönheiten, wo immer man sie finden mag – das ist die Mission des Künstlers.» Oder:

«*Im großen Haufen* wie im einzelnen Menschen sind Schätze verborgen, die wohl niemandes Hand berührt hat. Sie zu wittern, aufzusu-

---

* *Im ersten gedruckten Klavierauszug von 1874.*

chen, zu finden und damit die Menschheit zu nähren wie mit einer gesunden Speise, die niemand noch gekostet hat – das ist das Problem und zugleich die größte aller Freuden.»

Man sehe sich von diesem Gesichtspunkte aus etwa das erste Bild des Prologs, die Szene im Hofe des Tschudow-Klosters bei Moskau, oder die «Waldszene» bei Kromy im letzten Akt an. Mit den üblichen «Chören» der westeuropäischen Opernliteratur haben diese Volksszenen des ‹Boris› nichts Gemeinsames. Hier scheint jede einzelne Person der Volksmenge ihr eigenes Leben zu leben, hier gibt es keine Choristen und Statisten, sondern alle diese einzeln hervortretenden, mit vielen feinen Zügen ausgestatteten Fomki und Mitjuchs sind typische, überaus charakteristische Vertreter des russischen Volkes. Und auch die Masse als Ganzes handelt in jeder gegebenen Situation genauso, wie es in Wirklichkeit dem Charakter des russischen Volkes entsprechen würde. Hier ist nichts, keine Handlung, keine Gebärde, nur auf den Theatereffekt hinausgeputzt. Ob das Volk unter der Knute des Pristaws besinnungslos den Bojaren Godunow anfleht, die Zarenkrone anzunehmen, ob es dann ebenso ahnungslos dem Zaren Boris zujauchzt oder ob es, mürbe gemacht durch Hungersnot, Seuchen und Tyrannei, aufsässig wird und dem Usurpator nachläuft, die Bojaren des Zaren Boris mit Spott und Schmähreden überschüttend – immer ist die psychologische Begründung gleich fein und jeder Ton, jedes Wort bleibt naturwahr. Mit musikalischem Schliff, mit Stilisierungen irgendwelcher Art war diese Wirkung nicht zu erreichen, das sah Mussorgskij von vornherein ein und gelangte, als er einen Ausweg suchte, auch hier ganz von selbst zu jener künstlerischen Darstellungsmanier, die als musikalischer Naturalismus oder Realismus bezeichnet worden ist. Damit erreichte er dann die einzig dastehende Unmittelbarkeit der Wirkung seines Werkes.

Man hat Mussorgskij den Vorwurf gemacht, sein «Volksdrama» trage einen «anklagenden» Charakter, es zeichne das historische Rußland in allzu dunklen und düsteren Farben, die manche Seite des Volkslebens unbeleuchtet ließen und den Charakter dieses Volkes, das als grobe, betrunkene, willenlose oder in dumpfer Wut zu scheußlichen Exzessen neigende Masse hingestellt würde, falsch, weil einseitig, wiedergäben. Der Vorwurf ist ungerecht. Man darf nicht vergessen, daß eine ganze Reihe der einzelnen handelnden Personen hier ebenfalls als Vertreter des Volkes sind, so die Schenkwirtin, die «Mamka» (Amme) der Zarenkinder, die Bettelmönche Warlaam, Missaïl – alles das ist «Volk», nicht weniger als die tobenden und rasenden Massen bei Kromy oder die stumpfsinnig im Klosterhof unter der Knute des

Pristaws heulende Menge. Gerade die Vielseitigkeit, mit der die mannigfachsten Seiten der russischen Volkspsyche beleuchtet werden – neben den erwähnten «negativen» Eigenschaften auch seine Lebensfreude, sein Humor, der selbst in den verzweifeltsten Situationen zu seinem Recht gelangt, die Schwungkraft des Empfindens, unendliche Gutmütigkeit, friedfertiges Bescheiden –, macht das Werk Mussorgskijs zu einem so einzigartigen Denkmal der russischen Kunst. Ist es eine Anklage gegen das russische Volk, so ist es doch gleichzeitig eine Huldigung vor ihm.

Ein weiterer Vorwurf, der immer wieder gegen den ‹Boris› erhoben wurde und wird, ist der der Uneinheitlichkeit der dramatischen Konzeption, der Zerrissenheit, der Zerfahrenheit. Schon Cui* hatte geschrieben: «Das ist eine Reihe von Szenen, die zwar eine gewisse Beziehung zu einer bestimmten Tatsache haben, sonst aber nur lose, ohne irgendeinen organischen Zusammenhang aneinandergereiht sind . . . Man kann sie umstellen, wie man will, einige von ihnen ausschließen, andere einfügen – die Oper würde dadurch ihr Aussehen nicht verändern.» Das ist natürlich heller Unsinn. Die Ereignisse sind im ‹Boris Godunow› nicht lose, sondern untrennbar miteinander verbunden, und ohne Schaden für die Logik der Entwicklung des Geschehens kann man keine einzige Szene aus dem Rahmen des Ganzen herausnehmen. Hinzufügen kann man allerdings welche, wie Puschkin es ja auch getan hat, doch das läßt sich mit einer gewissen Berechtigung von jedem Drama behaupten. Man muß es dem dramaturgischen Instinkt Mussorgskijs hoch anrechnen, daß er in seiner Fassung des Dramas nur die unumgänglich notwendige Linie eingehalten und alles überflüssige, wenn auch noch so interessante Beiwerk ausgeschlossen hat. «Einheitlich», in klassischem oder pseudo-klassischem Sinne, ist natürlich weder das Drama Puschkins noch die Oper Mussorgskijs. Statt mit einem Helden haben wir es darin, wie ja auch der Titel Puschkins besagt, mit zweien oder dreien zu tun, wenn man das «russische Volk» statt des «moskowischen Reichs» als solchen gelten lassen will. Soll man Puschkin oder Mussorgskij daraus einen Vorwurf machen, wo doch ihr Werk in weit höherem Maße als mancher noch so «einheitliche» künstlerische Organismus zu atmen und zu leben scheint? Gerade diese scheinbare Buntscheckigkeit des Inhalts war es, die es dem Komponisten ermöglichte, ein so umfassendes, die entferntesten Gegensätze zu einem Ganzen vereinigendes Bild der russischen

---

* *César Cui (Zesar Kjui) (1835–1918), Komponist und Musikkritiker; Mitglied des Bala-kirew-Kreises («Mächtiges Häuflein»).*

Vergangenheit hervorzuzaubern. Jedenfalls hat Mussorgskij im Rahmen dieses einen einzigen Werkes den Beweis für die Universalität seiner Begabung erbracht. Für jede Regung der menschlichen Seele findet er hier den entsprechenden Ausdruck. Die erschütternden tragischen Äußerungen des von Gewissensqualen gefolterten Zaren Boris oder die unnahbare Majestät seines Benehmens den Bojaren gegenüber sind ihm gleich unnachahmlich gelungen wie die burleske Komik des verkommenen Bet- und Saufbruders Warlaam und die kriecherische Gewalttätigkeit des Jesuiten Rangoni. Für die kaltherzige Koketterie der stolzen Polin Marina Mnischek findet er nicht weniger überzeugende und charakteristische Töne als für einen warmherzigen, gemütstiefen, gütiger Menschenliebe entsprossenen Humor, wie er in den Spielen und Liedern der Kinder des Zaren Boris mit ihrer alten Wärterin zur Geltung gelangt; die Neckereien, die die Dorfjugend mit dem einfältigen «Jurodiwyj» treibt, wirken gleich lebenswahr wie das tieftragische Klagelied dieses armen Narren selbst; der verschlagen feige, sich dennoch seiner Macht bewußte Höfling Schuiskij ist eine ebenso unvergeßliche Gestalt wie der zur höchsten Weisheit leidenschaftsloser Menschen- und Weltbetrachtung gelangte Mönch und Chronist Pimen.

Kleines Zwischenspiel mit Noten und Banknoten

Nahezu zweitausend Rubel . . .

. . . genau eintausendneunhundertfünfundachtzig, spielte ‹*Boris Godunow*› 1874 im Durchschnitt pro Aufführung ein, erheblich mehr als andere Opern seinerzeit. Man hatte die Eintrittspreise im Petersburger Marinskij-Theater verdreifacht, und dennoch war die Premiere schon vier Tage vorher ausverkauft. Drei Jahre vorher hatte die Prüfungskommission des Theaters die Oper zurückgewiesen.

Wenn man so will: Banknoten als Rechtfertigung der Noten.

David Lloyd-Jones, der 1934 geborene englische Dirigent, Musikwissenschaftler und Übersetzer, Spezialist für russische Musik und Literatur, betreute die erste westeuropäische wissenschaftliche Ausgabe aller Partiturfassungen des ‹Boris Godunow› von Mussorgskijs Hand. Die Partitur, einschließlich kritischem Bericht, erschien 1975 bei der Oxford University Press. Den textkritischen Angaben vorangestellt ist ein umfangreiches Vorwort, dem wir die Entstehungsgeschichte der Oper entnahmen.

David Lloyd-Jones

Entstehung, erste Aufführung und Veröffentlichung der Oper ‹Boris Godunow›

Die Entstehung der Oper

Natürlich konnte die Idee, Puschkins ‹Boris Godunow› als Grundlage eines Operntextes zu verwenden, erst nach 1866, dem Jahr, in dem die Zensur das fünfunddreißig Jahre alte Stück endlich für eine Bühnenaufführung freigab, ins Auge gefaßt werden. Selbst dann bestand noch ein gewaltiges Hindernis zu einem solchen Plan in Gestalt eines Erlasses Nikolaus I. von 1837, der bestimmte, daß zwar nur Vor-Romanowsche Zaren im Drama erscheinen durften, hingegen kein Zar aus welcher Dynastie auch immer in der Oper. Jedoch ermutigt durch die neue, aufgeklärtere Haltung der Zensur gegenüber Puschkins Stück, fühlte ein Mann in St. Petersburg offenbar, daß solche doktrinären Einwände gegen eine Oper über diesen Stoff wahrscheinlich durch privaten Einfluß und Agitation zu umgehen waren. Wladimir Nikolskij, Professor der russischen Geschichte und Sprache an der kaiserlichen Hochschule für Jurisprudenz und eine Autorität über Puschkin, hatte ursprünglich Mussorgskij im Hause von Glinkas Schwester Ludmilla Schestakowa getroffen, und schon 1866 (als der Komponist ihm ein humoristisches Lied widmete) hatte sich eine enge Freundschaft zwischen den beiden entwickelt. Am 15. August 1868, mit zwei unvollendeten Opernentwürfen hinter sich – ‹Salambo› (1863 bis 1866) nach dem Roman von Flaubert und eine versuchsweise, nur einen Monat zuvor beendete Vertonung des ersten Aktes von Gogols Komödie ‹Die

161

Heirat> – schrieb Mussorgskij, während er sich auf Ferien auf dem Lande befand, an Nikolskij:

«Warum bereite ich mich immer nur vor – es wird Zeit, daß ich etwas tue! Die unbedeutenden kleinen Stücke waren Vorbereitungen, *‹Die Heirat›* war eine Vorbereitung; wann wird etwas endgültig fertig sein? Darauf gibt es nur eine einzige Antwort – *der Zwang der Notwendigkeit*; vielleicht werde ich eines Tages wirklich etwas fertig machen . . . Aber durch das Dunkel der Ungewißheit sehe ich ein helles Licht, und das ist die völlige Abkehr der Gesellschaft von den Operntraditionen der Vergangenheit (die in Wirklichkeit immer noch bestehen). *Impossible!* Warum ist dieses Licht hell? Weil man sich, wenn man einen neuen Weg eröffnet, *doppelt* stark fühlt, und wenn unsere Kraft verdoppelt ist (vier ist genau doppelt so groß wie zwei), dann kann man arbeiten, und sogar freudig arbeiten. Diese Lage kann man nur mit dem Schlagwort der Diebe zusammenfassen: *la bourse ou la vie – la vie ou le drame musical*. Natürlich muß es sowohl Leben wie Musikdramen geben, denn eines ohne das andere ist undenkbar.»[1]

Diese merkwürdig prophetischen Worte gaben Nikolskij offenbar das Stichwort, Mussorgskij zu überreden, daß in Puschkins ‹*Boris Godunow*› der ideale Stoff für eine originelle, realistische, mitfühlende und stark nationale Oper vorlag, die das Beste aus ihm herausholen mußte. Nach seiner Rückkehr nach St. Petersburg im Frühherbst 1868 wurde Mussorgskij von Nikolskijs Begeisterung für den Stoff angesteckt. Er legte ‹*Die Heirat*› beiseite und begann sich in den historischen Hintergrund zu vertiefen und die Form seiner Oper zu planen.

Die «ursprüngliche» Fassung

Trotz ihres völligen Mangels an Erfahrung hielten die Mitglieder des Balakirew-Kreises* es für selbstverständlich, daß ein Komponist den Text einer Oper selber verfaßte. Mussorgskij war diesem Grundsatz bereits in seiner unvollendeten ‹*Salambo*› gefolgt und hatte bisher auch

---

1 M. P. Mussorgskij: Pisma i dokumenty. Hg. v. A. N. Rimskij-Korsakow. Moskau 1932, S. 147–148. Nicht Russisch Sprechende, die diese vollständige Ausgabe der Briefe und Dokumente, auf die sich alle folgenden Zitate beziehen, nicht verwenden können, seien auf The Mussorgsky Reader, übersetzt und herausgegeben von J. Leyda und S. Bertensson, London 1970, verwiesen.

* *Vgl. Dokumentation S. 149.*

die Texte zu seinen erfolgreicheren Liedern geschrieben. Sobald Ludmilla Schestakowa erfuhr, daß er eine Oper über ‹*Boris Godunow*› plante, hatte sie die entsprechenden Seiten in dem Band von Puschkins dramatischen Werken durchschossen und gebunden und überreichte ihn ihm, um ihn bei der Vorbereitung seines Textes zu verwenden. Später schrieb er eine Notiz in diesen Band, daß er die Oper «im Herbst 1868 geplant und die Arbeit im Oktober 1868 begonnen» habe. In ihrer ursprünglichen Fassung umfaßte die Oper (in den frühesten Manuskripten als eine «musikalische Darstellung» bezeichnet) sieben Szenen, die in vier «Teile» geteilt waren: I. Hof im Nowodewitschij-Kloster, Krönung; II. Pimens Zelle, Schenke; III. Kreml; IV. Vor der St. Basilius-Kathedrale, Tod des Boris. Der Text für die ersten fünf dieser Szenen wurde in den durchschossenen Puschkin-Band geschrieben.[2]

Der Zeitraum zwischen dem Beginn der Arbeit an ‹*Boris Godunow*› (Oktober 1868) und ihrer Vollendung in der Partitur (15. Dezember 1869) zeichnet sich durch zwei unmittelbar auffallende Umstände aus. Erstens die erstaunliche Schnelligkeit, mit der sowohl Text wie Musik von einem Amateur-Komponisten geschrieben wurden, der zu jener Zeit jeden Vormittag als Beamter arbeitete; alles in allem brauchte der Klavierauszug bloß acht Monate und die Partitur weitere vier zur Vollendung. Zweitens die verhältnismäßige Isolierung, in der Mussorgskij anscheinend gearbeitet hat; nur ein einziger unbedeutender Brief ist für den ganzen Zeitraum zwischen August 1868 und Mai 1870 vorhanden. Zwei seiner Freunde spielten jedoch eine wichtige Rolle als Ratgeber – Nikolskij, der die ursprüngliche Idee hatte, und Wladimir Stassow, der die literarischen und historischen Hinweise auffinden half. Ein besonderes Beispiel ergab sich in der Schenkenszene. An der Stelle, wo die Wirtin den Wein hereinbringt, gibt Puschkin die folgende Anweisung: «Die Mönche trinken; Warlaam beginnt das Lied ‹So war es in der Stadt Kasan›.» Stassow wurde beauftragt, dieses alte Lied aufzuspüren, und nach langem Suchen fand er es in I. A. Chudjakows ‹*Sammlung Großrussischer historischer Volkslieder*›. Mussorgskij schrieb den Text (den er in der Oper frei bearbeitet hat) auf die letzte leere Seite des durchschossenen Puschkin-Bandes.

---

2 Für eine Analyse von Mussorgskijs Bearbeitung des Stücks siehe Gerald Abraham: Mussorgsky's Boris and Puschkin's. In: Slavonic and Romantic Music. London 1970, S. 178–187.

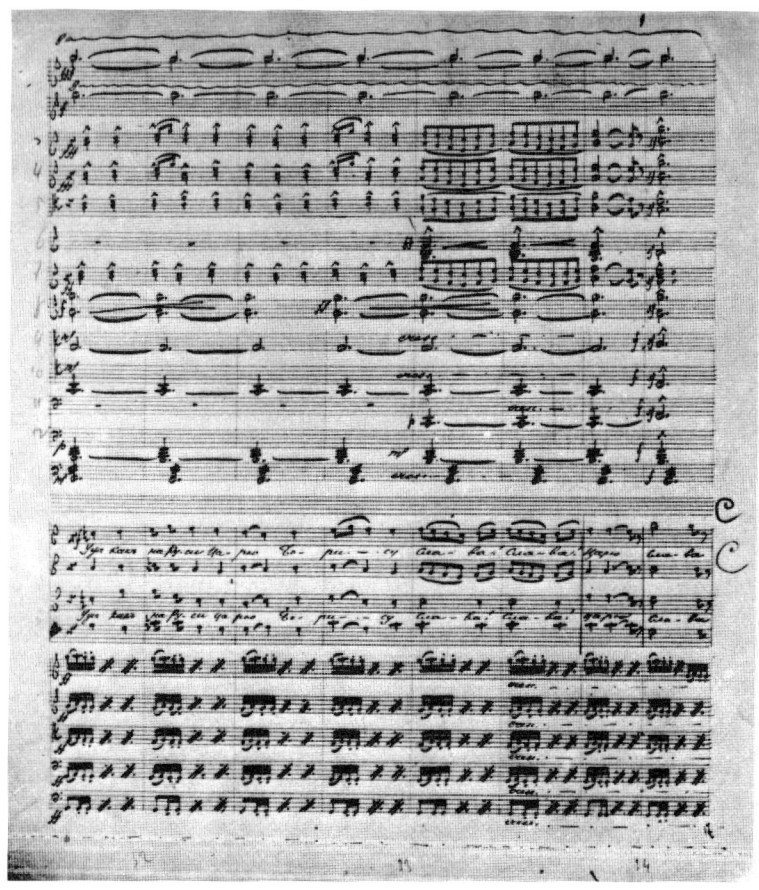

Eine Seite aus der handschriftlichen Partitur der Krönungsszene in der Originalfassung Mussorgskijs.

Ablehnung der Aufführung

Es ist nicht bekannt, wie lange nach der Vollendung seiner Oper Mussorgskij sie formell dem Direktorium der Kaiserlichen Theater in St. Petersburg einreichte, um sie für eine Aufführung in Betracht zu ziehen. Wahrscheinlich geschah dies im Frühling 1870, nachdem er auch eine Reinschrift des Textes angefertigt hatte, wie es gewöhnlich vom Zensor verlangt wurde. Als er Anfang Juli noch immer keine Antwort erhalten hatte, suchte Mussorgskij den Direktor der Kaiserlichen Theater Stepan Gedeonow auf. Dieser sagte ihm, daß in diesem Jahr keine neue Oper aufgeführt werden könnte, aber daß man ihn vielleicht auffordern würde, seine Oper irgendwann nach dem 15. August dem Komitee vorzuspielen, wenn alle Mitglieder nach St. Petersburg zurückgekehrt wären. Vermutlich wurde Mussorgskij irgendwann in jenem Herbst eingeladen, seine Partitur vorzuspielen, aber keine offizielle Entscheidung wurde vor Februar 1871 gefällt, das heißt über ein Jahr nach Vollendung der Oper. Am Zehnten dieses Monats erstattete der Baßgeiger und Bibliothekar am Marinskij-Theater Giovanni Ferrero den folgenden Bericht im Namen des Musiktheater-Komitees, das die Dirigenten oder führenden Orchesterspieler von jedem der St. Petersburger Kaiserlichen Theater umfaßte:

«Auf Befehl Eurer Exzellenz wurde die Partitur der zur Aufführung eingereichten Oper ‹Boris Godunow› von Herrn Mussorgskij in Anwesenheit der Herren Louis Mauer, Náprawník, Wojáček, Mangin, Papkow, Betz und meiner selbst geprüft, die einstimmig beschlossen, eine Abstimmung in Anwesenheit der obengenannten sieben Personen abzuhalten, derzufolge sechs schwarze Kugeln und eine weiße gezogen wurden; somit habe ich die Ehre, die Partitur Eurer Exzellenz zurückzugeben.»[3]

Nebenbei sei bemerkt, daß nur ein einziges Mitglied des Komitees, der Ballettdirigent Papkow, ein Russe war, obgleich es wahrscheinlich der Tscheche Náprawník, erster Dirigent an der St. Petersburger russischen Oper war, der die eine günstige Stimme abgab. Ludmilla Schestakowa hat eine interessante, wenn auch wahrscheinlich nicht ganz getreue Schilderung der Art und Weise hinterlassen, auf die Mussorgskij von der Ablehnung seiner Oper hörte:

«Es gab ein Mittagessen bei [der Sängerin] J. F. Platonowa anläßlich ihrer Benefizvorstellung. Sie kam, mich dazu einzuladen, und fügte hinzu, daß am Morgen des gleichen Tages das Schicksal von Mus-

3 A. Orlowa: Trudy i dni M. P. Mussorgskogo. Moskau 1963, S. 213.

sorgskijs Oper entschieden würde und daß Náprawník und [der Regisseur] Kondratjew nachher zu ihr kommen würden. Ich ging hin und erwartete mit Ungeduld ihre Ankunft. Unnötig zu sagen, daß ich sie mit den Worten begrüßte: ‹Ist ‹*Boris*› angenommen?› – ‹Nein›, war die Antwort, ‹eine Oper, die keine weibliche Rolle enthält, kommt nicht in Frage. Zweifellos hat Mussorgskij viel Talent; wenn er bloß noch eine Szene hinzufügen würde, so würde man ‹*Boris*› annehmen.› Ich wußte, daß diese Nachricht Mussorgskij tief betrüben würde, und wollte nicht, daß er es sogleich erfuhr. Daher sandte ich auf der Stelle einige Zeilen an ihn und W. W. Stassow, in denen ich sie bat, mich an diesem Abend um 9 Uhr zu besuchen . . . Ich fand sie vor, als ich nach Hause zurückkam, und sagte ihnen, was ich gehört hatte. Stassow begann, mit glühender Begeisterung über die neuen Zusätze zur Oper zu sprechen. Mussorgskij fing an, neue Motive zu improvisieren, und wir verbrachten den Abend auf eine sehr lebhafte Weise.»[4]

Stassow berichtet, daß sogar Mussorgskijs engste Freunde, obgleich sie die Originalität und kompromißlose dramatische Wahrheit der ersten Fassung von ‹*Boris Godunow*› aufs höchste bewunderten, ihm wiederholt sagten, daß es ihr in dieser Form an einigen Eigenschaften fehlte, um das Werk völlig befriedigend zu machen.[5] Am 17. Februar wurde Mussorgskij offiziell benachrichtigt, daß seine Oper abgelehnt worden sei, und Partitur und Text wurden ihm zurückgestellt.

Arbeit an der «definitiven» Fassung

Wenngleich tief betrübt und gekränkt durch die Ablehnung seiner Oper, verlor Mussorgskij keine Zeit, die Arbeit an der neuen Fassung zu beginnen, die er im Sinn hatte. Zunächst fügte er einen gänzlich neuen Akt in zwei Szenen hinzu, der im Schloß Mnischek zu Sambor in Polen spielte. Stassow behauptet, daß Mussorgskij den größten Teil der «Szene am Springbrunnen» (der zweiten polnischen Szene) komponiert hätte, als er die erste Fassung der Oper schrieb, aber daß er sich nachträglich entschieden hätte, sie nicht aufzunehmen[6]; gewiß ist, daß

4 Orlowa, a.a.O., S. 213.
5 W. W. Stassow: Sobranije sotschinenii W. W. Stassowa: 1847–1886. 3 Bde. St. Petersburg 1894, Bd. III, S. 783.
6 Ebd. Eine gewisse Bestätigung dafür ist in Gestalt einer Skizze für den Beginn der «Szene am Springbrunnen» vorhanden, die auf der Rückseite einer Skizze für die Anfangsszene der Oper gemacht wurde.

die Idee, den polnischen Akt (und somit eine führende weibliche Rolle) hinzuzufügen, die erste größere Änderung war, die er plante, und daß die erste Szene bereits am 10. April 1871 im Klavierauszug vollendet war. Anscheinend wandte er sich dann der zweiten Szene zu – ein Brief Ludmilla Schestakowas vom 29. Juli zeigt, daß Mussorgskij zu dieser Zeit die Polonaise schrieb –, aber es scheint, daß er diese Szene beiseite legte und statt dessen seine Revision begann, die in einer Erweiterung und Neukomposition der Kremlszene bestand. Sein Brief an Stassow vom 10. August* zeigt an, daß er bis zum Papageienlied gelangt war; ferner stellt er fest, daß er nicht nur die beiden in den ersten Teil der Szene eingefügten Kinderlieder geschrieben hatte, sondern auch das Lied der Wirtin, das er am Anfang der Schenkenszene hinzufügte.[7] Die nächste Revision galt der Szene in Pimens Zelle; sie bestand größtenteils aus einer Kürzung von Pimens Schilderung des Mordes zu Uglitsch, aber auch Grigorijs Erwachen und seine Traumerzählung wurden neu geschrieben und die ersten zwei Chöre der Mönche hinter der Szene hinzugefügt. Mussorgskij beschreibt einige dieser Änderungen in einem Brief an Stassow vom 11. September** und erwähnt gleichzeitig die Idee, eine «Vagabundenszene» zu komponieren. Diese erwies sich als die Revolutionsszene, die die ausgeschiedene St. Basiliusszene ersetzte, und übernahm aus dieser die Szene des Blödsinnigen und der Knaben sowie das abschließende Klagelied. Wie aus einem Brief Borodins an seine Frau vom 20. September[8] und anderen verfügbaren Fakten hervorgeht, wurde die Revolutionsszene während dieses und der folgenden Monate komponiert, und die letzte neue Musik, die für die revidierte Fassung der Oper geschrieben wurde, war der Schluß der zweiten polnischen Szene. Zufolge einer Tagebuchnotiz Anna Purgolds vom 7. November wurde an diesem Tag ‹Boris Godunow› in ihrem Haus vollständig (mit Klavier) aufgeführt, mit Ausnahme des ersten Aktes (das heißt der beiden Anfangsszenen), der ausgelassen wurde, und ohne das «Duett im vierten Akt»[9]. Drei der ursprünglichen sieben Szenen waren nur durch Striche, nicht durch Neukomposition revidiert worden. Die erste Szene schloß nun mit dem Abgang der

---

7 Die Texte des Liedes der Wirtin und der beiden Kinderlieder wurden der Sammlung von P. W. Schein entnommen. Siehe dazu und zu andern Einzelheiten der Revision ebd., S. 783–784.

8 Trudy i dni, a.a.O., S. 225.

9 Ebd., S. 232. In seinem Brief an Stassow vom 14. Dezember 1871 meldet Mussorgskij, er schreibe «den letzten Akkord der Szene am Springbrunnen».

* *Vgl. Dokumentation S. 184.*

** *Vgl. Dokumentation S. 185.*

blinden Pilger, in der Krönungsszene wurden fünf Takte gestrichen, und der Tod des Boris wurde dadurch gekürzt, daß Schtschelkalows eröffnende Ansprache an die Bojaren fortfiel und kleine Striche in Schuiskijs Szene mit den Bojaren, in Pimens Gespräch mit Boris und Boris' Abschied gemacht wurden.

Aufführungen von Bruchstücken

Zu Beginn des neuen Jahres, während Mussorgskij an der Instrumentation der Kreml- und der polnischen Szenen arbeitete, trat im Schicksal der Oper eine wichtige neue Wendung ein. Am 5. Februar 1872 wurde die Krönungsszene (als «Finale des ersten Aktes» angekündigt) mit Solisten[10], Chor und Orchester unter Náprawník in einem Konzert der Russischen Musikgesellschaft aufgeführt. Nach der Presse zu urteilen, machte die Aufführung wenig Eindruck. Im folgenden Monat wurde ‹Boris› von der Theaterzensurabteilung gelesen und ein Bericht dem Minister des Innern vorgelegt.[11] Man bemerkte billigend, daß das religiöse Element auf ein Minimum beschränkt worden sei («weder der Patriarch, Abt noch andere religiöse Personen außer Pimen erscheinen auf der Bühne») und empfahl eine Aufführung der Oper, vorausgesetzt, daß der Erlaß von 1837, der das Auftreten eines Zaren in der Oper verbot, aufgehoben werden könnte. Alexander II. selbst unterzeichnete diesen Beschluß am 5. April. Gegen Ende März teilte Balakirew Mussorgskij seine Absicht mit, die Polonaise in seinem bevorstehenden Konzert an der Freien Musikschule aufzuführen. Mussorgskij beendete die Instrumentation der zweiten polnischen Szene am 29. März, und am 3. April fand die Konzertaufführung der Polonaise (ohne Chor) statt. In einem elf Tage nach dem Tod Mussorgskijs am 17. März 1881 geschriebenen Brief an Stassow bemerkt Balakirew, er habe «mehrere Vorschläge gemacht, von denen er, wie ich aus dem veröffentlichten Klavierauszug ersehe, Gebrauch gemacht hat. Ich weiß nicht, ob er die Instrumentation revidiert hat, da ich es nie auf der Bühne gehört habe.»[12] Wie gewöhnlich besprach César Cui das Kon-

---

10 Melnikow, später der erste Darsteller der Titelrolle.
11 Mussorgskij war seit Herbst 1871 mit dem Hauptzensor Friedberg persönlich bekannt gewesen, als er und Rimskij-Korsakow ihm den zweiten Akt von des letzteren Pskowitjanka vorgespielt hatten. Siehe N. A. Rimskij-Korsakow: Letopis moei muzykalnoi zhizni [Eine Chronik meines musikalischen Lebens]. Moskau 1955, S. 73–74 (Kap. 17).
12 Pisma i dokumenty, a.a.O., S. 210.

zert im *Sankt Peterburgskije Wedomosti*, aber während er die Instrumentation nach dem Februarkonzert sehr gelobt hatte, nannte er jetzt die Instrumentation der Polonaise «grau und langweilig». Wie nach ihm Rimskij-Korsakow, der behauptete, daß Mussorgskijs «fast ausschließliche Instrumentierung für Streichorchester» eine Nachahmung der *«vingt quatre violons du roi»* Ludwigs XIV. sei[13], so erklärte Cui, dieser Versuch einer «stilgemäßen» Instrumentierung sei unwirksam und passe nicht zu dem übrigen musikalischen Rahmen von Mitte des 19. Jahrhunderts; er empfahl dem Komponisten dringend, das Stück neu zu instrumentieren, bevor die Oper auf die Bühne gelangte. Vier Tage nach Erscheinen dieser Kritik schrieb Mussorgskij an Balakirew mit der Bitte, ihm das Manuskript der Polonaise «zur Verbesserung und Einreichung an das Theaterkomitee» zurückzugeben; tatsächlich instrumentierte er sie in der Folge neu.[14]

Am 23. Juni 1872 beendete Mussorgskij die Instrumentation der Revolutionsszene (damals noch die vorletzte Szene) und brachte damit seine Revision der Oper glücklich zu Ende; später schrieb er in den durchschossenen Puschkin-Band, den ihm Ludmilla Schestakowa gegeben hatte: «Die Komposition und Instrumentation der Oper wurde im Juli 1872 in Petrograd beendet.» Durch die Hinzufügung der zwei polnischen Szenen war die Oper nun in fünf Akte geteilt. Den Entschluß, die Reihenfolge der beiden letzten Szenen umzukehren, so daß die Oper nicht mit Boris' Tod, sondern mit dem siegreichen Vormarsch des Prätendenten und der Klage des Blödsinnigen endete, faßte Mussorgskij etwas später, dank der glänzenden Anregung seines Freundes Nikolskij.

Aufführung der drei Szenen

Während die offiziellen Bemühungen, die Marinskij-Oper zur Annahme des Werkes zu bewegen, noch immer erfolglos blieben (eine weitere Ablehnung erfolgte am 29. Oktober 1872), fand sich eine wachsende Anzahl privater Verfechter der Oper auf Grund der zwanglosen Aufführungen mit Klavier, die gewöhnlich im Hause Ludmilla Schestakowas oder der Schwestern Purgold stattfanden. Einige davon waren Mitglieder des Marinskij-Ensembles, vor allem die Sopransän-

13 Letopis, a.a.O., S. 169 (Kap. 21).
14 Die Revision war bestimmt vor der Marinskij-Aufführung des polnischen Aktes am
    3. Februar 1873 gemacht worden.

Eine Seite aus der handschriftlichen Partitur des ersten Aufzugs in der Originalfassung Mussorgskijs: Der Beginn der Ballade Warlaams «So war's einst in der Stadt Kasan» im zweiten Bild.

gerin Julia Platonowa, der Hauptregisseur und frühere Bariton Gennadij Kondratjew und Nikolai Lukaschewitsch, Leiter der Kostüm- und Dekorationsabteilung und die rechte Hand des Direktors. An einem der Musikabende der Purgolds in diesem Herbst beschloß man, drei Szenen aus ‹Boris Godunow› (die Schenkenszene und die zwei polnischen Szenen) im Rahmen der bevorstehenden Benefizvorstellung für Kondratjew aufzuführen, und eine entsprechende Ankündigung erschien am 24. Dezember. Ein wenig bekannter Brief Stassows an Nikolai Findeisen vom 15. Februar 1900 wirft ein interessantes Licht auf diesen entscheidenden Beschluß: «Platonowa war für alles verantwortlich. Sie liebte und achtete Mussorgskij aufrichtig und zwang daher N. A. Lukaschewitsch, die Oper aufzuführen, während Kondratjew damals keinen Einfluß hatte und kein Wort gegen Lukaschewitsch und Náprawník zu äußern wagte. Aber da Verhandlungen über ‹Boris› gerade im Gang waren, bat Kondratjew um die Erlaubnis, drei Szenen daraus zu geben, die ihm, nebenbei bemerkt, eine hübsche Summe Geld von seiner Benefizvorstellung einbrachten. Natürlich war es ihm nicht um die Hilfe, sondern lediglich um das Geld zu tun; die Musik von ‹Boris› bedeutete Kondratjew nichts.»[15]

Die drei Szenen (keine davon, wie ersichtlich, mit der Titelrolle) erlebten richtig ihre Erstaufführung am 5. Februar 1873 in der Marinskij-Oper unter Náprawník, im gleichen Programm wie der zweite Akt von ‹Lohengrin› und die erste Szene des zweiten Aktes von ‹Der Freischütz›. Sie hatten einen ungeheuren Erfolg bei der dichtgedrängten Zuhörerschaft. Am 9. Februar erschien eine begeisterte Kritik von Cui, in der er vor allem seine Bewunderung für die Schenkenszene ausdrückte: «Diese ganze Szene ist von der kundigen Hand eines dramatischen Komponisten gestaltet . . . Man kann sich schwerlich etwas in jeder Hinsicht Vollkommeneres vorstellen . . . Die Instrumentation von ‹Boris› ist hochbegabt . . . völlig theatralisch, durchgehend farbig und wirkungsvoll, und sie malt wundervoll jede individuelle Gestalt und die dramatische Situation.»[16] Cui schloß seine Rezension mit der Feststellung, er könne sich an keinen ähnlichen Erfolg oder Beifall für einen Komponisten auf der Marinskij-Bühne erinnern, und räumt ein, daß dieser zum großen Teil der hervorragenden Aufführung unter Náprawník zu verdanken war. In Anbetracht der weiteren Geschichte des Werkes ist zu bemerken, daß fast alle anderen Kritiken dieser Aufführung – besonders die von Laroche – sich nicht genug tun konnten, Mussorgkijs Orchestrierung zu loben.

15 Trudy i dni, a.a.O., S. 277.
16 Ebd., S. 278–279.

Veröffentlichung des Klavierauszugs

Das erste positive Ergebnis des riesigen Erfolgs der drei Szenen – abgesehen von einem vergeblichen Versuch der Sängerin der Wirtin, Darja Leonowa, zwei davon zu ihrer Benefiz-Abschiedsvorstellung wiederholen zu lassen – war der Vertrag, den Mussorgskij mit der Firma W. Bessel & Co. über die Veröffentlichung des Klavierauszugs der Oper abschloß. Obgleich Wassilij Bessel sein Verlagsgeschäft erst kürzlich (1869) begonnen hatte, hatte er bereits sechs von Mussorgskijs Liedern, das ‹Schaukastenlied› und den ‹Kinderstube›-Zyklus, erfolgreich veröffentlicht. Am 25. März 1873 kündigte Bessels Verlagszeitschrift *Muzykalny Listok* die Eröffnung einer Subskription für den Klavierauszug an; dieser würde, wie es hieß, «auch diejenigen Szenen enthalten, die zur Vermeidung einer allzu langen Vorstellung nicht gespielt werden sollen, wenn die Oper aufgeführt wird». Es scheint daher, daß Mussorgskij sich sogar vor Annahme der Oper durch das Marinskij-Theater entschlossen hatte, die Szene in Pimens Zelle sowie zumindest einige Abschnitte des zweiten, dritten und vierten Aktes auszulassen, die im Klavierauszug erschienen, aber schließlich bei der Erstaufführung gestrichen wurden. Am 14. Mai sandte Mussorgskij das Manuskript für den Klavierauszug an Bessel, um das ihn dieser am 2. Mai brieflich gebeten hatte, mit folgenden Zeilen: «Hier ist es – ich habe mich nach Kräften beeilt. Ich denke, wir besprechen die Bedingungen der Veröffentlichung bald, wenn nicht schon heute; jedenfalls wird das, was wir bereits mündlich vereinbart haben, unverändert bleiben, wenn es dokumentarisch festgelegt wird.»[17] Da die Vorbereitungen für die Veröffentlichung des Klavierauszugs die letzte der Revisionen darstellen, denen Mussorgskij seine Oper unterwarf, wäre es besonders interessant, im einzelnen zu wissen, welche Zusätze oder Änderungen er damals machte. Leider sind die meisten in Frage kommenden Manuskripte (das heißt, die zum Druck vorlagen) entweder verloren oder unzugänglich. Aus dem noch vorhandenen handschriftlichen Klavierauszug der Szene in Pimens Zelle (der revidierten Fassung mit dem Datum 6. September 1872) und der Schenkenszene, auf denen Einteilung und Seitenzahlen des Druckers vermerkt sind, geht hervor, daß Mussorgskij zumindest in diesen zwei Fällen bloß ein vorliegendes Manuskript korrigiert hat; bei anderen Szenen hat er vielleicht seine Auszüge kopiert und dabei neue Elemente und Revisio-

---

17 Tatsächlich wurde dieser offizielle Vertrag zwischen Komponist und Verleger erst am 31. Januar 1874, vier Tage nach der Premiere, abgeschlossen.

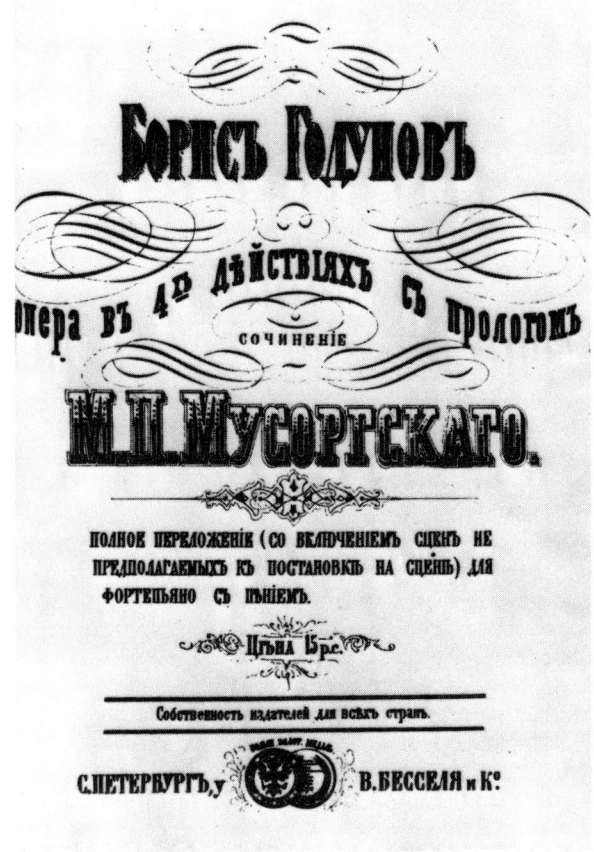

Titelblatt des ersten gedruckten Klavierauszugs der Fassung 1874, von Mussorgskij selbst redigiert.

nen eingefügt. Wie dem auch sei – obwohl er gewöhnlich die größte Sorgfalt an jede Einzelheit wendete –, kümmerte sich Mussorgskij offenbar nicht darum, den veröffentlichten Klavierauszug mit seiner autographischen Partitur in Einklang zu bringen; er sorgte nicht einmal dafür, daß die Zahl der Takte, Singstimmen und Text in beiden genau übereinstimmten.

173

Annahme zur Aufführung

Mussorgskijs Freundin und Vorkämpferin Julia Platonowa, die in der Aufführung der drei Szenen die Rolle der Marina gesungen hatte, ergriff schließlich die Initiative, die zur lang erwarteten Aufführung von ‹Boris Godunow› an der Marinskij-Oper führte. Zwölf Jahre später verfaßte sie auf Stassows Bitte die lebendige, wenn auch in Einzelheiten fragwürdige Schilderung, wie sie gedroht hatte, ihren Vertrag mit dem Marinskij-Ensemble zu lösen, wenn ‹Boris› nicht zu ihrer Benefizvorstellung gegeben würde, wodurch sie Gedeonow zwang, sein Komitee zu überstimmen und die sofortige Aufführung der Oper anzuordnen.[18] Am 22. Oktober schrieb Mussorgskij an Bessel: «*Der Direktor hat Boris genehmigt*, also muß der Klavierauszug *bis Ende November* fertig sein. Das ist unbedingt nötig – sonst *kaputt*.» Drei Tage später teilte Borodin seiner Frau brieflich die gute Nachricht mit und fügte hinzu, daß die Orchesterstimmen bereits kopiert würden.[19] Also müssen Mussorgskij und Náprawník sich schon getroffen haben, um über die grundsätzlichen Striche zu entscheiden, da die Stimmen einen großen Teil der gestrichenen Abschnitte nicht enthalten; weitere Striche wurden während der Proben gemacht. Mussorgskij übernahm selber die ersten Proben mit den Sängern, die meistens in Platonowas Haus abgehalten wurden. Am 20. Dezember hatte Náprawník seine erste Klavierprobe mit den Sängern; weitere folgten am 27., 28. Dezember, 2., 3. und 5. Januar, und Chorproben hielt er am 31. Dezember und 7. Januar ab. Es folgten vier Orchesterproben, eine Bühnenprobe mit Klavier und drei Bühnenproben mit Orchester.

Inzwischen war der Druck des Klavierauszugs weiter fortgeschritten, wenn auch der von Mussorgskij gesetzte Termin nicht eingehalten wurde. Am 4. Januar 1874 schrieb er an Bessel: «Hier sende ich Ihnen, Wassilij Wassilewitsch, den Rest der ‹Boris›-Korrekturen. Bitte schicken Sie Röder eine der Widmungen (je nach Ihrer Wahl). Ich möchte, daß die ganze Widmung *in Faksimile* gestochen wird.» Die Frage der gedruckten Widmung ist nicht ganz geklärt. Als der Klavierauszug schließlich am 15. Januar veröffentlicht wurde, erschien die faksimilierte Widmung auf einer eigenen Seite nach dem Titelblatt, wie Mussorgskij es verlangt hatte; der Text war derjenige der Widmung, die am Anfang der vorliegenden Ausgabe steht.[20] Der 1930 in Moskau

18 Stassowa, a.a.O., S. 803–804.
19 Trudy i dni, a.a.O., S. 315.
20 Es scheint jedoch, daß in vielen Exemplaren des Erstdrucks diese eingefügte Widmung fehlt; siehe Pisma i dokumenty, a.a.O., S. 294. Die Chestersche Neuauflage (1926) des

veröffentlichte Band von Artikeln über diese Oper[21] zeigt jedoch den faksimilierten Abdruck einer anderen Widmung[22], die, wie man annehmen muß, eine der Bessel eingereichten Alternativen war; dagegen spricht aber der Umstand, daß sie das Datum 21. Januar trägt, das heißt sechs Tage nach Erscheinen des Besselschen Klavierauszugs. Diese Widmung lautet wie folgt: «Ich sehe das Volks als eine große, von einer einzigen Idee erfüllten Persönlichkeit. Das ist mein Grundthema. Ich habe versucht, es in der Oper zu lösen. Euch, die ihr mit gutem Rat und tätiger Teilnahme mir die Möglichkeit gabt, mich auf der Bühne zu bewähren, widme ich mein Werk.» Alle folgenden Sowjet-Ausgaben der Oper haben diese Widmungsform zitiert.[23]

Die lang erwartete Premiere von ‹Boris Godunow› fand Sonntag, den 27. Januar 1874[24] im Marinskij-Theater, St. Petersburg, vor einem vollen Hause statt; die Aufführung war eine Benefizvorstellung Platonowas. Die Dekorationen waren die gleichen wie Schischkow und Botschkarow sie für die Aufführung von Puschkins Stück im Jahre 1870 im selben Theater entworfen hatten, mit Zusätzen von Andrejew; die Kostüme stammten aus derselben Quelle. Obgleich der veröffentlichte Klavierauszug die endgültige Form der Oper mit einem Prolog (in zwei Szenen) und vier Akten festgelegt hatte, gab sie das Marinskij-Theater in fünf Akten.[25] Die Ankündigung der Uraufführung wirft einige interessante Fragen auf. Sie zeigt, daß schon diese erste Aufführung die falsche Theaterpraxis einführte, wonach ein und derselbe Sänger den Polizeioffizier Nikititsch in der Anfangsszene und

Klavierauszugs von 1874 reproduziert eine Seite des Klavierauszugs, auf die Mussorgskij nach seiner Rückkehr von der Premiere der Oper für die junge Sängerin Julia Machina folgendes schrieb: «Dies ist das erste Exemplar der Oper. Mussorgskij Widmung: Euch allen, die ihr mir mit gutem Rat und teilnehmendem Interesse ermöglicht habt, die Idee zu verwirklichen, die der Oper Boris Godunow zugrunde liegt, habe ich mein Werk gewidmet. M. Mussorgskij.» Dies deutet an, daß in diesem besonderen Exemplar die faksimilierte eingefügte Widmung fehlte.

21 M. P. Mussorgskij: Boris Godunow – Stati i issledowanija. Moskau 1930.
22 Original in der Leningrader Öffentlichen Bibliothek, Gusjew-Sammlung, Fond 230, Nr 10.
23 Angesichts der Gewohnheit Mussorgskijs, Manuskripte und Dokumente vor- oder nachzudatieren, war dies möglicherweise eine der Widmungen, die er am 4. Januar an Bessel sandte, die er aber 21. Januar datierte, weil das zur Zeit das geplante Datum für die Premiere der Oper war. Noch am 15. Januar kündigte die Zeitung Birshewije Wedomosti den 23. Januar als das Datum der kommenden Uraufführung an.
24 Nicht 24. Januar, wie Stassow und daher viele folgende Kommentatoren angeben.
25 Die ersten beiden Szenen bildeten eine einzige fortlaufende Anfangsszene, und diese zusammen mit der Schenkenszene (die Szene in Pimens Zelle war gänzlich gestrichen) bildete den ersten Akt; die Revolutionsszene wurde als fünfter Akt bezeichnet.

НА МАРІИНСКОМЪ ТЕАТРѢ.
Въ Воскресенье, 27 Января.
Въ пользу Г-жи **Платоновой.**
Въ 1-й разъ.

БОРИСЪ ГОДУНОВЪ.

Опера въ 5 дѣйствіяхъ, М. Мусоргскаго.

Декораціи: 1-го дѣйст. 1 карт. Г. Шишкова, 2 карт. Г. Андреева; 2-го дѣйст. Г. Шишкова; 3-го дѣйст. 1 карт. Г. Андреева, 2 карт. Г. Бочарова; 4-го дѣйст. Г. Шишкова и 5-го дѣйст. Г. Бочарова. Костюмы, по рисункамъ члена Археологическаго Общества Г. Прохорова, вымыты — Г. Ивонина, женскіе — Г. Петрова. Парики мужскіе — Г. Малышева, женскія причоски — Г. Дмитріева. Химическое освѣщеніе — Г. Шишко.

Дѣйствіе 1-е.
Картина 1-я.

Зовъ Бориса на царство.

ДѢЙСТВУЮЩІЯ ЛИЦА:

Никитичъ, приставъ . . . . Г-нъ Сарютте.
Митюхъ, крестьянинъ . . . . Г-нъ Лодовъ.
Андрей Щелкаловъ, думный дьякъ . . Г-нъ Соболевъ.
Князь Василій Ивановичъ Шуйскій . . Г-нъ Васильевъ 2.
Большое боярое . . . . Г-нъ Матвѣевъ.
Борисъ Годуновъ . . . . Г-нъ Мельниковъ.
Казаки перехожіе, народъ, приставы, стрѣльцы и бояре.

Картина 2-я.

Корчма.

ДѢЙСТВУЮЩІЯ ЛИЦА:

Хозяйка корчмы . . . . Г-жа Абаринова.
Варлаамъ } бродяги . . . . Г-нъ Петровъ.
Мисаилъ } . . . . Г-нъ Дюжиковъ.
Самозванецъ . . . . Г-нъ Коммиссаржевскій.
Приставъ . . . . Г-нъ Сарютте.

Приставъ.

Дѣйствіе 2-е.

У Царя Бориса.

ДѢЙСТВУЮЩІЯ ЛИЦА:

Ксенія } дѣти Бориса . . . . Г-жа Разбъ.
Ѳедоръ } . . . . Г-жа Крутикова.
Мамка Ксеніи . . . . Г-жа Шредеръ.
Царь Борисъ . . . . Г-нъ Мельниковъ.
Щелкаловъ . . . . Г-нъ Соболевъ.
Шуйскій . . . . Г-нъ Васильевъ 2.

Дѣйствіе 3.
Картина 1-я.

Уборная Марины.

ДѢЙСТВУЮЩІЯ ЛИЦА:

Марина Мнишекъ, дочь Сандомирскаго воеводы . . . . Г-жа Платонова.
Рангони, тайный іезуитъ . . . . . . Г-нъ Палечекъ.
Сандомирскія дѣвушки.

Картина 2-я.

У фонтана.

ДѢЙСТВУЮЩІЯ ЛИЦА:

Самозванецъ . . . . Г-нъ Коммиссаржевскій.
Рангони . . . . Г-нъ Палечекъ.
Марина . . . . Г-жа Платонова.
Старшій панъ . . . .
* * *

Паны и шляхи.
Дѣйствіе 4-е.

Смерть Бориса.

ДѢЙСТВУЮЩІЯ ЛИЦА:

Шуйскій . . . . Г-нъ Васильевъ 2.
Щелкаловъ . . . . Г-нъ Соболевъ.
Царь Борисъ . . . . Г-нъ Мельниковъ.
Пименъ, лѣтописецъ (отшельникъ) . . Г-нъ Васильевъ 1.
Царевичъ Ѳедоръ . . . . Г-жа Крутикова.

Бояре и царедв.

Дѣйствіе 5-е.

Самозванецъ подъ Кромами.

ДѢЙСТВУЮЩІЯ ЛИЦА:

Бояринъ Хрущевъ . . . . Г-нъ Матвѣевъ.
Старуха . . . . Г-жа Горбунова.
Юродивый . . . . Г-нъ Булаховъ.
Варлаамъ . . . . Г-нъ Петровъ.
Мисаилъ . . . . Г-нъ Дюжиковъ.
Пименъ . . . . Г-нъ Васильевъ 1.
Лавицкій } іезуиты . . . . Г-нъ Соболевъ.
Черниковскій } . . . . Г-нъ Коммиссаржевскій.
Самозванецъ . . . .

Бродяги и свита самозванца.

Начало въ 7 часовъ.

Билеты всѣ проданы.

Au Théâtre Michel.

Dimanche, 27 Janvier.
Abonnement suspendu.
La 2-me représentation de la reprise de:

FROUFROU.

Comédie en 5 actes, par H. Meilhac et L. Halévy.

Personnages:

Brigard . . . . M-r Dupuis.
Henri de Sartorys . . . . M-r Devaux.
Le comte Paul de Valréas . . . . . M-r Worms.
Le Baron de Cambri . . . . M-r Tassier.
Pitou . . . . La petite Marie.
Gilberte . . . . M-lle Marie Delaporte.
Louise . . . . M-me Worms-Brémont.
La Baronne de Cambri . . . . M-lle Dupuys.
Pauline . . . . M-me Paul-Ernest.
Zanetto . . . . M-lle Acus.
La gouvernante . . . . M-me Brindeau.
Un domestique . . . . M-r Théodore.
Un domestique . . . . M-r Perret.

L'action de nos jours.

UNE FAUSSE JOIE.

Comédie en un acte et en prose, par Hyppolyte Rimbaut et Raymond Deslandes.
Représentée pour la première fois à Paris sur le théâtre des Variétés.

Personnages:

Jules Robineau . . . . M-r Hittemans.
Alexandre Dunois . . . . M-r Brindeau.
Delphine Robineau . . . . M-lle Lolar.
Suzanne . . . . M-lle Blanche.
Une lingère . . . . M-me Caroline.

La scène se passe à Paris.

LE PARRAIN.

Comédie en un acte, par M-rs Scribe et Mélesville.

Personnages:

Godard, M-r Rubanier . . . . M-r Luguet.
M-r Durand, rentier . . . . M-r Serisan.
Le comte de Helden . . . . M-r Tassier.
Joseph, valet . . . . M-r Janvin.
M-me de St.-Ange, femme d'un banquier M-me Borelli-Delahaye.
M-me Benati, belle-mère de M-r Godard M-me Vigar.
M-me Prudent, sage-femme . . . . M-me Paul-Ernest.
M-me Renard } voisines . . . . . (B-me Devaux.
M-me Darozeau } . . . . (M-me Caroline.
Dubois, chasseur de M-me de St.-Ange. M-r Perret.
Parents, amis, valets, garçons de boutique.

La scène est à Paris.

ORDRE DU SPECTACLE: 1) Le Parrain. 2) Froufrou.
3) Une fausse joie.

On commencera à 7 heures.

On peut se procurer des billets pour cette représentation à la caisse du Théâtre Michel.

въ Императорскихъ Спб. театрахъ (Большая Голая). Вознесенскій просп. д. № 55.

Das Marinskij-Theater (heute: Kirow-Theater) in Petersburg, in dem die Uraufführungen des ‹Boris Godunow› in Puschkins Schauspiel- und Mussorgskijs Opernfassung stattfanden.

Links: Ankündigung der Uraufführung des ‹Boris Godunow› Mussorgskijs im Petersburger Marinskij-Theater. Entgegen dem am 15. Januar erschienenen Klavierauszug wird die Oper hier als fünfaktige bezeichnet. Die beiden Bilder des Prologs, zusammengezogen zu einer Szene, und die Schenkenszene umfaßten bei der Uraufführung der erste Akt, die Szene in Pimens Klosterzelle war gestrichen und die Revolutionsszene bei Kromy bildete den fünften Akt.

den Polizeioffizier in der Schenkenszene (an der litauischen Grenze, etwa dreihundert Kilometer von Moskau) darstellt; auch nennt sie Schtschelkalow in der Besetzung der Kremlszene – was nahelegt, daß der Sänger dieser Rolle auch die Rolle des Leibbojaren übernahm. Kein Regisseur oder Dirigent ist genannt, obgleich der letztere natürlich Náprawník war. Die Aufführung hatte einen ungeheuren Erfolg. Stassow vermerkt, daß Mussorgskij achtzehn- bis zwanzigmal vor dem Vorgang erschienen sein muß.

In den folgenden zwei Monaten erschienen Besprechungen dieser wichtigen neuen russischen Oper in allen führenden nationalen Zeitungen und Zeitschriften. Sie sind an anderer Stelle gebührend zusammengefaßt worden [26], es genügt daher zu bemerken, daß sie im allgemeinen feindselig und verständnislos waren und daß Cui in seiner berüchtigten Kritik eine erbarmungslose *volte face* beging, die Feinde des Balakirew-Kreises entzückte und Mussorgskij tief verletzte.[*] Im allgemeinen wurde die Orchestrierung noch immer günstig erwähnt; andererseits gelang es den polnischen Szenen – zweifellos die traditionellsten Seiten der Oper – seltsamerweise nicht, wirkliche Begeisterung selbst bei den reaktionärsten Kritikern zu erwecken. Es blieb dem Kritiker des *Petersburgskij Listok*, dem neunzehnjährigen W. S. Baskin, vorbehalten, die einzige Kritik zu schreiben, die ein wirkliches Verständnis für die Größe von Mussorgskijs Leistung zeigte.

‹Boris Godunow› wurde im Marinskij-Theater zehnmal im Jahre 1874 und zweimal 1875 gegeben. Nach einer zwanzigmonatigen Pause wurde das Werk im Oktober 1876 wiederaufgeführt und erlebte bis Oktober 1882 (Mussorgskij starb im März 1881) weitere vierzehn Vorstellungen, in denen der sogenannte fünfte Akt – die Revolutionsszene – weggelassen wurde, anscheinend mehr aus politischen als aus musikalischen oder dramatischen Gründen. Obgleich Cui in seiner Besprechung der letzten Vorstellung behauptet, daß dieser «unannehmbare» Strich vom Komponisten selber gutgeheißen worden sei [27], bestritt das Stassow in einem berühmten Artikel mit charakteristischer Energie.[28] Die Oper wurde im Marinskij-Theater erst im November 1904 wieder gegeben, als man sie in der Rimskij-Korsakow-Fassung

---

26 Stati i issledowanija, a.a.O., S. 136 ff.
27 Ebd., S. 180–181.
28 Stassowa, a.a.O., S. 311–313.
* *Vgl. den Brief Mussorgskijs vom 6. Februar 1874 an Wladimir Stassow, siehe Dokumentation, S. 187–188.*

Iwan Melnikow als Boris in der Uraufführung der Oper am 27. Januar 1874 im Marinskij-Theater Petersburg.

von neuem aufführte.[29] Man hat oft behauptet, der Grund ihres Verschwindens vom Repertoire sei ihr mangelnder finanzieller Erfolg gewesen. Die Untersuchungen von Wassilij Jakolajew[30] haben jedoch ergeben, daß die Einnahmen aus Aufführungen von ‹Boris Godunow› regelmäßig zu den höchsten gehörten und daß diese häufig ausverkauft waren. In Moskau wurde die Oper erst im Dezember 1888 gegeben, als sie im Bolschoi-Theater aufgeführt wurde. Bis zum Januar 1890 hatte sie dort zehn Aufführungen erlebt; danach wurde sie aus dem Repertoire genommen, bis sie im April 1901 in der Rimskij-Korsakow-Fassung neu aufgeführt wurde.[31]

Das letzte die Oper betreffende Ereignis zu Mussorgskijs Lebzeiten war die Erstaufführung der (revidierten) Szene in Pimens Zelle, die am 16. Januar 1879 in einem Konzert der Freien Musikschule gegeben wurde. Sie wurde von Rimskij-Korsakow geleitet, der einen interessanten Bericht über die Klavier- und Orchesterproben bei dieser Gelegenheit hinterlassen hat, denen Mussorgskij beiwohnte.[32] Somit hatte Mussorgskij bis zu seinem Tod so gut wie alle Musik gehört, die er für ‹Boris› geschrieben hatte, ausgenommen die St. Basiliusszene und die erste Fassung der Kremlszene, die er bei der Überarbeitung der Oper verworfen hatte.

Unterschiede der dramatischen Struktur

Wie die Oper ursprünglich im Jahre 1868/69 konzipiert wurde – zunächst unter dem Titel «Eine musikalische Darstellung in sieben Szenen» –, war sie folgendermaßen in vier «Teile» geteilt:

Erster Teil:
1. Szene – Vor dem Nowodewitschij-Kloster
2. Szene – Krönung

---

29 In einem Brief an Nadeschda Rimskij-Korsakow vom 28. Mai 1888 behauptet Stassow, daß der Zar persönlich die Wiederaufnahme der Oper verboten hatte, die für die kommende Marinskij-Spielzeit provisorisch geplant war. Siehe Russkaja Mysl, 1910, August, S. 137–138.
30 Stati i issledowanija, a.a.O., S. 166 ff.
31 Die Rimskij-Korsakow-Fassung war bereits am 7. Dezember 1898 in Moskau von Mamontows Privater Operngesellschaft im Solodownikow-Theater aufgeführt worden, wobei Schaljapin in der Titelrolle debütierte (vgl. Dokumentation S. 220–224).
32 Letopis, a.a.O., S. 121 (Kap. 15) (vgl. Dokumentation S. 191).

Zweiter Teil
1. Szene – Pimens Zelle
2. Szene – Schenke

Dritter Teil – Kreml

Vierter Teil
1. Szene – Vor der St. Basilius-Kathedrale
2. Szene – Boris' Tod

Ende 1869, als Mussorgskij eine Reinschrift des Librettos seiner vollendeten Oper anfertigte, um es den Theaterzensoren einzureichen, hatte er beschlossen, die «Teile» Aufzüge zu nennen.

Es ist nicht möglich, die genaue Chronologie der verschiedenen Formen zu bestimmen, die die Oper im Laufe ihrer Revision annahm. Mussorgskijs Absicht war anfangs, sie in fünf Aufzüge umzugießen – eine natürliche Entscheidung, wenn man sich erinnert, daß der Hauptunterschied die Hinzufügung eines neuen, in Polen spielenden Aktes in zwei Szenen war. In dieser Phase war die St. Basiliusszene noch als die vorletzte Szene der Oper beibehalten, und Mussorgskij änderte entsprechend den Titel auf seinem Klavierauszug von Vierter Teil, 1. Szene, zu Fünfter Aufzug, 1. Szene. In einer späteren Phase wurde der Plan zu einem Prolog und drei Aufzügen geändert. Zu diesem Zeitpunkt hatte er wenigstens drei wichtige Entscheidungen getroffen: 1. Verbindung der beiden Anfangsszenen zu einer einzigen (die später im Marinskij-Theater unter dem Titel ‹*Boris' Berufung zum Thron*› aufgeführt und in der gleichen Dekoration gespielt werden sollte), 2. Auslassung der Pimenszene (obwohl sie wesentlich revidiert worden war), um möglichen Einwänden der Zensoren vorzubauen, und 3. Ersetzung der St. Basiliusszene durch die Revolutionsszene. Diese neue Anordnung ergab das folgende Schema:

Prolog
1. Szene – Nowodewitschij und Krönung
2. Szene – Schenke

Erster Aufzug – Kreml

Zweiter Aufzug
1. Szene – Marinas Boudoir
2. Szene – Szene am Springbrunnen

181

Modest Mussorgskij zur Zeit der Fertigstellung der handschriftlichen Partitur der zweiten, überarbeiteten Fassung des ‹Boris Godunow› (1872).

Dritter Aufzug
1. Szene – Revolution
2. Szene – Boris' Tod

Die autobiographischen Partituren der vier neu komponierten Szenen – Kreml, Polen 1 & 2, Revolution – sind sämtlich diesem Plan entsprechend überschrieben, und diejenigen der schon vorhandenen Szenen wurden geändert. So wurde die Anfangsszene von «Erster Teil, 1. Szene» zu «Erster Teil des Prologs» geändert, Überschrift und Bühnenanweisungen der Krönungsszene wurden getilgt, und der letzte Takt trug die Notiz «Ende des ersten Teils des Prologs». Das neu komponierte Lied der Wirtin zu Beginn der Schenkenszene trägt die Überschrift «2. Szene» und die Notiz am Ende ist zu «Ende des zweiten Teils des Prologs» geändert. Schließlich wurde die Todesszene mit «Dritter Aufzug, 2. Szene» überschrieben, obgleich überraschenderweise keine Anzeichen vorliegen, daß ein früherer Titel ausgemerzt wurde. Dieser Plan wurde fernerhin geändert, als Mussorgskij sich entschied, die Reihenfolge der letzten zwei Szenen umzukehren; infolgedessen wurde nun die Todesszene «Dritter Aufzug, 1. Szene» und die Revolutionsszene «Dritter Aufzug, 2. Szene».

Als er im März 1873 daranging, den Klavierauszug zur Veröffentlichung vorzubereiten, hatte Mussorgskij noch eine andere Anordnung der Aufzüge und Szenen gewählt, eine Anordnung, die stark durch seinen Entschluß beeinflußt war, die Szene in Pimens Zelle in das Schema der Oper aufzunehmen, obwohl er bereits die Erlaubnis gegeben hatte, sie bei der Aufführung auszulassen. Auch hatte er sich entschieden, zu der ursprünglichen Trennung der ersten zwei Szenen zurückzukehren. Somit ist die veröffentlichte Anordnung – die seither als die maßgebliche akzeptiert worden ist – die der vorliegenden Ausgabe.

Selbst nach Veröffentlichung des Klavierauszugs erfolgte eine weitere, wenngleich nur vorübergehende Änderung der Anordnung. Da die Verbindung der zwei ersten Szenen, die Auslassung der Szene in Pimens Zelle und die Notwendigkeit einer Umbaupause vor der letzten Revolutionsszene bei der Aufführung im Marinskij-Theater die veröffentlichte Anordnung ernstlich störte, wurde die Oper dort in fünf Aufzügen gegeben, wobei die verbundenen Prologszenen und die Schenkenszene den ersten Aufzug, 1. und 2. Szene, und die Revolutionsszene einen gesonderten fünften Aufzug bildeten.

Aus der Entstehungszeit der Oper ‹Boris Godunow› sind nur wenige Briefe des Komponisten erhalten. Darunter befinden sich vier Briefe an Wladimir Stassow, die ein lebhaftes Zeugnis ablegen für Mussorgskijs launigen Briefstil.

Briefe Mussorgskijs an Wladimir Stassow über ‹Boris Godunow›

Den 10. August 1871

Jahrhunderte sind vergangen, mein Teurer, seitdem wir uns nicht mehr sahen und miteinander redeten. Niemand ist daran schuld, einzig und allein die Mißgunst der Geschicke. Ich aber habe Ihnen viel mitzuteilen in unseren Angelegenheiten und brenne darauf. Sie mit Augen zu schauen und mit meiner widerlich krächzenden Stimme Ihre Ohren zu martern. Der verbrecherische Zar «Boris» verübt ein gewisses «Arioso»[1] nach Ansicht der Herren Musici, insonderheit des «Laduischka»[2] benannten, sowie des dem Meeresgebraus entstiegenen Kriegers, der von Ihnen zu Recht in den Admiralsrang[3] erhoben ward. Höchst reizvoll ist dieses verbrecherische «Arioso» und es sticht recht unterhaltsam ins Ohr. Die Worte zu jenem Arioso aber wurden von mir zusammengebraut. Da es widerlich und langweilig ist, das Zähneklappern des Verbrechers zu sehen und zu hören, so stürzt gleich nach selbigem ein Häuflein Ammen[4] herein, und diese brüllen und heulen wirr durcheinander, so daß der Zar sie hinausjagt und den Sohn ausschickt, zu erfahren, warum die Weiber dort so keifen. Während der Sohn solches ausführt, erscheint ein Bojar, der Vertraute des Zaren, und hinterbringt ihm den Verrat Schuiskijs. Nachdem jener Spion verduftet ist, kehrt der Zarewitsch zurück und gibt auf Boris' Frage: «Nun, was geschah dort?» seine Papageierzählung zum besten.

Mit der Musik klingt dieses abgeschmackte Zeug so trefflich, daß oben benannte Musici ohne Unterlaß ihre Ohren spitzten, um sich an solchen Leckerbissen weidlich zu laben.

Ihr Mussorjanin

1 Gemeint ist der Monolog des Zaren.
2 Der Komponist Laduischenskij.
3 Korssakow war Marineoffizier.
4 Die Szene mit dem Geschrei der Ammen.

Oder vielleicht haben Sie mich inzwischen in Acht und Bann getan, doch die Ammen[5] mögen Ihnen zeigen, wie gründlich Sie bei mir in Hirn und Seele festsitzen.

NB. Da fällt mir ein, wurde nicht gerade dem Zaren Boris ein Papagei als neueste Neuheit des Zarenreiches zum Geschenk gemacht, stimmt das?

Dieser Papagei ist schon das siebte «Viech», das liebreich von mir besungen wurde; in historischer Reihenfolge sprangen aus Licht: 1. eine Elster[6], 2. ein Bock[7], 3. ein Käfer[8], 4. ein Enterich[9], 5. eine Mücke nebst Wanze[10], 6. ein Käuzchen nebst Spatz[11], 7. der bewußte Papagei.[12]

Sonnabend, den 11. September 1871

Allervortrefflichster, unvergleichlichster, fürtrefflicher Aufpflüger meines Hirns, dessen Mark Sie zu immer ersprießlicherer Vervollkommnung anspornen – hören Sie mich an! Für den Fall, daß wir uns heute beim Meister architektonischer Künste Hartmann nicht sehen sollten, verfasse ich diese Epistel. Worin sie besteht, darüber belehren unverzüglich folgende Absätze:

1. Gestern habe ich den lieben «Rubin» [Rubinstein] von Angesicht zu Angesicht gesehen – er dürstet ebenso begierig wie wir nach einer Zusammenkunft.

2. Er bestimmt für diese Angelegenheit den Mittwoch.

3. Er will Mittwoch mit seiner neuen Oper kommen und sie uns zeigen, als da sind: Dem General Bach [W. Stassow], Dimitrij Wassiljewitsch [Stassow], der Admiralität [Korsakow], Kwei [Cui] und mir großem Sünder.

4. Er nannte für die Zusammensetzung des Auditoriums auch Balakirew und Borodin, doch dürften diese schwerlich kommen.

5. Er will seine Oper selbst vortragen und bat inständig, daß niemand außer uns zugegen sei.

Infolgedessen wäre es nützlich zu wissen, wohin Rubin mit seiner Oper kommen soll, zu Ihnen oder zu Dimitrij Wassiljewitsch. Entscheiden Sie und lassen Sie es Rubin wissen (am besten persönlich). Er

5 Ebd.
6 Lied gleichen Namens.
7 Ebd.
8 Im Liederzyklus «Kinderstube».
9 Im ‹Boris Godunow›.
10 Ebd.
11 Lied gleichen Namens.
12 Im ‹Boris Godunow›.

*Modest Mussorgskij
nach einer Fotografie um 1873.*

soll im Hotel de France abgestiegen sein, und man darf annehmen, daß er morgens bis elf oder bis Mittag zu Hause ist. Rubin war *feurig zum Entzücken*; welch lebendiger und hinreißender Künstler!

Habe die Ehre, Ihro Gnaden kund zu tun, daß wir mit «Pimen»[13] eine Verkürzung vornahmen und daß wir in selbiger Szene Grischka[14] verbesserten (soll heißen: Grischka neu komponierten) und daß der Korsikanische Admiral [Korsakow] sagt, jetzt wäre es bedeutend und «meiner würdig». Augenblicklich wird ein Landstreicherlied[15] erwogen: neu, wirklich neu – das Neueste vom Neuen – wie wohl einem das tut! . . . Ihr Mussorjanin

Petrograd, den 28. Januar 1874

Teurer Generalissimus, ich flehe Sie an: bringen Sie die Geschichte mit dem Lorbeerkranz* nicht in die Presse. Es könnte sonst geschehen, was Sie am allerwenigsten wünschen: daß ‹Boris› vom Spielplan abgesetzt wird. Ich flehe Sie an, kraft Ihrer Liebe zu mir. Mussorjanin

Petrograd, den 6. Februar 1874

Mein teurer Generalissimus, teuer trotz allem und jedem! Ich war wütend, wie nur eine liebende Frau wütend sein kann; ich raste und tobte . . . jetzt bin ich nur noch bekümmert und unwillig, unwillig und bekümmert. Welch garstiger Artikel von Cui! Ich beginne vom Ende: kein wohlerzogener Mensch darf sich Frauen gegenüber so benehmen, wie Cui das mit seinem geschraubten Scharfsinn getan hat. Aber *Schimpf und Schande* demjenigen, der sich in der Presse, also öffentlich, über Frauen lustig macht, denen – wie ich hörte – nur zustimmende Sympathie für ihre kühne und entschlossene Handlungsweise zuteil wurde (was mich persönlich anbetrifft, so lege ich mir Schweigen auf, werde aber eine solche schöne Tat nie vergessen).

---

13 Gemeint ist die Klosterszene im ‹Boris›.
14 Abkürzung für Grigorij.
15 Offenbar für die Bettelmönche im Revolutionsakt des ‹Boris›.
* *Kurt von Wolfurt berichtet in seiner Mussorgskij-Biographie (1927) zu diesem Vorfall: «Mehrere Damen, Verehrerinnen Mussorgskijscher Musik, wollen dem Komponisten nach der ersten Aufführung einige Lorbeerkränze überreichen mit den Aufschriften ‹Urgewaltige Volkskraft erhob sich› (Worte aus der Revolutionsszene), ‹Heil dir und Ruhm für Boris› usw. Doch gestattet die Theaterdirektion nicht die Übergabe der Kränze. Die Damen beschweren sich durch eine Zuschrift an die Petersburger Nachrichten, und nun greift die Presse diesen harmlosen Vorfall auf, um über Mussorgskij herzufallen. Und Cui beteiligt sich an diesem Treiben und macht sich über den Komponisten und seine Lorbeerkränze mit hämischen Worten lustig.»*

Im Zorn gegen Sie[16], mein Teurer, wegen Ihrer Mißachtung meiner flehentlichen Bitte, war ich schroff – zum Teufel mit den Höflichkeiten! Ich *war häßlich* zu Ihnen im Theater, *meine Wut brachte mich fast von Sinnen.* Stolz wage ich zu bekennen, daß ich weder zu Mittag bei Dimitrij [Stassow], noch sogar im Theater mich Ihnen gegenüber kleinlich oder Ihrer Liebe unwürdig gezeigt habe. Ich wiederhole: was auch immer geschehen sein mag, ich kann mich nicht von Ihnen trennen, ich liebe Sie leidenschaftlich, und in Ihrem erbleichten Gesicht erspähte ich dieselbe Kraft der Liebe zu mir. Ich bedaure unseren Zusammenstoß keineswegs, er hat mich gestärkt und ermutigt – es ist gut und bedeutsam, wenn Menschen zuweilen so aneinandergeraten, ich habe Ihnen nichts vorenthalten und stehe vor Ihnen so wie ich bin.

So mußte denn offenbar der ‹Boris› erscheinen, um die Menschen in ihrer ganzen Erbärmlichkeit zu entlarven und um sich selbst kennenzulernen. Wie gehässig ist der Ton von Cuis Artikel! Welche kindische Glosse wegen der Weiber! Und dieser dünkelhafte Ausfall gegen die *Selbstzufriedenheit* des Komponisten! Hirnlosen Tölpeln dieser Art muß Bescheidenheit und jedes Fehlen von Überheblichkeit unverständlich bleiben, Eigenschaften, an denen es mir nie gefehlt hat und fehlen wird, solange mein Hirn noch nicht gänzlich ausgebrannt ist. Hinter diesen törichten Ausfällen und dieser geflissentlichen Lüge sehe ich nichts, als ob Seifendunst sich in der Luft verbreitet und alle Gegenstände verhüllt hätte.

Selbstzufriedenheit!!! Eilfertiges Komponieren! Unreife! . . . Wessen? . . . Wessen? . . . Das möchte ich gern wissen!

Doch hören Sie: Eine liebende Frau ahnt auf Grund verschiedener Anzeichen, was den geliebten Mann bedroht. Sie haben sich oft verschnappt: «Ich befürchte etwas von seiten Cuis aus Anlaß des ‹Boris›.» Ihr liebendes Vorgefühl hat nicht getrogen. Und nach solchen «donnernden» Wetterzeichen Ihrer Liebe sollte ich aufhören, Sie zu lieben? . . .! Vade retro satana!

Mussorjanin

---

16 Mussorgskij scheint in diesen aufregenden Tagen einen Zusammenstoß mit Stassow gehabt zu haben.

IV. Zur Werk- und Aufführungsgeschichte der Oper ‹Boris Godunow›

Nikolai Rimskij-Korsakow (1844–1908) spielt in der Werk- und Aufführungsgeschichte des ‹Boris Godunow› eine hervorragende und zugleich ästhetisch zwiespältige Rolle, da er die Oper des einstigen Freundes in einer Weise bearbeitete (1896 und 1908), die keinen Zweifel läßt an den unvereinbaren künstlerischen Positionen der beiden wesensverschiedenen Komponisten. Bereits der Ton, den Rimskij-Korsakow in seinen autobiographischen Aufzeichnungen über Mussorgskijs vermeintlich grob-dilettantische Satztechnik anschlägt, läßt aufhorchen; zumal wenn man bedenkt, daß noch bis zur Uraufführung des ‹Boris Godunow› (1874) Rimskij-Korsakow sich dem Balakirew-Kreis zugehörig fühlte. Er wurde aber dann zum dezidierten Abtrünnigen, indem er etwa ab 1875 systematisch akademische Satztechnik betrieb und später die Werke Mussorgskijs unter diesem Gesichtspunkt verschlimmbesserte, wenn auch in wohlmeinender Absicht. Dahinter verbirgt sich eine Kunstanschauung, die musikalische Professionalität nur mit vollkommener traditioneller Metierbeherrschung sich vorstellen kann, während die Eigenart Mussorgskijs gerade darin bestand, konzessionslos einen wahrhaftigen, realistischen musikalischen Ausdruck, jenseits der akademisch gesicherten Satztechnik, zu erfinden, ohne sich auf die eingefahrenen Gleise des überkommenen Metiers zu verlassen. Der Streit um die Fassungen des ‹Boris Godunow›, speziell die Frage, welche Instrumentation die bessere ist, konnte bis heute nicht eindeutig entschieden werden.

Nikolai Rimskij-Korsakow

Auszüge über ‹Boris Godunow›
aus der Autobiographie

In der gleichen Spielzeit* reichte Mussorgskij der Direktion der kaiserlichen Theater seinen ‹*Boris Godunow*› ein. Das Gutachterkomitee, bestehend aus dem Opernkapellmeister Náprawník, den Kapellmeistern des französischen und des deutschen dramatischen Theaters, Manjean und Betz, sowie dem Kontrabassisten Ferrero, lehnte das Werk ab. Das Neuartige, Ungewöhnliche der Musik brachte das ehrwürdige Komitee in Verlegenheit; unter anderem machte man dem Autor das Fehlen einer größeren Frauenrolle zum Vorwurf. In dieser ersten Fassung fehlte ja der Polenakt und folglich auch die Rolle der Marina. Viele Mäkeleien des Komitees waren einfach lächerlich; so regte sich zum Beispiel Ferrero über das Divisi der Kontrabässe auf, die in der Begleitung des zweiten Warlaam-Lieds in chromatischen Terzen zu spielen haben und so weiter. Mussorgskij zog, verärgert und gekränkt, seine Partitur zurück, doch nach reiflicher Überlegung entschloß er sich, das Werk noch einmal gründlich zu überarbeiten und zu ergänzen. Er entwarf den Polenakt in zwei Bildern und das Revolutionsbild bei Kromy; die Szene, in der berichtet wird, wie der falsche Dimitrij mit dem Bann belegt wurde («Ich stand an der Kirchentür und hörte den Diakon schreien: ‹Grischka Otrepjew – Anathema!›»), wurde herausgenommen, das Auftreten des Blödsinnigen aus dieser Szene in das Bild bei Kromy übertragen. Dieses Bild sollte zunächst an vorletzter Stelle rangieren; dann hat es der Komponist aber an den Schluß des Werkes gestellt. Mussorgskij arbeitete mit großem Eifer an der Umarbeitung, denn er wollte seinen ‹*Boris*› in dieser Form erneut der Theaterdirektion einreichen. [. . .]

Im Konzertwinter 1878/79 begann sich die Kasse der Musikalischen Freischule nach der einjährigen Flaute wieder zu füllen. Dank Balakirews Bemühungen entrichteten die Ehrenmitglieder ohne Unterbrechung ihre Beiträge. So konnten wir auch wieder Konzerte veranstalten. Ich kündigte für den Januar und Februar vier Anrechtskonzerte an. Die Programme waren wieder «gemischt». Folgende Werke wurden zum erstenmal aufgeführt: das Reigenlied von der Hirse, der Russalkenchor und das «Lied vom Bürgermeister» aus der ‹*Mainacht*›**,

---

* *Gemeint ist die Spielzeit 1869/70.*
** *Oper von Rimskij-Korsakow.*

*Nikolai Rimskij-Korsakow in einer Bleistiftzeichnung
des mit Mussorgskij befreundeten Malers Ilja Repin
aus dem Jahre 1888.*

‹Hamlet› von Liszt; der Chor aus Ljadows Finale der ‹Braut von
Messina›; die Arie des Kontschak, der Schlußchor und die Polowzer
Tänze aus Borodins ‹Fürst Igor›, die Szene im Tschudow-Kloster
(Pimen und Grigorij) aus ‹Boris Godunow› von Mussorgskij und die
‹Tschechische Ouvertüre› von Balakirew. [. . .]

Auf der Probe der Szene aus dem ‹Boris› benahm sich Mussorgskij
sehr merkwürdig. Das kam damals, wie schon erwähnt, häufig bei ihm
vor: Er war oft angetrunken, bekam Anwandlungen von Affektiertheit
und redete mitunter wirres, unverständliches Zeug. Auf dieser Probe
hörte er mit vielsagender Miene zu, wobei er sich meistens über die

191

Ausführung einzelner Instrumentalstimmen und die alltäglichsten, unbedeutendsten Phrasen freute; bald ließ er nachdenklich den Kopf sinken, bald warf er ihn, sich die Haare raufend, stolz zurück, dann wieder erhob er, wie es schon früher seine Angewohnheit war, mit theatralischer Geste die Hand. Dem Pianissimoschlag des Tamtams, mit dem am Schluß der Szene die Klosterglocke nachgeahmt wird, erwies er, die Hände vor der Brust gekreuzt, eine tiefe, ehrfurchtsvolle Verbeugung.

Dieser Probe war eine häusliche Aufführung der ‹Boris›-Szene bei W. I. Wassiljew I, dem Darsteller des Pimen, vorausgegangen. Ich studierte die Partien ein und begleitete am Flügel. Mussorgskij war auch anwesend. Während des anschließenden Abendessens betrank sich der Hausherr sinnlos und redete wirr. Mussorgskij aber verhielt sich normal. Den Grischka Otrepjew sang der Tenor Wassiljew II; er war das alte, gute Arbeitspferd der russischen Oper und übernahm von jeher die undankbarsten Aufgaben ohne eine Spur von Eigenliebe und Eitelkeit. Er hatte einmal eine sehr schöne Stimme gehabt, besaß reiche Bühnenerfahrung und sang alle Partien mit bewundernswürdiger Sicherheit; über diese Fähigkeiten hinaus legte er freilich keine besondere Begabung an den Tag. [. . .]

Nach Mussorgskijs Tode nahm ich seine gesamte musikalische Hinterlassenschaft – Manuskripte, Entwürfe, Skizzen – in meine Obhut, um sie in Ordnung zu bringen oder zu Ende zu führen und zur Veröffentlichung vorzubereiten. Während Mussorgskijs letzter Krankheit wurde, auf Drängen W. W. Stassows und mit dem Einverständnis des Komponisten, T. I. Filippow als sein Testamentsvollstrecker berufen, denn nur so konnten wir uns im Falle seines Ablebens gegen etwaige Verzögerungen oder Erschwernisse bei der Herausgabe durch Intervention der Verwandtschaft des Verstorbenen von vornherein sichern. Mussorgskijs Bruder Filaret hatten wir fast völlig aus den Augen verloren, und so konnten wir nicht wissen, wie er über das weitere Schicksal der Werke Modest Petrowitschs dachte. Daher hielten wir es für das beste, einen materiell nicht interessierten Verehrer des Komponisten, wie es Filippow war, mit der Nachlaßverwaltung zu betrauen. Bald nach Mussorgskijs Tode setzte sich Filippow mit der Edition Bessel in Verbindung und überließ ihr die Rechte an sämtlichen Werken; die Firma verpflichtete sich, sie vollständig und so schnell wie möglich zu veröffentlichen. Irgendwelche Honorare zahlte sie nicht. Und ich begann sofort, alle von mir für geeignet befundenen Werke des verstorbenen Freundes durchzusehen, zu revidieren oder zu voll-

Modest Mussorgskij kurz vor seinem Tode (28. März 1881), gemalt von seinem Freund Ilja Repin. Mit Repin und anderen Vertretern der Petersburger realistischen Malerei verband Mussorgskij nicht nur Freundschaft, sondern auch die grundsätzliche ästhetische Anschauung von der Wahrheit und Aufrichtigkeit des dargestellten Lebens.

enden und sie unentgeltlich Bessel zuzustellen. Über dieser Arbeit vergingen die nächsten anderthalb oder zwei Jahre. Die Hinterlassenschaft umfaßte folgende Kompositionen bzw. Entwürfe: die nicht ganz zu Ende geführte und – bis auf einige wenige Abschnitte – noch nicht instrumentierte Oper ‹Chowanschtschina›, Skizzen zu einigen Teilen des ‹Jahrmarkts von Sorotschinzy› (die Lieder Chiwrias und Parassjas waren bereits gesondert erschienen); zahlreiche Lieder jüngsten und älteren Datums, sämtlich vollendet; die Chöre ‹Die Niederlage Sanheribs› und ‹Josua›, der Chor aus ‹Ödipus› und der Mädchenchor aus ‹Salambo›; ‹Eine Nacht auf dem Kahlen Berge› in mehreren Fassungen; das Scherzo B-Dur, das Intermezzo h-Moll («in modo classico») und der ‹Marsch mit Trio alla turca› As-Dur; ferner verschiedene Volksliedaufzeichnungen, frühe Skizzen und das Sonatenallegro C-Dur für Klavier zu vier Händen aus den Jugendjahren des Komponisten. Alle diese Kompositionen waren in einem äußerst unfertigen Zustand; häßliche, unzusammenhängende Harmonien wechselten mit ungereimter Stimmführung, die Modulationen waren stellenweise schrecklich unlogisch, zum Teil gab es überhaupt keine Modulationen, die Orchestersachen waren denkbar unglücklich instrumentiert – alles in allem das Zeugnis eines verwegenen, mit Selbstüberschätzung gepaarten Dilettantismus. Die zweifellos vorhandenen Elemente technischer Gewandtheit und Raffinesse wurden überdeckt von solchen völligen technischen Unvermögens. Dennoch ließen die meisten dieser Kompositionen ein starkes Talent erkennen, dennoch waren sie so eigenartig, so neu und lebendig, daß ihre Publizierung unumgänglich erschien. Sie mußten freilich vorher von kundiger Hand in Ordnung gebracht werden, wenn die Veröffentlichung nicht nur von biographisch-historischer Bedeutung sein sollte. Für den Fall, daß Mussorgskijs Werke noch fünfzig Jahre nach seinem Tode unverblaßt und lebendig sind und es sich jeder Verleger zur Ehre anrechnen wird, sie vollständig und in ursprünglicher Gestalt zu veröffentlichen, dann kann man eine solche wissenschaftlich-historische, «archäologische» Ausgabe jederzeit veranstalten, denn die Autographen gingen, nachdem ich sie für meine Arbeit nicht mehr brauchte, samt und sonders an die Petersburger Öffentliche Bibliothek. Zu jener Zeit jedoch kam es einzig auf eine praktische Ausgabe an, die den aktuellen künstlerischen Bedürfnissen diente: der Aufführung der Werke Mussorgskijs und dem Kennenlernen seines gewaltigen Talents, nicht aber dem Studium seiner Persönlichkeit und seiner künstlerischen Sünden. [. . .]

Nur eines möchte ich noch hinzufügen: Mit Ausnahme der gänzlich unbrauchbaren Skizzen und Bruchstücke habe ich alle diese Werke persönlich und in eigener Verantwortung durchgesehen, überarbeitet, instrumentiert, für Klavier übertragen, eigenhändig abgeschrieben und nach Fertigstellung der Edition Bessel zugesandt, wo sie unter meiner Redaktion und meinem Korrektorat gedruckt wurden. [. . .]

Im Winter (Februar/März 1889) erlebte Petersburg ein bedeutsames musikalisches Ereignis: Im Marinskij-Theater führte der Prager Theaterunternehmer Angelo Neumann mit seinem deutschen Tourneetheater unter der Leitung von Karl Muck den ‹Ring des Nibelungen› auf. Das ganze musikalische Petersburg bekundete starkes Interesse. Ich besuchte mit Glasunow sämtliche Proben, wo wir jeden Takt an Hand der Partitur verfolgten. Muck, ein vorzüglicher Dirigent, studierte Wagner sehr sorgfältig ein; unser Orchester war ganz bei der Sache und setzte Muck durch seine Reaktionsschnelligkeit und sein Anpassungsvermögen in Erstaunen. Von Wagners Orchesterbehandlung waren ich und Glasunow außerordentlich beeindruckt, und von nun an machten wir uns nach und nach die Methoden seiner Instrumentationskunst zu eigen. Meine erste Arbeit mit einer an Wagner orientierten Orchesterbehandlung und mit Verwendung eines nach Wagnerschem Vorbild im Bläserchor verstärkten Orchester war die Instrumentierung der Polonaise aus ‹Boris Godunow› zum Zwecke einer konzertanten Aufführung. Diese Polonaise war, was den Orchestersatz anlangt, eine der schwächsten Stellen der ganzen Oper; Mussorgskij hatte sie nämlich für die Aufführung des Polenaktes im Jahre 1873 fast ausschließlich für Streicher instrumentiert. Er war auf die unglückliche und durch nichts zu rechtfertigende Idee verfallen, auf diese Weise die «vingt-quatre violons du Roi» (die Hofkapelle Ludwigs XIV.) nachzuahmen. Welche Beziehung dieses Hoforchester zu den Zeiten des falschen Dimitrij und zu dem damaligen Polen gehabt haben soll, ist unerfindlich. Es war einer der wunderlichen Einfälle Mussorgskijs. Die damalige Aufführung der Polonaise à la «vingt-quatre violons du Roi» entbehrte jeder Wirkung, weswegen sie Mussorgskij zur Aufführung der ganzen Oper im nächsten Jahr neu instrumentierte. Doch abermals kam nichts Rechtes dabei heraus. Und so entschloß ich mich, die ohne Frage ausdrucksvolle, schöne Polonaise zu einem selbständigen Konzertstück umzuarbeiten, denn der ‹Boris› selbst wurde ja ohnehin nicht mehr aufgeführt. – Ich bin auf diese im Grunde recht kleine Arbeit deswegen etwas näher eingegangen, weil sie den ersten Versuch auf meinem Wege zu einer neuen Instrumentationskunst darstellt. [. . .]

Im November 1904 ging am Marinskij-Theater ‹Boris Godunow› in meiner Bearbeitung und mit Schaljapin in der Titelrolle in Szene. Dirigent war Felix Blumenfeld. Zum erstenmal spielte man die Oper ungekürzt, doch dann wurde, vermutlich im Hinblick auf die überall beginnenden politischen Unruhen, die Szene «Bei Kromy» herausgestrichen.

Mit meiner Bearbeitung und Instrumentation des ‹Boris›, den ich jetzt zum erstenmal von einem großen Orchester hörte, war ich unsagbar zufrieden. Die fanatischen Mussorgskij-Verehrer schienen etwas daran zu vermissen und rümpften ein wenig die Nase ... Ihnen sei noch einmal gesagt, daß ich mit meiner Bearbeitung des Werkes die alten Fresken ja nicht für immer übermalt habe. Sollte man einst zu der Überzeugung gelangen, daß das Original besser und wertvoller ist, so wird man diese Bearbeitung beiseite legen und den ‹Boris› nach der Originalpartitur aufführen.

Nikolai Rimskij-Korsakow über seine Bearbeitung des ‹Boris Godunow›

Vorwort zur Ausgabe von 1896

Das vor 25 Jahren geschriebene musikalische Volksdrama ‹Boris Godunow›, rief bei seinem ersten Erscheinen auf der Bühne und im Druck zwei entgegengesetzte Meinungen im Publikum hervor. Das große Talent des Komponisten, sein Eindringen in das Volksgemüt und in den Geist der historischen Epoche, das Lebendige der Szenen und Charaktere, die Lebenswahrheit der dramatischen und komischen Elemente und die treffend aufgefaßte volkstümliche Seite im Verein mit den originellen musikalischen Absichten und Kunstmitteln erweckte das Entzücken und Staunen des einen Teils im Publikum – die unpraktischen Schwierigkeiten, das Abgerissene der melodischen Phrasen, die Unbequemlichkeiten im Satz der Singstimmen, die Härten in den Harmonien und Modulationen, die Fehler in der Stimmführung, die schwache und dürftige Instrumentierung und die überhaupt schwache technische Seite des Werkes riefen dagegen beim anderen Teil des Publikums einen Sturm von Spott und Tadel hervor. Die erwähnten technischen Mängel verdeckten für die einen nicht nur die großen Vorzüge des Werkes, sondern auch das Talent des Autors selbst und – andererseits, diese selben Mängel wurden von einigen dem Komponisten fast als Vorzug und Verdienst angerechnet.

Seitdem ist viel Zeit verflossen; die Oper wurde entweder gar nicht oder nur höchst selten aufgeführt, das Publikum war daher nicht imstande, die aufgestellten entgegengesetzten Meinungen einer vorurteilslosen Prüfung zu unterziehen.

Die Oper wurde sozusagen unter meinen Augen komponiert. Die Absichten des Komponisten und der Entwicklungsgang ihres Entstehens können niemand so gut bekannt sein als mir, der ich in engen freundschaftlichen Beziehungen zu Mussorgskij stand.

Mussorgskijs Talent und sein Werk hochschätzend und sein Andenken ehrend, entschloß ich mich, eine Bearbeitung der Oper in technischer Hinsicht sowie eine Uminstrumentierung derselben vorzunehmen. Ich bin überzeugt, daß meine Bearbeitung und Instrumentierung auf keinen Fall den eigentümlichen Charakter des Werkes und die kühnen Absichten des Komponisten verändert haben und daß die Oper auch in meiner Bearbeitung vollständig ein Werk Mussorgskijs bleibt, daß aber die vorgenommene Redigierung der technischen Seite die hohe Bedeutung der Oper in ein helleres Licht rücken und die dem Werk gemachten Vorwürfe entkräften wird.

Angesichts der großen Länge der Oper habe ich bei ihrer Bearbeitung einige Kürzungen vorgenommen. Derartige Streichungen geschahen übrigens noch zu Lebzeiten des Autors bei der Aufführung seiner Oper.

Die vorliegende Ausgabe annulliert durchaus nicht die Originalausgabe; das ganze Werk bleibt vielmehr in seiner ursprünglichen Gestalt erhalten.

St. Petersburg, den 1. Mai 1896   N. Rimskij-Korsakow

Vorwort zur Ausgabe von 1908

Für die vorliegende Ausgabe der Oper ‹Boris Godunow› habe ich diejenigen Auftritte und Stellen bearbeitet und instrumentiert, die in der vorigen Ausgabe wegen der allzu großen Länge des Werkes ausgelassen waren, und zwar: 1. Pimens Erzählung vom Leben der Zaren, 2. die Szene zwischen Boris und Fjodor an der Karte des moskowitischen Reichs, 3. die Erzählung Fjodors vom Papagei und die Szene zwischen Boris, Fjodor und Schuiskij, 4. die Szene mit dem Glockenspiel, 5. die Szene zwischen Rangoni und dem falschen Dimitrij und 6. den Monolog Dimitrijs.

Diese, im Verhältnis zum Gesamtwerk, bedeutungsloseren Szenen sind dessen ungeachtet von großem musikalischem und dramatischem

Interesse und können, dem Wunsche und der Auswahl der ausführenden Künstler entsprechend, eine jede einzeln in die Gesamtaufführung eingeschaltet werden. Auf diese Weise erscheint in vorliegender Ausgabe das musikalische Volksdrama Mussorgskijs in seiner vollständigen Gestalt, ohne alle Kürzungen.

St. Petersburg, den 12. Mai 1908   N. Rimskij-Korsakow

Oskar von Riesemann*

Rimskij-Korsakows Bearbeitung des ‹Boris Godunow›

Die Bearbeitung der ‹*Chowanschtschina*› war eine Notwendigkeit gewesen, die des ‹*Boris Godunow*› war es nicht. Die Partitur des ‹*Boris*› hatte der Verfasser bis zum letzten Taktstrich selbst fertiggestellt, und das Werk war in dieser Gestalt erfolgreich aufgeführt worden. Freilich ließ sich nicht leugnen, daß es im Orchestersatz manche Unbeholfenheiten aufwies, denn es war der erste ernsthafte Versuch des Komponisten auf diesem Gebiet. Wenn sich der Bearbeiter darauf beschränkt hätte, in der Orchestrierung die notwendigen und wünschenswerten Verbesserungen anzubringen, so hätte die Nachwelt ihm nichts als Dank und Anerkennung dafür gezollt. Wie die Dinge jedoch liegen, ist es schwer, sich dem Vorgehen Rimskij-Korsakows gegenüber eines Gefühls zu erwehren, das nicht weit von Entrüstung entfernt ist. Gemildert wird diese Empfindung hier nur durch die Erwägung, daß Rimskij-Korsakow die feste Überzeugung hegte, dem verstorbenen Komponisten und dessen Werk durch seine Bearbeitung einen wirklich künstlerischen Freundschaftsdienst zu erweisen.

Den ersten Anstoß zu der Bearbeitung des ‹*Boris*› bot der Wunsch, die prachtvolle Polonaise daraus zum Konzertgebrauch zurechtzumachen. Rimskij-Korsakow hatte damals, das heißt Ende der achtziger Jahre, nähere Bekanntschaft mit den Partituren Wagners gemacht und war überrascht von den neuen Aussichten, die der Wagnersche Orchesterstil der Musik in bezug auf die Klangwirkung des Orchesters, ihre Abtönung und Färbung eröffnete. Die erste praktische Anwendung der neugewonnenen Einsichten, besonders bei der Verwendung der

---

* *Siehe S. 147.*

Messinggruppe, war die glanzvolle, tatsächlich in reinstem Wagner-Stil gehaltene Instrumentierung der Polonaise aus ‹*Boris Godunow*›.*

Die gelungene Uminstrumentierung der Polonaise brachte Rimskij-Korsakow auf den Gedanken, das ganze Werk, das er «haßte und vergötterte», einer gründlichen Revision zu unterziehen, wohl um alle ihm mißliebigen Elemente aus der Partitur zu entfernen, aber auch um alle jene Stimmen zum Schweigen zu bringen, die, wie er selbst glaubte, mit Recht dem Werk «unpraktische Schwierigkeiten, Abgerissenheit der melodischen Phrasen, Unbequemlichkeiten im Satz der Singstimmen, Härten in den Harmonien und Modulationen, eine schwache und dürftige Instrumentierung, kurz, technische Mängel in großer Zahl» vorwarfen. Er hielt es für seine Aufgabe, diesen technischen Mängeln abzuhelfen, und war, wie er im Vorwort zu dem nach seiner Bearbeitung hergestellten Klavierauszuge klar und deutlich ausspricht, überzeugt davon, daß «die vorgenommene Säuberung und Regelung der technischen Seite» «die hohe Bedeutung der Oper bloß in ein helleres und allen zugängliches Licht rücken und alle Vorwürfe gegen dieses Werk beseitigen» würde. Seine Einstellung zur vorgenommenen Arbeit war, wie man schon aus dem oben angeführten Zitat ersieht, grundsätzlich eine andere als bei der ‹*Chowanschtschina*›. Hatte er sich dort so in die Seele des Komponisten versenkt, daß er zeitweilig nicht wußte, ob er Rimskij-Korsakow oder Mussorgskij war, und sich bemüht, aus dem Geiste des Verfassers heraus zu *schaffen,* so setzt er sich hier, ohne sich einen Augenblick im Zweifel darüber zu sein, daß er Rimskij-Korsakow war, mit strenger Miene an den Schreibtisch, um zu *korrigieren.* Leider, leider ist er dabei oft mit bedauerlicher Blindheit geschlagen gewesen und hat einige der schönsten und zartesten Blüten der Inspiration Mussorgskijs seinem akademischen Seziermesser zum Opfer gebracht; besonders wenn er die Rezitative dieses Meisters musikalischer Sprechkunst «kantabler» macht oder sogar den psychologischen und logischen Verlauf einer dramatischen Szene ins direkte Gegenteil verkehrt, wie zum Beispiel in dem Duett Marinas und des Pseudodemetrius an der Fontäne, die bei Mussorgskij, unter dem hämischen Spottgelächter des Jesuiten Rangoni, in verhauchendem Liebesgeflüster ausklingt, während sie sich bei Rimskij-Korsakow zum Fortissimo einer konventionell-opernhaften Bravour steigert, was zwar einen Aktschluß von billiger Wirkungskraft ergibt, künstlerisch jedoch unendlich viel gröber ist als die feine dramatische Pointe Mussorgskijs.

Völlig mißglückt sind auch viele von den rhythmischen «Vereinfa-

* *Vgl. Dokumentation S. 195.*

chungen», die Rimskij-Korsakow, wohl hauptsächlich den Kapellmeistern zuliebe, an der Partitur des ‹Boris› vorgenommen hat. Er hat ihnen damit jedoch zumeist einen Bärendienst erwiesen, weil die Verlegung des melodischen Schwerpunkts auf Taktteile, wo er nicht hingehört, das Gefühl verleiht, als müsse gegen Takt und Melodie dirigiert werden. Das auffallendste Beispiel dafür ist gleich das erste Thema des Vorspiels, das bei Mussorgskij mit dem ersten, stärksten Taktteil der vier Viertel beginnt, während Rimskij-Korsakow es um zwei Viertel verschoben hat, wodurch es beständig nachzuhinken scheint; oder das Eingangslied der Schenkwirtin vom Enterich in der «Szene an der litauischen Grenze»: Rimskij-Korsakow sperrt den Enterich in den Käfig eines streng mensurierten Zwei-Viertel-Takts ein, während er bei Mussorgskij vergnügt und ungehindert durch die Gitterstäbe der Taktstriche umherfliegt. Diese Beispiele ließen sich noch um viele andere vermehren.

Unzureichend begründet waren auch die umfangreichen Streichungen, die Rimskij-Korsakow in der Ausgabe seiner Bearbeitung vom Jahre 1896 angebracht hatte. Das sah er später selbst ein und stellte sie in der Ausgabe von 1908 in der Hauptsache wieder her. Es handelte sich um sechs große Szenen: Pimens Erzählung vom Leben des Zaren, die Szene zwischen Boris und Fjodor an der Karte des moskowischen Reichs, die Erzählung Fjodors vom Papagei nebst der Szene zwischen Boris, Fjodor und Schuiskij, die Uhr mit dem Glockenspiel, die Szene zwischen Rangoni und dem Pseudodemetrius und den Monolog des Usurpators an der Fontäne. Nur die erste Szene der Kinder des Boris vor der Uhr mit dem Glockenspiel ist auch in der zweiten Ausgabe weggeblieben. Ein schlimmer Gewaltstreich war es, daß Rimskij-Korsakow, entgegen dem ausdrücklichen Wunsch des Verfassers, die beiden letzten Bilder des Musikdramas umstellt, das heißt nicht mit der Revolutionsszene «im Wald bei Kromy», sondern mit dem Tod des Boris abschließt.

Endlich läßt sich leider nicht sagen, daß in dieser Partitur Rimskij-Korsakows die Vorzüge der Instrumentierung alle sonstigen Mängel der Bearbeitung im Überfluß wiedergutmachen. Der Orchestersatz an und für sich ist meisterhaft, wie das bei Rimskij-Korsakow gar nicht anders sein kann, doch will das glanzvolle, sorgsam polierte Klangbild nicht immer recht zu den mitunter rauhen und einfachen Umrissen der Musik passen. Das Studium Wagners hat sich dieser Partitur in bezug auf die Reinheit des Stils eher verhängnisvoll als nutzbringend erwiesen. Rimskij-Korsakow hat die mit Feuereifer begonnene Arbeit am ‹Boris› nur ungern, gleichsam unter dem Druck einer schweren Last, zu Ende geführt. Er gesteht in seiner ‹Chronik meines musikalischen Lebens› seinen «Widerwillen gegen diese unangenehme Arbeit» unumwunden ein. Vielleicht erklären sich aus dieser Unlust, bei aller Gewissenhaftigkeit, die augenfälligen Übertreibungen seiner «verbessernden» Hand, psychologisch wäre das durchaus verständlich.

Alles in allem läßt sich die Berechtigung der mißbilligenden Stimmen, die sich gegen diese Bearbeitung erhoben haben, nicht völlig in Abrede stellen, obwohl sie vielfach ebenso übertrieben sind, wie der Eifer des Bearbeiters es war. Solange die Originalpartitur des Komponisten im Archiv des Marinskij-Theaters verborgen bleibt, ist man jedenfalls auf die Bearbeitung Rimskij-Korsakows angewiesen. Versuche musikalischer Handlanger, das Werk nach dem Klavierauszug Mussorgskijs neu zu instrumentieren und die Oper in solch einer Gestalt auf die Bühne zu bringen, wie das im Jahre 1924 in der lettischen Nationaloper in Riga geschah*, sind natürlich von vornherein zu einem Mißerfolg verurteilt, denn gegen die satztechnische Meisterschaft, die sich immerhin in jedem Takt der Korsakowschen Bearbeitung offenbart, könnte nur ein Korsakow in jeder Beziehung ebenbürtiger Gegner in die Schranken treten, was sich in absehbarer Zeit jedoch schwerlich ereignen dürfte.**

Ein großes Verdienst der Tat Rimskij-Korsakows ist es unstreitbar, daß sie unermeßlich viel zur Verbreitung der Kunst Mussorgskijs beigetragen hat. In dieser glatten Schale war der rauhe Kern der ursprünglichen Gestalt jedem willkommen. Der Bearbeitung des ‹Boris Godunow› von Rimskij-Korsakow war ein Siegeszug durch die ganze Welt beschieden. In Rußland fand die erste Aufführung des ‹Boris› in dieser neuen Fassung im Herbst 1904 im Marinskij-Theater zu Petersburg statt***, wobei Schaljapin aus dem unglücklichen Zaren Boris eine Bühnenfigur von unüberbotener Eindruckskraft schuf. Seither steht das Werk auf dem Spielplan aller großen russischen Opernbühnen an einem der ersten Plätze.

Von Petersburg fand es rasch seinen Weg in alle Hauptstädte Europas, bald auch über den Ozean hinaus nach Amerika, wo es in New York eine der beliebtesten Repertoireopern des Metropolitan-Opernhauses wurde. Auch in Deutschland hat sich das Werk im Laufe zweier Jahre die Bühne fast aller größeren Städte erobert. Die erste deutsche Aufführung fand am 29. Oktober 1913 in Breslau statt.

* *Die Instrumentation hatte der lettische Komponist Meligailis besorgt.*
** *Es ereignete sich in den Jahren 1939/40, als Dimitrij Schostakowitsch seine Neuinstrumentation des gesamten Quellenmaterials schuf. Vgl. Dokumentation S. 213.*
*** *Vgl. Dokumentation S. 195.*

Igor Glebow*

Der ‹Ur-Boris› in Leningrad

Die Neuaufführung der Oper Mussorgskijs in der Originalfassung des Autors auf der Bühne der Staatlichen Akademischen Oper in Leningrad unter der Leitung des energischen Dirigenten Wladimir Dranischnikow gestaltete sich zu einem außerordentlichen künstlerischen Ereignis. Keine der Neuaufführungen zeitgenössischer Opern in der letzten Zeit weckte so lebhafte Äußerungen und Streitigkeiten. Keine hat soviel Haß seitens der rückschrittlichen musikalischen Kreise hervorgerufen, insbesondere seitens der Vertreter der Schule Rimskij-Korsakows, die seit dem Tode ihres Meisters (1908) auf einem Punkt völliger Erstarrung stehengeblieben waren. Der «alte» ‹Boris Godunow› erwies sich als neu, dank der Wiederherstellung seines ursprünglichen Antlitzes, und rüttelte sogar jene Musiker auf, die die ganze Entwicklung der modernen Musik seit den symphonischen Dichtungen Richard Strauss' glücklich verschlafen hatten. Was ist der Grund dessen? Warum gewinnt die Musik Mussorgskijs, die in den siebziger Jahren kühn erschien, plötzlich im neuen Rußland Leben und findet begeisterte Aufnahme bei der Jugend und der ganzen Gesellschaft, der Streitigkeiten über musikalische Formen sonst fremd sind?

Die Antwort darauf gibt nicht nur die Musik, sondern auch die wirkungsvolle, dem Geist des Autors entsprechende Inszenierung der Oper durch den Regisseur Radlow und den Maler Dimitrijew. Beide bemühten sich, Mussorgskij dadurch nahe zu kommen, daß sie in ihm den großen Vertreter der revolutionären Bewegung für das Volk erblickten. Das in der Musik verkörperte historische Drama bemühten sich Radlow und Dimitrijew derart szenisch zu formen, daß die Idealisierung der alten Zeit und des «nationalen Geistes», sowie jede Tendenz zu historischer Reaktion und Liebäugeln mit der Vergangenheit vermieden wird. Die Kraft Mussorgskijs liegt in der tiefen Wahrhaftigkeit des Ausdrucks. Die Sprache seiner Musik ist herb und streng, deshalb bedurfte sie der Milderung und Glättung seitens Rimskij-Korsakows; denn die frühere Gesellschaft war nicht geneigt, die grausame Wahrheit über die alte Zeit und das durch die Verzweiflung zum Aufstand getriebene Volk zu hören. Sie war gewöhnt, die alte Zeit durch die rosafarbene Brille rein kindlicher Neugierde zu betrachten, nur die Schönheit der alten Kunst zu sehen und die alten Lebensformen zu idealisieren.

---

* *Pseudonym für Boris Assafjew. Vgl. Dokumentation S. 143.*

Szenenbild von der Leningrader Uraufführung der ersten Fassung des ‹Boris Godunow› (sogenannter ‹Ur-Boris› von 1869), die jedoch gemischt wurde mit dem Polen-Akt und der Revolutionsszene aus der Fassung von 1872. Die Aufführung fand am 16. Februar 1928 statt und wollte die Schlagkraft der Originalinstumentation Mussorgskijs erstmals unter Beweis stellen.

Radlow und Dimitrijew brachen schroff mit diesen Traditionen. Vor uns ragen die massiven Festungsmauern des Kreml, an denen sich kraftlos die Flut der Volksmassen bricht, rohe und mächtige Türme, Kirchen und Paläste, beleuchtet von purpurnem Licht oder tiefer, dämmernder Bläue. Kein einziger milder oder weißer Strich, keine Spur einer Konzession an das bürgerliche Schönheitsbedürfnis. In den harten Händen der unumschränkten Macht ruht zusammengepreßt der Wille des Volkes. In der neuen Szene bei der Kirche des heiligen Wassilij, wie man ähnliches hier noch nie gesehen hat, stürzt das hungrige und kaum noch durch das Gefühl der Furcht gebändigte Volk zum Zaren mit dem Verlangen nach Brot. In der letzten Szene der Oper, in der Szene bei den «Pod Kromanu», beherrscht sich das Volk nicht mehr, sondern rast in einem elementaren, durch die Musik bis an die äußerste Grenze der Erregung gesteigerten Aufruhr einher. Dem

Regisseur Radlow gelang es, dieses Crescendo der Volkswut durch die ganze Oper zu führen und in der letzten Szene einen kolossalen Ausbruch der Volksempörung zu gestalten. Bisher hat die Dynamik der Volksmassen, die Mussorgskij musikalisch so tief erfaßt hat, noch nie eine so starke szenische Verkörperung gefunden, die zugleich auf das genaueste dem musikalischen Ausdruck folgt.

‹Boris Godunow› ist eine Oper der Chöre. Mussorgskij beherrschte in hohem Grade die Kunst der Stimmführung des Chors, und als die Chöre so klangen, wie sie ursprünglich geschrieben waren, ohne die formalen Retuschen und Milderungen Rimskij-Korsakows, brachten sie einen hinreißenden Eindruck hervor. Das ganze Theater atmete den Hauch der Volksszene auf der Szene mit, nicht zuletzt dank dem Enthusiasmus, den unser Opernchor der Musik Mussorgskijs widmete, da er sich in dem ihm heimischen gesanglichen Element fühlte. Besondere Erwähnung verdient die gewaltige Leistung des Chormeisters Maratow, eines feinfühligen Musikers, der so viel Energie und Liebe an die Sache wandte.

Schließlich das Orchester. Man darf annehmen, daß die Legende von der Hilflosigkeit Mussorgskijs in der Technik der Instrumentierung nunmehr endgültig widerlegt ist. Überall in der Partitur des ‹Boris› zeigt sich die Bewußtheit eines jeden Schrittes und die klare Bestimmtheit der Erfindung. Aber das Orchester des ‹Boris› ist kein selbständiges Symphonieorchester, sondern das Orchester einer Gesangsoper. Es läßt den Singstimmen die Möglichkeit, sich leicht und frei zu entfalten. Die Worte heben sich wie Reliefs vom instrumentalen Hintergrund ab. Dieses Orchester schmiegt sich der dramatischen Handlung an, es folgt den emotionellen Zuständen und Erlebnissen der Akteure und spiegelt auch ihre Bewegungen und ihren Charakter wieder. In einer Reihe von Szenen (in der Zelle, in der Schenke, in der Szene beim Brunnen) überrascht die Instrumentierung geradezu durch die Feinheit und Geschicklichkeit, mit der sie den inneren und äußeren Verwicklungen der Handlung folgt. Freilich, das Orchester des ‹Boris› ist kein modernes Orchester, aber es soll auch keines sein. Die Partitur des Autors hat ihre vollkommen selbständige Daseinsberechtigung und bedarf durchaus keiner Verbesserungen.

Zum Schlusse meines kurzen Berichts muß ich nochmals auf das die ganze Aufführung beherrschende Zentrum hinweisen, von dem aus die ganze Aufführung Energie, Begeisterung, unerschütterlichen Glauben an das Werk und männliche Beharrlichkeit in der Verfolgung des gesteckten Ziels empfing: ich meine den Dirigenten Wladimir Dranischnikow, der mit seiner Begeisterung alle seine Mitarbeiter erfüllte.

Iwan Sollertinskij (1902–44) war eine der herausragenden Persönlichkeiten der frühen sowjetischen kunstwissenschaftlichen Publizistik. Er war auf den Gebieten der Musik- und Theatergeschichte, als Philologe, Kritiker, Pädagoge, Lektor, Organisator und Kulturpolitiker tätig. Schon mit dem jungen Dimitrij Schostakowitsch befreundet, machte er sich als Propagandist von dessen experimentellem Frühwerk einen Namen. Schostakowitsch schrieb über ihn: «Sollertinskij war ein unermüdlicher Denker und Wissenschaftler, ein origineller Publizist und zugleich ein packender Theoretiker. Es hatte den Anschein, als spreche er unnötig schnell und nervös, als sei er ständig in Eile oder jage immer irgend etwas hinterher, und manchmal kam er sogar außer Atem dabei. Aber das lag nur daran, daß Wörter, Sprache und Zunge nicht Schritt halten konnten mit dem ungestümen Lauf seiner Gedanken, die stets originell und überzeugend waren.» Sein Aufsatz über die Originalfassung des ‹Boris Godunow› entstand aus Anlaß der Leningrader Aufführung vom 5. Juni 1939 im Mali-Theater.

Iwan Sollertinskij

‹Boris Godunow› von M. P. Mussorgskij

(1939)

1

Mussorgskijs ‹Boris Godunow› in der Originalfassung gehört zu den *neuartigsten* Werken der Weltmusikkultur. Der Komponist hat hier total mit der Meyerbeerschen Behandlung der historischen Ebene der Oper als eines dekorativen Hintergrunds gebrochen, auf dem sich die uralten Peripetien einer standardisierten, jeder Epoche gefälligen romantischen Intrige entspinnen, er hat sich anregen lassen von dem genialen Beispiel einer «heroisch-tragischen Vaterlandsoper», Glinkas ‹Iwan Sussanin›, und entwickelt einen neuen Typus der historischen Oper – als musikalische Tragödie von Volksschicksalen. «Ich verstehe das Volk als eine große Persönlichkeit, beseelt von einer gemeinsamen Idee. Das ist meine Aufgabe. Ich habe versucht, sie in der Oper zu lösen», schreibt er im Jahre 1874.

Gerade das Volk, das «eine, geschlossene, große Volk, ungefärbt und unsentimental», verkörpert den eigentlichen Protagonisten der musikalischen Tragödie ‹Boris Godunow›. Das Volk, das schweigend und aufmerksam beobachtet, das instinktiven Haß gegen den ‹König Herodes› hegt (die Bekundung von Untertänigkeit und Rührung angesichts der Knute zählt hier freilich nicht), das Volk, das in der Szene vor der Kathedrale Wassilij Blashennij in den Klagechor «Brot gib!» ausbricht, und die spontane Volkserhebung im Schlußbild «Waldlichtung bei Kromy» – dies sind die dramaturgischen Hauptknotenpunkte der musikalischen Tragödie. Bekanntlich hat N. A. Rimskij-Korsakow gerade diese Tatsache nicht begriffen, als er in seiner Fassung die Szene «Platz vor der Kathedrale Wassilij Blashennij» ganz wegließ, durch Umstellung der Bilder der Szene «Bei Kromy» zu einer nebensächlichen Episode degradierte und das psychologische Drama des Boris in den Vordergrund rückte. Damit aber ging die Geschlossenheit der in ihrer beispiellosen Neuartigkeit einfach genialen musikdramaturgischen Konzeption Mussorgskijs verloren. Das wurde dann noch – selbstredend aus den edelsten subjektiven Motiven heraus – erhärtet durch den gängigen Mythos vom Mangel an formaler Geschlossenheit bei Mussorgskij. Einen Mythos, den die sowjetische Musikwissenschaft ebenso wie analoge andere (beispielsweise von der «technischen Hilflosigkeit» des Komponisten) kategorisch und wohl für immer verworfen hat.

2

Wenn der Begriff «Opernreform» fällt, so kommt einem unwillkürlich der Name Richard Wagner in den Sinn, der seit langem zu den größten Autoritäten unter den musikdramaturgischen Neuerern gerechnet wird. Ein bemerkenswertes chronologisches Zusammentreffen: Wagner beendete seine Tetralogie ‹Der Ring des Nibelungen› nach achtundzwanzigjähriger Arbeit – ausgerechnet im Jahr der ersten szenischen Aufführung des ‹Boris› (1874). Heute, mit einer zeitlichen Distanz von fünfundsechzig Jahren, scheint die folgende Behauptung längst nicht mehr diskussionswürdig: Mussorgskij zeigte sich als Reformator weitaus scharfsinniger als Wagner. Es geht hierbei nicht um die Dimensionen der rein musikalischen Begabung – beide waren Giganten: Die vierbändige Orchesterpartitur des ‹Rings› gehört natürlich der Ewigkeit. Aber die eigentlichen Prinzipien der musikalischen Dramaturgie haben sich im Falle Mussorgskijs auf dem Theater unvergleichlich lebensfähiger als die Wagnerschen erwiesen. Im ‹Ring des Nibelungen› hat Wagner der Sache nach keine vollwertigen szenischen Werke geschaffen, sondern einen Zyklus monumentaler Sinfonien mit Bühnenillustrationen (die durchaus auch fehlen können – etwa bei einer konzertanten Aufführung –, was der ästhetischen Wirkung von Wagners Musik keinerlei Abbruch tut).

Wagner war ein genialer Sinfoniker. Sein einmaliges, machtvolles Orchester spricht durch alle szenischen Helden hindurch, überflutet selbst die Gesangslinie (wie oft konnten wir «Isoldes Liebestod» ohne Vokalpartie hören, wobei der künstlerische Eindruck nicht im mindesten geschmälert wurde!) und vermag eine Landschaft viel ausdrucksvoller als jedes Bühnenbild zu beschwören: Welcher große Maler wollte mit dem allmächtigen Wagner-Orchester wetteifern bei der Schilderung der wogenden Wasserflächen des Rheins oder des rauschenden Blätterwerks in der Mittagsglut (in ‹Siegfried›) oder des grandiosen Himmelbrandes (in ‹Götterdämmerung›)? Wahr ist aber auch ein anderes: Ungeachtet all ihrer bezaubernden musikalischen Schönheiten ist die «sinfonische Oper» Wagners und sind vor allem ihre stundenlangen Monologe über abstrakt-philosophische Themen unter *theatralischem* Aspekt wenig bühnengerecht.

Einen diametral gegensätzlichen Weg schlägt Mussorgskij in seinen «musikalischen Volksdramen» ein. Er geht nicht von der Sinfonie aus, sondern vom Drama, nicht von einem verselbständigten Orchester, sondern von den lebendigen Intonationen des menschlichen Wortes und der menschlichen Sprache. «Meine Musik soll die künstlerische Wiedergabe der menschlichen Rede in ihren feinsten Schattierungen sein, also Klänge der menschlichen Rede, ebenso wie man die Gedanken und Gefühle durch eine wahrhaftige, treffende, aber künstlerische, hochkünstlerische Musik und ohne Finessen und Gewaltsamkeiten zum Ausdruck bringen muß», schrieb Mussorgskij an L. I. Schestakowa. Eine ähnliche Äußerung findet sich in der berühmten autobiographischen Aufzeichnung des Komponisten: «Ausgehend von der Überzeugung, daß die Rede des Menschen von streng musikalischen Gesetzen beherrscht wird, sieht er [Mussorgskij schreibt von sich selbst in der dritten Person; I. S.] die Aufgabe der Tonkunst in der musikalischen Wiedergabe nicht nur der Gefühlsnuancen, sondern hauptsächlich der Nuancen der menschlichen Rede.» Hieraus erklärt sich der von den Forschern hervorgehobene vokale Charakter, das Melos von Mussorgskijs Musik; «vokal», selbstverständlich nicht im Sinne des italienischen Belkanto, sondern im Sinne des Eindringens in die Intonationswelt der lebendigen, sinntragenden und emotional gefärbten menschlichen Rede.

Es gibt noch einen weiteren radikalen Unterschied zwischen Mussorgskij und Wagner. Vollkommen fremd ist jenem die Wagnersche Poetik der Übertreibung: kosmische Ereignisse, kolossale Monologe, wuchernde Ausdrucksmittel, unaufhörliche ekstatische Zustände der Helden und betont gigantische Formen. In seiner musikalischen Sprache gibt sich Mussorgskij verhalten und schlicht, ja geizig: Alles Entbehrliche wird abgetan, übrig bleibt nur das notwendige Minimum an Ausdrucksmitteln. Das hatte Debussy richtig erkannt, als er von Mussorgskij schrieb: «Niemals zuvor wurde eine so verfeinerte Sensibilität mit so einfachen Mitteln wiedergegeben.»

Da er in seiner Musik nicht vom abstrakten Gefühl, sondern von der konkreten Sprechcharakteristik dieser oder jener handelnden Person mit einem sehr klar ausgearbeiteten Sozialprofil ausgeht, gelangt Mussorgskij zu einem frappanten Reichtum und einer enormen Vielfalt an lebendigen Charakterintonationen: Pimen spricht musikalisch anders als der Geheimschreiber Schtschelkalow, Boris anders als Schuiskij, Mitjuch anders als der Schwachsinnige und so weiter. Hier führt ein gerader Weg zu jener verblüffenden musikdramatischen *Wandlungsfähigkeit*, die dem Künstler Mussorgskij eigen ist und ihn mit Dramatikern vom Range eines Shakespeare in eine Reihe stellen läßt.

3

Das Shakespearehafte bei Mussorgskij ist ein spezielles und interessantes Thema. Als erster hat es der namhafte Komponist und hervorragende russische Musikkritiker A. N. Serow in Zusammenhang mit einem Lied Mussorgskijs ‹‹Swetik Sawwischka››) aufgegriffen. Und tatsächlich gibt es in der eigentlichen Schaffens*methode* bei Mussorgskij etwas von Shakespeare. Und nicht allein in der phänomenalen Gabe der musikalischen Wandlungsfähigkeit, welche dem Komponisten gestattet, so gänzlich verschiedene – und dabei in gleichem Maße gelungene – Figuren wie Boris und Schuiskij, Pimen und den falschen Dimitrij, Warlaam und den Schwachsinnigen zu gestalten. Von Shakespeare führt das Prinzip des Wechsels von tragischen und komischen Episoden her, das Prinzip, höchste Dramatik mit inspiriertem und allumfassendem Humor zu koppeln (das «falstaffsche» Moment in der Gestalt des Warlaam). Von Shakespeare stammt auch die Fähigkeit, auf realistische Weise einen lebendigen Volkshintergrund zu schaffen, Menschen aus dem Volk zu zeigen, die zuweilen in meisterhafter Kürze durch ganze zwei, drei Repliken charakterisiert werden. Mehr noch – Mussorgskij ist vielleicht der einzige Künstler des Weltmusiktheaters, dem es gelang, eine dem Genre von Shakespeares historischen Chroniken adäquate dramatische Form zu schaffen.

Allerdings wurde Mussorgskij der Weg zu Shakespeare und zu

wahrer Historizität geebnet durch die geniale literarische Quelle –
durch die Tragödie A. S. Puschkins. «Ich bin fest davon überzeugt,
daß die veralteten Formen unseres Theaters Umgestaltungen erfor-
dern und habe deshalb meine Tragödie nach dem System unseres
Vaters Shakespeare angelegt», schrieb der Dichter. Im 19. Jahrhundert
war Puschkin nicht allein in der russischen, sondern in der Dramatik
der ganzen Welt der einzige, der Shakespeares Methode kreativ anzu-
wenden und eine wirkliche historische Volkstragödie auf nationale
Stoffe zu schaffen vermochte. Mussorgskij brauchte dabei nur der
dramaturgischen Konzeption Puschkins zu folgen. Freilich genügte
ihm das nicht immer: Die Szene «Waldlichtung bei Kromy» (in der
klassischen Oper Rußlands die einzige Darstellung eines Volksaufstands) fehlt bei Puschkin bekanntlich ganz.

Trotzdem bewies sich Mussorgskij im ‹Boris› als genialer musikalischer Interpret Puschkins. Daran sollten jene Musikwissenschaftler
unter uns denken, die sich bemühen, die im allgemeinen richtigen
Parallelen zwischen Puschkin und Glinka zu forcieren und dabei den
Schöpfer des ‹Ruslan› als den einzigen Puschkin kongenialen Komponisten feiern. Aber das tragische Element in Puschkins Schaffen wurde
von keinem anderen als von Mussorgskij mit so erschütternder Eindringlichkeit in Klänge gebannt. Ich klammere hier Tschaikowskijs
‹Pique Dame› aus, wo die Puschkinsche Konzeption einer grundsätzlichen Revision unterzogen wurde. Der tragische Fatalismus der Partitur zu ‹Pique Dame› stammt nicht von Puschkin, sondern vom Komponisten selbst. Mussorgskij jedoch hat es fertiggebracht, objektiv an
die Puschkin-Tragödie heranzugehen und ihre originale Konzeption
musikalisch zu erschließen und zu bereichern (speziell hinsichtlich der
dramaturgischen Führung des Volkes), ohne ihre prinzipielle Orientie-
rung zu verändern.

4

Die Inszenierung von ‹Boris Godunow› am Mali-Operntheater* besitzt
eine große Bedeutung. Wir hören Mussorgskijs originalen Notentext in
seiner ursprünglichen Instrumentation. Man mag darüber streiten, ob es
notwendig war, in einer Aufführung beide autorisierten Fassungen** des
Komponisten zu kombinieren und die Oper dadurch beträchtlich auszu-

---

* *In Leningrad.*
** *Gemeint sind der sogenannte ‹Ur-Boris› von 1869 und der ‹Original-Boris› von 1872*
  (Partiturhandschrift) und 1874 (gedruckter Klavierauszug).

dehnen. Auf jeden Fall ließ sich das Theater von einer edlen Absicht leiten: den ‹Boris› so vollständig wie möglich vorzuführen.

Wie stets am Mali-Operntheater gebührt hinsichtlich der künstlerischen Geschlossenheit des Abends die Palme dem Orchester und seinem musikalischen Leiter B. Chajkin. «Der charakteristische Grundzug im Orchester des ‹Boris› besteht – bei plastischen Bewegungen und voller Umsetzung emotionaler Verfassungen – in einer extremen Beschränkung der Mittel und dem totalen Verzicht auf jegliche entbehrliche, äußerliche Klang- und Timbreschwelgerei. Daß eine solche Enthaltsamkeit überhaupt nichts mit Armut und Verkrüppelung der instrumentalen Phantasie zu tun hat, erhellt aus der Tatsache, daß in solchen Situationen, die vor allem satte, opulente Klangmalerei verlangen, Mussorgskij auch den richtigen Einfall und die entsprechenden Mittel findet, ohne auf halbem Wege stehenzubleiben oder in den Bereich des Dekorativen um seiner selbst willen abzugleiten. «Das läßt sich unschwer beobachten im Klang des Geläuts während der Krönungsszene, bei der Instrumentation des ‹Glockenspiels› und an einigen anderen Stellen», schreibt Igor Glebow (B. Assafjew), ein profunder Kenner des Mussorgskij-Orchesters. Chajkin wurde den Besonderheiten der instrumentalen Handschrift des Komponisten in hervorragendem Maße gerecht und verstand es großartig, die Klangflächen gegeneinander abzusetzen (meisterhaftes «forte» und «sforzato» bei den Streichern); anzumerken wären lediglich einige Tempi mit absichtlich überzogenem Kontrast zwischen raschem und langsamem Zeitmaß.

Der Hauptmangel der Aufführung lag darin, daß die Regiekonzeption (die Inszenierung besorgten B. Son und W. Tschesnokow) keinen durchgehenden, alles zusammenschließenden Gedanken aufwies. Die Regisseure hatten es nicht verstanden, sozusagen den Schlüssel zum ‹Boris› zu finden. Darum schienen sie sich von Episode zu Episode zu schleppen, wobei sie mitunter glückliche Regieeinfälle und Bühnenlösungen zeigten (die Szene vor der Kathedrale Wassilij Blashennij), andernorts sich neutral an Traditionen klammerten (Zelle im Tschudow-Kloster) oder die Bühne mit naturalistischem Spektakel und Durcheinander überluden (Waldlichtung bei Kromy). Nicht alle Bühnenfiguren waren von der Regie neu durchdacht worden: Opernklischees hafteten der Rolle des Pseudodimitrij in der Darstellung durch A. Korobejtschenko an (trotz schöner Stellen im rein stimmlichen Bereich); im originalen Musiktext bot die dramatische Erzählung des Pimen (von Iwan dem Schrecklichen, vom Mord am Zarewitsch) Mussorgskij die Möglichkeit, die Behandlung der Gestalt Pimens weiterzufassen: Das ist kein ikonenhafter Asket, unter dem Mönchsgewand und der Mönchskapuze sind bei ihm noch nicht die «weltlichen Leidenschaften» erloschen, auf den Seiten seiner Chronik wird er «leidenschaftlicher Ankläger und zorniger Richter» (so saß Dante in der ‹*Göttlichen Komödie*› über seine Zeitgenossen zu Gericht) – alles andere als ein gleichgültiger Archivschreiber. Es war nicht die Schuld des Sängers N. Burjatin, wenn diese Seite am Charakter des Pimen vom Regisseur unbemerkt blieb.

In echt Shakespeareschem Sinne vielschichtig ist die Gestalt des Boris, eines energischen und klugen Monarchen, eines liebenden Vaters, eines von Gewissensqualen gepeinigten Mörders – hier wird die Interpretation überaus schwierig. Nicht bis zum Ende bewältigt wurde diese Gestalt auch in der Darstellung durch G. Orlow. Sein Boris bleibt – gemessen an Mussorgskijs Konzeption – in engen Grenzen stecken; er zeigt wenig tragische Größe; er wirkt ein bißchen alltäglich; in seinen plötzlichen Zornesausbrüchen wird sogar etwas von dem fatalen Händlerstarrsinn der Helden Ostrowskijs spürbar. Am besten gelangen Orlow noch die Szenen der ethischen Qualen und Halluzinationen, die er mit großem schauspiel-ethischem Talent vortrug.

Verarmt und dürftig kam von der Bühne auch die Gestalt des Schuiskij in der Interpretation durch S. Balaschow. An den Platz des hochgeborenen Würdenträgers trat ein müder Intrigant mittleren Formats, ohne staatsmännische Klugheit und frei von Machthunger. Sein tückisches und raffiniert-grausames Spiel mit Boris wurde szenisch so gut wie überhaupt nicht unterstützt.

Den Intentionen des Autors am nächsten kamen wohl N. Welter als prächtige Marina Mnischek und P. Shurawlenko als erfahrungsreicher Warlaam mit einem wilden elementaren Humor und kräftigen Farben à la Shakespeare. Viele gelungene Randfiguren gab es: den Schwachsinnigen – N. Tschesnokow; eine zu Herzen gehende Xenia – W. Schestakowa; einen dämonischen Rangoni – S. Kasbenow. Nicht alle Sänger waren gut zu verstehen. Aber in Mussorgskijs musikalischen Dramen ist eine deutliche und durchdachte Wiedergabe des Wortes, eine ausdrucksvolle Phrasierung die erste unabdingbare Voraussetzung.

Das Bühnenbild von M. Grigorjew zeigte einige interessante Details: eine wirkungsvolle Treppe in der Krönungsszene, die übrigens mehr symbolisch als historisch realistisch ausfiel; die Farbskala im Zarengemach; die Skulptur in der Szene bei der Fontäne – eine schöne, wenn auch allzu sperrige Lösung.

Insgesamt erschien die Aufführung im musikalischen Bereich (Orchester, Chor, Dirigent, einzelne Darsteller) unverhältnismäßig besser gelungen als unter Bühnen- und Regieaspekt. Darum wurden ihre Längen auch als unangenehm empfunden.

Das unbestreitbare große Verdienst des Theaters besteht darin, daß es den Weg des größten Widerstands gewählt und die geniale Idee Mussorgskijs in ihrer Urgestalt wiedererweckt hat. Der Kampf um die Einbürgerung des originalen Mussorgskij, wie er in den Arbeiten sowjetischer Musikwissenschaftler ans Licht trat, ist in der Bühnenpraxis noch nicht ausgestanden. Unter diesem Gesichtspunkt wird niemand die Bedeutung der besprochenen Inszenierung bestreiten. Dennoch hat das Mali-Operntheater zu einer endgültigen, wirklich überzeugenden szenischen Realisierung der in ihrer Neuererkühnheit genialen Partitur Mussorgskijs noch nicht gefunden.

Dimitrij Schostakowitsch zur Zeit seiner Neuinstrumentation des ‹Boris Godunow›.

Im Jahre 1939 beauftragte das Moskauer Bolschoi-Theater Dimitrij Schostakowitsch (1906–75), den ‹Boris Godunow› neu zu instrumentieren. Nach der Leningrader Uraufführung der Originalfassung am 16. Februar 1928 (vgl. Dokumentation S. 202 f.) geriet die eigenwillige und klanglich auf Effekt gearbeitete Version Nikolai Rimskij-Korsakows in ein Zwielicht, das gestützt wurde durch die erste wissenschaftliche Gesamtausgabe der Werke Mussorgskijs in der Originalgestalt, die der sowjetische Musikwissenschaftler Pawel Lamm besorgte. Partitur und Klavierauszug sämtlicher damals zugänglicher handschriftlicher Quellen des originalen ‹Boris Godunow› erschienen 1928. Dieses Material verwendete Schostakowitsch bei seiner Neuinstrumentation. Es ging ihm darum, die Hauptschwäche der Originalfassung, den Orchesterklang Mussorgskijs, auf die Höhe des Komponierten zu heben. Die vorgesehene Uraufführung der Version Schostakowitschs konnte infolge der Kriegsereignisse nicht im Moskauer Bolschoi-Theater stattfinden und wurde erst 1959 in Leningrad nachgeholt, ohne sich durchsetzen zu können.

Dimitrij Schostakowitsch über seine Neuinstrumentation des ‹Boris Godunow›

Zwischen Mussorgskij und mir bestehen «besondere Beziehungen». Er ist für mich eine ganze Akademie – eine menschliche, politische und künstlerische Akademie. Nicht nur mit Augen und Ohren habe ich bei ihm gelernt; für einen Komponisten, noch dazu einen professionellen Komponisten genügt das nicht. (Das gilt übrigens auch für andere Künste. Wie viele große Maler haben Jahre und Jahre auf ihren Schemeln gehockt und die alten Meister kopiert, ohne sich dessen zu schämen.)

Ich schaue zu Mussorgskij auf, denn ich halte ihn für den größten russischen Komponisten. Fast zur gleichen Zeit, in der ich mein Klavierquintett schrieb, arbeitete ich an einer neuen Redaktion von Mussorgskijs Oper ‹Boris Godunow›. Ich hatte die Partitur durchzusehen, einige Holprigkeiten der Harmonisierung zu glätten, ein paar mißglückte Schnörkel in der Orchestrierung, ein paar harmonische Läufe zu korrigieren. In die Orchestrierung wurden einige Instrumente aufgenommen, die weder von Mussorgskij benutzt worden waren noch von Rimskij-Korsakow, der ‹Boris Godunow› ediert hatte.

Mussorgskij hatte auf den Rat von Stassow, Rimskij-Korsakow

213

und anderen vieles im ‹*Boris Godunow*› geändert, vieles hatte auch Rimskij-Korsakow beim Redigieren der Oper von sich aus geändert. Seine Edition des ‹*Boris Godunow*› spiegelt den Geist und das Können des vorigen Jahrhunderts. Und man kann dieser gewaltigen Arbeit Korsakows den Respekt nicht versagen. Aber ich wollte die Oper nach einem anderen Plan redigieren, strebte eine stärker symphonische Entwicklung der Oper an. Das Orchester sollte nicht lediglich Begleiter der Sänger sein.

Rimskij-Korsakow war ein Despot, er wollte der Partitur seinen Stempel aufdrücken. Daher schrieb er vieles um, fügte eigenes hinzu. Ich änderte nur ein paar Takte und schrieb nur ganz wenig um. Einiges mußte tatsächlich geändert werden. Die Szene bei Kromy mußte einen würdigeren Platz bekommen. Mussorgskij hatte sie so orchestriert wie ein Schüler, der fürchtet, beim Zwischenexamen in Orchestrierung durchzufallen. So schüchtern. So unbedarft. Das überarbeitete ich.

Mit der Arbeit hielt ich es so: Ich legte Mussorgskijs Klavierauszug vor mich hin, daneben die Orchestrierung Mussorgskijs und die Rimskij-Korsakows. Ich schaute nicht in die Partituren und nur selten in den Klavierauszug. Ich orchestrierte die Oper nach dem Gedächtnis, Akt für Akt. Dann verglich ich meine Orchestrierung mit den beiden anderen. Wenn ich sah, daß einer von beiden es besser gemacht hatte als ich, übernahm ich die bessere Variante. Ich erfand dabei keine Fahrräder. Ich arbeitete ehrlich und mit Hingabe.

Es gibt bei Mussorgskij herrlich orchestrierte Stellen. Aber ich sehe in meiner Arbeit keine Sünde. Das, was in Mussorgskijs Orchestrierung gelungen war, habe ich nicht angetastet. Aber vieles war ganz einfach schwach, denn Mussorgskij fehlte die handwerkliche Sicherheit, die erlangt man nur, wenn man mit Ausdauer auf seinem Hintern sitzt, auf gar keine andere Weise.

Nehmen wir die Polonaise im polnischen Akt, sie ist jämmerlich orchestriert. Dabei ist es ein wichtiger Moment. Oder die Krönung des Boris und den Glockenruf. Was ist das für ein Glockenruf? Eine erbärmliche Parodie. Diese wichtigen Szenen darf man nicht durch mißglückte Orchestrierung verderben.

Für Mussorgskijs Inkompetenz auf dem Gebiet der Orchestrierung fand eine bedeutende Persönlichkeit eine theoretische Basis, und diese bedeutende Persönlichkeit war Boris Assafjew. Dieser Boris war dafür berühmt, daß er für jede beliebige Sache eine theoretische Basis fand. Dabei drehte er sich wie eine Wetterfahne. Assafjew bewies also, daß alle eben von mir erwähnten Szenen von Mussorgskij einfach prachtvoll orchestriert seien, ganz genau seinem Plan entsprechend. Mit

voller Absicht habe Mussorgskij die Krönung so unansehnlich orchestriert: Er wollte darstellen, daß das Volk die Krönung nicht gewollt
habe. Eine Art Volksprotest also mittels unbeholfener Orchestrierung.
Und im polnischen Akt habe Mussorgskij die verrottete Schljachta
entlarven wollen, indem er die Polen nach einer schlechten Orchestrierung tanzen ließ. Auf diese Weise bestrafte – nach Assafjews Meinung
– Mussorgskij die Polen.

Das alles ist ausgekochter Blödsinn. Glasunow erzählte mir, wie
Mussorgskij selber auf dem Klavier diese Szenen spielte, auch den
Glockenruf und die Krönung. Und Glasunow bezeugte, sie hätten
brillant und majestätisch geklungen. So hatte Mussorgskij auch komponiert, denn er war ein genialer Dramatiker, bei dem man unendlich
viel lernen konnte. [. . .]

Die Orchestrierung des ‹Boris Godunow› war für mich wie ein Pfla-
ster auf eine offene Wunde. Wir durchlebten eine schwere, schlimme
Zeit. Über die Maßen schwer und schlimm: Es war die Zeit des
Vertrags mit unserem «Erz-Freund» Hitlerdeutschland. Europa war
ein Trümmerhaufen. Und all unsere Hoffnungen hatten doch Europa
gegolten. Jeder Tag brachte neue schlimme Nachrichten. Ich war so
deprimiert, fühlte mich so verlassen, daß ich das Bedürfnis hatte, mich
irgendwie abzulenken, ein Tête-à-tête mit einem musikalisch Gleich-
gesinnten zu haben.

Die Sechste Symphonie war fertig, und ich wußte schon genau,
wovon die Siebte handeln würde. Und nun hatte ich den von Mussorgskij angefertigten kompletten Klavierauszug des ‹Boris Godunow›
vor mir, den Lamm ediert hatte. Er enthielt auch die Szene «Bei
Wassilij dem Gesegneten» und «Bei Kromy». Der Klavierauszug lag
und lag. Ich blickte kaum einmal hinein. Trotzdem kenne ich diese
Musik nicht schlecht, wahrscheinlich sogar gut. [. . .]

Das Werk eines verehrten Komponisten zu orchestrieren, weckt
Empfindungen, die sich nicht schildern lassen. Diese Arbeit ermöglicht
es, ihn wirklich kennenzulernen. Und ich empfehle allen jungen Musikern, Varianten zu den Partituren jener Meister zu erarbeiten, von
denen sie lernen wollen.

Wahrscheinlich kann man über Mussorgskijs eigene Orchestrierung
lange diskutieren. Festzuhalten aber ist auf jeden Fall, daß seine
Orchestrierungsabsichten richtig waren, nur war er eben nicht fähig,
sie zu realisieren.

Er wollte ein feinfühliges, schmiegsames Orchester. Ich vermute,
ihm schwebte etwas Ähnliches vor wie ein begleitender Vokalpart, so
wie im russischen Lied Nebenstimmen die Melodie umgeben. Doch

seine handwerklichen Fähigkeiten reichten dazu nicht aus. Sehr schade. Seine gesamte Musik strebte «nach neuen Ufern» – in der musikalischen Dramaturgie, in der musikalischen Operndynamik, in Sprache und Bildlichkeit. Nur die Orchestrierungstechnik blieb zurück, blieb «auf dem alten Ufer».

Daher mußte die Leningrader Aufführung von 1928 durchfallen.* Und die späteren Versuche, sich streng an Mussorgskijs eigene Partitur zu halten, scheiterten ebenfalls kläglich. Komisch und traurig zugleich: Heute kämpfen manchmal Bässe, die nur einen geringen Stimmumfang haben, verbissen für Mussorgskijs Orchestrierung, weil sie sich hier weniger anstrengen müssen. Das Publikum aber ficht das nicht an. Es hört ‹Boris Godunow› lieber in Rimskij-Korsakows Bearbeitung oder in meiner.

Ich dachte: Vielleicht kann ich Mussorgskij einen guten Dienst erweisen und die Oper den Hörern näherbringen. Sollen sie hingehen und lernen, sie werden allerlei entdecken. Es gibt so viele deutlich sichtbare Parallelen, daß sie gar nicht umhin können, sie zu bemerken.

Rimskij-Korsakow hatte das ewige russische Problem ein wenig verharmlost: Der Zar weit weg und hoch da droben, das Volk hilflos und unterdrückt. Mussorgskijs Konzeption dagegen war demokratisch. Das Volk, die Basis von allem, steht allein, der Herrscher steht ebenfalls allein, seine Macht, die das Volk bedrückt, ist unmoralisch und volksfeindlich. Edle Absichten einzelner Persönlichkeiten zählen nicht und führen zu nichts. Das ist Mussorgskijs Position und auch die meine.

Ich war sehr angetan von Mussorgskijs Überzeugung, daß der Widerspruch zwischen der Macht und dem unterdrückten Volk unlöslich sei, die Macht aber, im Bestreben, sich selbst zu erhalten, sich zersetzen werde. Es werde zum Chaos und schließlich zur Katastrophe kommen. Dies prophezeien die beiden letzten Bilder der Oper. Und das erwartete ich 1939.

Die ethische Grundlage des ‹Boris Godunow› habe ich immer als meine eigene empfunden. Kompromißlos verurteilt der Komponist die amoralische volksfeindliche Macht. Eine solche Macht ist verbrecherisch. Ich würde sogar sagen unabwendbar verbrecherisch. Sie ist im Innersten verfault. Und sie ist ganz besonders ekelhaft, wenn sie sich als im Namen des Volkes ausgeübt zu tarnen sucht.

Ich hoffe immer, daß der einfache Zuhörer im Saal aufmerken wird bei Boris' Worten: «Nicht ich . . . das Volk . . . der Wille des Volkes.»

---

* *Vgl. die Aufführungskritik Igor Glebows (= Boris Assafjews), Dokumentation S. 202 f.*

Was für eine bekannte Phraseologie. Der Stil, böse Taten zu rechtfertigen, hat sich in Rußland nicht gewandelt. Der böse Geist lebt fort. Wir hören die gleichen Beschwörungen der «Gesetzmäßigkeit», die heuchlerische Entrüstung Boris': «Den Zaren verhören, den gesetzmäßigen, vom Volk ausgerufenen und gewählten, vom Patriarchen gekrönten Zaren!» Ich schaudere jedesmal zusammen, wenn ich die Stelle höre. Der Geist des Bösen ist sehr langlebig.

Seltsam – und vielleicht ist das ein Berufslaster –, von alldem höre ich bei Puschkin nichts. Das heißt, ich nehme es mit dem Verstand wahr, aber ich kann es nicht empfinden. Bei Puschkin ist alles glänzend gesagt, aber es bleibt abstrakt. Musik trifft den Menschen stärker. Auch wo es um die Frage geht, ob der Verbrecher ein Mensch ist oder nicht. Auf diese Ausdrucksmöglichkeiten der Musik war ich immer besonders stolz.

Musik durchleuchtet einen Menschen ganz und gar. Und sie ist für ihn die letzte Hoffnung und die letzte Zuflucht. Selbst der halbwahnsinnige Stalin, der viehische Henker, hatte ein instinktives Gefühl dafür. Darum haßte und fürchtete er die Musik. Man hat mir erzählt, daß er trotzdem keine Aufführung des ‹Boris Godunow› im Bolschoi-Theater versäumte. Von Musik verstand er nichts – entgegen der tiefeingewurzelten gegenteiligen Meinung. Zur Zeit beobachte ich eine Renaissance der Legende, daß Stalin irgend etwas zu den schönen Künsten beigetragen habe. Eine Lakaien-Legende. Es würde mich auch gar nicht wundern, wenn sich plötzlich herausstellte, daß seine «genialen Werke» von jemand anderem geschrieben wurden. Er war so etwas wie E. T. A. Hoffmanns ‹Klein Zaches›, aber millionenfach bösartiger und schrecklicher.

Was zog Stalin im ‹Boris Godunow› an? Daß das Blut der Unschuldigen sich früher oder später erheben wird? Das ist die tragende ethische Idee der Oper. Die Verbrechen der Machthaber kann man nicht im Namen des Volkes rechtfertigen, nicht verstecken hinter des Henkers «Gesetzmäßigkeit». Sie sind durch nichts zu rechtfertigen, und du wirst dich eines Tages dafür zu verantworten haben.

Allerdings unterscheidet sich Zar Boris wohltuend vom Führer der Völker. Er, wie Puschkin und Mussorgskij es auffassen, kümmerte sich um das Wohlergehen seiner Völker, und er war nicht gänzlich ohne Güte und Gerechtigkeit. Man denke an die Szene mit dem Gottesnarren Wassilij dem Gesegneten. Und schließlich war er, anders als Stalin, ein liebender, zärtlicher Vater. Und wie stand es um sein Gewissen? Ist das etwa eine Kleinigkeit? Natürlich ist es leicht, eine begangene Scheußlichkeit zu bereuen. Dieser typisch russische Zug ist mir ziemlich zuwider. Bei uns ist es sehr beliebt, eine Schweinerei zu begehen und sich hinterher reuevoll an die Brust zu schlagen und Tränen übers Gesicht laufen zu lassen. Sie heulen und heulen, aber was nützt denn das Heulen? Knechtsseelen reagieren so. Dennoch kann man manchmal einem Menschen, der bereut, glauben. Und hier haben wir einen reuigen Zaren, eine sehr große Seltenheit. Trotzdem haßte ihn das Volk, weil er es mit Gewalt an die Scholle gebunden hatte und weil er einen Mord begangen hatte.

Noch ein Gedanke bedrängte mich damals im Zusammenhang mit dem ‹Boris›. Jedem war klar, daß es Krieg geben würde. Vielleicht stand er noch nicht unmittelbar bevor, aber er war unvermeidlich. Und ich nahm an, alles werde dem Sujet des ‹Boris› entsprechend verlaufen.

Zwischen der Macht und dem Volk bestand eine Kluft. Diese Kluft war die Ursache für die Niederlage der zaristischen Truppen in den Kriegen gegen den falschen Dimitrij. Sie war auch der Grund für die folgende Staatskatastrophe.

Uns stand ebenfalls eine «Zeit der Wirren» bevor. «Dunkelste, undurchdringlichste Dunkelheit.» Und weiter: «Leid, Leid für Rußland, weine, weine, russisches Volk! Hungerndes Volk!» Das alles klang damals wie eine Zeitungsmeldung. Keine offizielle, schamlose Lüge, die auf der ersten Seite prangt, aber eine von den unscheinbaren Meldungen, die zwischen den Zeilen stehen.

Meine Partitur des ‹Boris› enthält einige nicht schlechte, sympathische Stellen. Ich finde sie wirklich nicht schlecht. Das kann ich beurteilen, denn es ist ja nicht meine eigene Musik, sondern Mussorgskijs. Ich habe sie nur ein bißchen illustriert. Allerdings hat diese Arbeit mich zeitweise so mit Beschlag belegt, daß ich die Musik für meine eigene zu halten begann. Um so mehr, als sie von innen kam, wie selbst komponierte. Mechanische Arbeit war diese Orchestrierung nicht. Es gibt für mich keine «unbedeutenden» Details, keine «unwesentlichen» Episoden oder neutralen Phänomene. Zum Beispiel die große Klosterglocke in der Zellenszene. Bei Mussorgskij und bei Rimskij-Korsakow ist es ein Gong. Ein wenig primitiv, zu einfach, zu flach. Ich hielt den Klang der Glocke für sehr wichtig. Die Atmosphäre der Klosterabgeschiedenheit mußte spürbar werden. Man mußte Pimen von der übrigen Welt absondern. Der Klang der Glocke muß daran gemahnen, daß es mächtigere Kräfte gibt, als Menschen sie besitzen, daß niemand dem Gericht der Geschichte entkommt. Diesen Gedanken muß der Klang der Glocke entstehen lassen. Ich gab den Glockenpart sieben zugleich spielenden Instrumenten.

Rimskij-Korsakows Fassung ist farbiger als meine. Er geht sehr viel üppiger mit strahlenden Timbres und melodischen Linien um. Ich unterstreiche schärfer die szenischen «Ausbrüche». Rimskij-Korsakows Orchester klingt ruhiger und ausgeglichener. Ich meine, daß diese Ausgeglichenheit schlecht zum ‹Boris› paßt.

Man muß den Stimmungsschwankungen der Person flexibler folgen. Außerdem meine ich, der gedankliche Inhalt der Chöre würde klarer, wenn man einen Grundchor abteilt. Bei Rimskij-Korsakow gehen meistens der Grundchor und die Nebenstimmen ineinander über, das nivelliert den Bedeutungsgehalt ein wenig.

Bedeutungsgehalt in Musik, das wird viele seltsam anmuten, besonders im Westen. Bei uns ist man gewöhnt, die Frage zu stellen: «Was wollte der Komponist mit diesem Musikstück sagen? Was wollte er erklären?»

Solche Fragen sind natürlich naiv. Doch trotz ihrer Naivität und Unreife haben sie ihre Berechtigung. Ich würde ihnen noch andere, neue hinzufügen. Zum Beispiel: Kann Musik gegen das Böse kämpfen? Kann sie Menschen veranlassen nachzudenken? Kann ihr Schrei die Aufmerksamkeit der Menschen auf Verbrechen lenken, an die sie gewöhnt sind und nicht mehr beachten?

Alle diese Fragen stellten sich mir zum erstenmal bei der Beschäftigung mit Mussorgskij.

Fjodor Schaljapin (1873–1938) gilt neben Enrico Caruso als der berühmteste Sänger des frühen 20. Jahrhunderts. Ungewöhnlich und alle anderen Sänger überragend war seine Fähigkeit, auf der Opernbühne wie ein Schauspieler zu agieren. Durch seine autobiographischen Schriften (‹Bilder aus meinem Leben›, 1917, und ‹Maske und Seele›, 1932) gewinnen wir einen Einblick nicht nur in seinen künstlerischen Werdegang, sondern auch in seine Werkstatt. Wie intensiv er sich mit seinen Rollen auseinandersetzte und welche Prinzipien er bei seiner Darstellung befolgte, zeigen die folgenden Auszüge über die Rolle des Boris. Obwohl Schaljapin immer nur die Bearbeitung Rimskij-Korsakows gesungen hat, gebührt ihm das Verdienst, die Oper Mussorgskijs durch seine geniale und erschütternde Darstellung der Hauptpartie international durchgesetzt zu haben (vgl. Diskographie).

Fjodor Schaljapin

Auszüge über ‹Boris Godunow› aus den autobiographischen Schriften

Vorbereitung und erste Darstellung des ‹Boris› (1898)

Der ‹Boris› begeisterte mich dermaßen, daß ich nicht nur meine Partie, sondern die ganze Oper vom ersten bis zum letzten Takt studierte. Ich merkte bald, wie nützlich es ist, wenn man eine Oper vollständig beherrscht, und wandte dieses Verfahren dann bei allen anderen Werken an, auch bei denen, die ich früher schon gesungen hatte. Je tiefer ich in Mussorgskijs Oper eindrang, um so deutlicher wurde mir bewußt, daß man durchaus einen Shakespeare als Oper spielen kann; es kommt nur auf die Qualität des Komponisten an.

Als ich die Lebensgeschichte Mussorgskijs kennenlernte, war ich geradezu erschüttert. Mich packte das Grauen bei dem Gedanken, daß dieser Mensch mit der einmaligen originellen Begabung, daß dieses Genie in bitterer Armut gelebt hat und in einem dreckigen Spital an den Folgen der Trunksucht zugrunde gegangen ist. Allein später mußte ich erkennen, daß er nicht das erste und – zu unserem Unglück – auch nicht das letzte russische Talent war, das auf diese Weise endete.

Über dem musikalischen Studium des ‹Boris› empfand ich das

Fjodor Schaljapin (1873 1938) als Boris. Der bedeutende russische Sänger war der wohl genialste Darsteller des Boris im 20. Jahrhundert.

Bedürfnis, mich auch mit den historischen Zusammenhängen und Gestalten vertraut zu machen. Ich las Puschkin und Karamsin, doch das genügte mir nicht. Da beschloß ich, mich bei Kljutscheskij zu befragen, der, wie ich wußte, ebenfalls im Gouvernement Jaroslawl wohnte.

221

Der ehrwürdige Historiker nahm mich überaus gastfreundlich auf. Bei der Begrüßung sagte er mir, er habe mich in der ‹Pskowitjanka›* gesehen und sei von meiner Gestaltung der Rolle des Zaren Iwan sehr angetan. Ich bat ihn, mir von Godunow zu berichten. Nie werde ich vergessen, wie er, als sei er Augenzeuge dieser fernen Ereignisse gewesen, die Dialoge zwischen Schuiskij und Godunow vortrug, wie er mir von den Hauptleuten, von Warlaam, Missaïl und dem bezaubernden Wesen Grigorij Otrepjews erzählte, so plastisch, daß ich vermeinte, diese Personen leibhaftig vor mir zu sehen. Als er, mit bemerkenswertem schauspielerischem Talent, in den Dialogen die schmeichlerischen Worte Schuiskij sprach, dachte ich unwillkürlich:

Wie schade, daß Kljutschewskij kein Sänger ist, sonst müßte er und kein anderer mit mir den Schuiskij spielen!

Zar Boris erstand aus seinen Erzählungen als kraftvolle, interessante Persönlichkeit. Meine frühere Einstellung wich einem Mitgefühl mit diesem Herrscher, der, mit gewaltiger Verstandes- und Willensstärke begabt, nur das Gute für sein Land wollte, letzten Endes aber die Leibeigenschaft begründete, jene furchtbare Geißel, unter der Rußland Jahrhunderte zu stöhnen hatte. Kljutschewskij unterstrich die Einsamkeit Godunows, seine geistige Beweglichkeit und sein Streben nach Aufklärung des Landes. Und wie er so erzählte, kam er mir vor wie der auferstandene Wassilij Schuiskij, der eingesehen hat, wie falsch es war, den Zaren Boris ins Verderben zu stürzen.

Ich blieb noch die Nacht über bei Kljutschweskij. Am nächsten Morgen dankte ich ihm herzlich und nahm Abschied von ihm. Die überzeugenden Erklärungen und Ratschläge dieses erstaunlichen Menschen habe ich später noch oft meiner künstlerischen Arbeit nutzbar gemacht.

Die Spielzeit begann mit den Proben zu ‹Boris Godunow›. Ich merkte sofort, daß meine Kollegen ihre Rollen nicht richtig auffaßten und daß die herkömmliche Opernschule den Ansprüchen solcher Werke wie des ‹Boris› in keiner Weise genügte. Schon bei der Arbeit an der ‹Pskowitjanka› war mir das Mißverhältnis zwischen der traditionellen Schule und dem neuen Operntyp aufgefallen. Auch ich war, wie alle Sänger meiner Zeit, aus dieser Schule hervorgegangen, nur daß ich sehr bald erkannte, daß sie eben eine reine Gesangsschule war, nicht mehr. Sie lehrte, wie man Töne erzeugt und formt, dachte aber gar nicht daran, den Sänger mit den Charakterzügen der dargestellten Person und dem Geist der Epoche bekannt zu machen. Die Professo-

---

* *Oper von Nikolai Rimskij-Korsakow (1871).*

ren dieser Schule redeten in Begriffen, die mir zeit meines Lebens dunkel geblieben sind. Es mag sehr wichtig sein, daß man «den Atem stützt», die Stimme «im Kiefer hält», die «Rippenatmung erweitert» und «das Zwerchfell aktiviert» – allein das Wesen der Sache ist es nicht. Es genügt nicht, einen Menschen formal im Vortrag eines Lieds, einer Kavatine oder Ballade zu unterweisen, man muß ihm vielmehr den Sinn der Worte, die er singt, begreiflich machen und die Gefühle in ihm wachrufen, denen diese und nur diese Worte ihre Entstehung verdanken.

Auf den Proben zum ‹Boris Godunow›, dessen Text von Puschkin und Karamsin stammt, traten die Mängel der alten Opernschule besonders deutlich zutage. Es ist furchtbar schwer, wenn nicht unmöglich, seine darstellerischen Absichten zu verwirklichen, wenn sich der Partner nicht ebenfalls der spezifischen Stimmung einer jeden Szene anzupassen versteht. Besonders Schkafer in der Partie des Schuiskij machte mir Kummer; obwohl er ein sehr intelligenter und verantwortungsbewußter Künstler ist, zeigte er wenig Verständnis für den Charakter seiner Rolle, und ich dachte immer wieder:

Wenn doch nur Wassilij Ossipowitsch Kljutschewskij den Schuiskij spielte!

Ausstattung, Orchester und Chor waren bei Mamontow keineswegs schlecht; dennoch mußte ich mir eingestehen, daß die kaiserliche Oper mit ihren reichen Mitteln ein Werk wie den ‹Boris› ungleich besser hätte inszenieren können.

Der Tag der Premiere war gekommen.* Seit der ‹Pskowitjanka› genoß ich in Moskau das Ansehen eines sehr populären Künstlers, und das Publikum wollte sich keine Vorstellung mit mir entgehen lassen.

Trotzdem wurden die ersten Teile des ‹Boris› recht kühl aufgenommen. Ich erschrak darüber. Aber die Halluzinationsszene hinterließ einen starken Eindruck, und der Schluß gestaltete sich zu einem Triumph. Ich konnte einfach nicht verstehen, daß dieses Werk, das doch von wahrhaft Shakespearescher Kraft und Schönheit ist, früher viel weniger Wirkung gehabt hatte.

---

* *Die erste Aufführung des ‹Boris Godunow› durch die Russische Privatoper fand am 7. Dezember 1898 statt. W. P. Schkafer berichtet in seinem Buch ‹Vierzig Jahre auf russischen Opernbühnen›, Leningrad 1936, S. 165 f: «Das Werk wurde in der Redaktion von Rimskij-Korsakow gespielt. [. . .] In der Titelrolle trat zum erstenmal Schaljapin auf. Es versteht sich von selbst, daß der ‹Boris› mit Schaljapin für ganz Moskau zu einem künstlerischen Ereignis wurde. Der Künstler, dessen Godunow bis heute zu den genialsten Schöpfungen innerhalb seines reichhaltigen Repertoires gehört, konnte einen wahren Triumph feiern.»*

Bei den nächsten Aufführungen verfolgten die Zuschauer die Musik bereits vom ersten Akt an feinfühliger und aufgeschlossener.

In meiner bisherigen Bühnenpraxis ist mir so gut wie keine Rolle auf Anhieb gelungen. So gründlich ich mich auch vorbereitete – die Hauptarbeit geschah immer im Laufe der Aufführungszeit: Mit jeder neuen Vorstellung vertiefte und erweiterte sich mein Verständnis für die Rolle, steigerte sich ihre Aussagekraft, verschärften sich ihre Konturen. Nur der Boris ist mir sofort gelungen.

Die Pariser Aufführung des ‹Boris› von 1908

Als Djagilew* die Inszenierung des ‹Boris› ankündigte, sprachen die Pariser Zeitungen und das Publikum von einer «russischen Galasaison». Nie werde ich vergessen, mit welcher Liebe, mit welchem Enthusiasmus sich der Chor und das Orchester der Grand Opéra des Werkes annahmen. Das waren wirkliche Festtage für uns!

Wir führten Mussorgskijs Oper vollständig auf, was in Rußland wegen der Zensurbestimmungen nicht möglich ist.** So verliert bei uns zum Beispiel die Krönungsszene durch die zensurbedingten Verstümmelungen ihre erhabene Feierlichkeit; in Paris aber konnten wir den Metropoliten und die Bischöfe auftreten lassen, Ikonen, Kirchenfahnen, Weihrauchfässer auf der Bühne zeigen und die ganze Szene mit Glockengeläut untermalen. Es war einfach grandios! In den fünfundzwanzig Jahren, die ich beim Theater bin, habe ich keine zweite so imposante, beeindruckende Aufführung erlebt.

Zur Generalprobe wurden Gäste aus der Pariser Gesellschaft eingeladen: Künstler, Schriftsteller, Publizisten. Leider waren zu diesem Tage die Kostüme und die Dekorationen, die von Korowin und Golowin entworfen wurden, noch nicht fertig. Die Probe zu verlegen, war es aber bereits zu spät, und so waren wir alle sehr aufgeregt, denn wir fürchteten, nicht den nötigen Eindruck zu machen, wenn wir ungeschminkt und im Straßenanzug auf der Bühne erschienen. Mein Ko-

---

* *Sergej Djagilew (1872–1929), Leiter der «Ballets russes» und Förderer Igor Strawinskijs, war eine der wichtigsten Persönlichkeiten des Pariser Musiktheaters zwischen 1908 und 1929. Er organisierte an der Pariser Grand Opéra die westliche Erstaufführung des ‹Boris Godunow› mit Fjodor Schaljapin in der Titelrolle und gab später zahlreiche Ballettmusiken in Auftrag, darunter auch Strawinskijs ‹Sacre du Printemps›.*

** *Nach anderen Quellen fehlten auch bei der Pariser Aufführung mehrere Szenen, darunter die Szene in der Schenke.*

stüm war zwar fertig, doch ich zog es nicht an und schminkte mich auch nicht, um das allgemeine Bild nicht zu stören.

Unter diesen Umständen begann die Generalprobe. Ich intonierte meine Auftrittsworte, der Chor setzte ein – und übertraf sich selbst: Prächtig, wie die Löwen sangen unsere Choristen. So etwas hatten die Franzosen wohl noch nie gehört. Ich glaube überhaupt, daß es im Ausland keine solchen Chöre gibt wie bei uns, und erkläre es damit, daß in Rußland die Choristen von Kindheit an in der Kirche singen und dabei zu jenem unverwechselbar nuancierten Ausdruck erzogen werden, den unsere Kirchenmusik erfordert.

Anfangs bedauerte ich es sehr, daß wir nicht die entsprechende Ausstattung bieten konnten und ich ohne Kostüm und ungeschminkt auftreten mußte, wenn ich mir natürlich auch darüber im klaren war, daß der Eindruck, den der Künstler hervorbringen kann und muß, im Grunde genommen nicht von diesen Äußerlichkeiten abhängt. Und tatsächlich gelang mir die gewünschte Wirkung aufs Publikum. Bei den Worten

Da, was ist das? . . . Dort, sieh, dort in der Ecke . . .

konnte ich bemerken, daß ein Teil der Zuhörer ebenfalls erschrocken den Kopf in die Richtung wandte, in die ich blickte, und einige sogar von ihren Sitzen aufsprangen . . .

Für diese Szene wurde ich mit stürmischem Applaus bedacht. Der Erfolg der Aufführung war gesichert. Alles jubelte, meine Kollegen beglückwünschten mich herzlich, einige drückten mir, Tränen in den Augen, fest die Hand. Ich war glücklich wie ein Kind.

Ebenso prachtvoll wie die Generalprobe verlief die Premiere: Solisten, Chor, Orchester und Ausstattung waren der Größe des Werkes würdig. Ich kann das getrost sagen, denn die gesamte Pariser Presse urteilte in diesem Sinne.* Die Todesszene des Boris hinterließ einen erschütternden Eindruck; sie sei von «Shakespearischer Großartigkeit» gewesen, hieß es allenthalben. Das Publikum war einfach wunderbar, wie es eben nur die in ihren Gefühlsäußerungen wenig zurückhaltenden Franzosen sein können: Sie schrien vor Begeisterung, um-

---

* *Die Premiere fand statt am 19. Mai 1908 unter der musikalischen Leitung von Felix Blumenfeld. Der Kritiker des Pariser ‹Figaro› schrieb unter anderem: «Es war eine unvergleichliche Aufführung. Ich weiß nicht, was man an Schaljapin, diesem großartigen Künstler, mehr rühmen soll: seine bewegliche, biegsame, volle Stimme; seine Meisterschaft, sich ganz in die Rolle des Boris Godunow einzuleben; sein absolut natürliches Spiel selbst in den exaltierten Szenen des Werkes . . . Schaljapin ist ein kongenialer Interpret der Mussorgskijschen Kunst.»*

armten uns und bekundeten den Künstlern, dem Chor, dem Dirigenten und der Ensembleleitung auf alle mögliche Art ihre Dankbarkeit. Erinnere ich mich jener Tage, so kann ich nur sagen: Schwer ist mein Leben, aber schön! Augenblicke höchsten Glückes habe ich durch die von mir leidenschaftlich geliebte Kunst erfahren. Liebe bedeutet immer Glück, wem diese Liebe auch gehören mag; allein die Liebe zur Kunst ist das größte Glück unseres Lebens!

Leider, leider mußten wir auf die prächtige Szene in der Schenke verzichten, denn dazu hätten wir Künstler gebraucht, wie wir sie damals trotz des Reichtums Rußlands an begabten Sängern und Schauspielern nicht finden konnten. In jungen Jahren habe ich wiederholt in einer Vorstellung sowohl den Boris als auch den Warlaam dargestellt; hier jedoch schien mir das nicht angebracht: Ich betrachtete unser Gastspiel als eine Prüfung unserer russischen Kunst auf künstlerische Reife und Originalität, als eine Prüfung, die wir vor der europäischen Öffentlichkeit zu bestehen hatten. Und Europa hat uns bescheinigt, daß wir hervorragend bestanden haben!

Wir spielten den ‹Boris› im ganzen etwa zehnmal; andere Werke zeigten wir diesmal in Paris nicht.

Über die Darstellung der Rolle des Boris

Keine Schminke kann dem Schauspieler dabei helfen, eine lebendige, individuelle Gestalt zu schaffen, wenn sich auf seinem Gesicht nicht die Farben seiner Seele spiegeln – die psychologische «Schminke». Die seelische Bewegung ist völlig unabhängig von Schminke und Maske. Auch ohne Schminke wird in der künstlerischen, nicht mechanischen Darstellung einer Rolle die seelische Bewegung offenbar sein . . . Hierzu ein schönes Beispiel.

Als Djagilew (ich glaube, es war 1908) in der Grand Opéra die erste russische Opern- und Ballettsaison veranstaltete, wurde ‹Boris Godunow› zum erstenmal in Paris aufgeführt. Die Inszenierung war in jeder Hinsicht prächtig. Die hervorragenden russischen Maler Golowin und Korowin hatten die Dekorationen geschaffen, alle Kostüme stammten

Links: Kostümfigurinen von Iwan Bilibine für die Pariser Erstaufführung des ‹Boris Godunow› am 19. Mai 1908, in der Fjodor Schaljapin zum erstenmal im westlichen Ausland die Partie des Boris verkörperte.

aus den Petersburger kaiserlichen Theatern, und die Chöre setzten sich aus den besten Moskauer und Petersburger Sängern zusammen. Da es sich um das wohl bemerkenswerteste Pariser Theaterereignis der Saison handelte, wurden natürlich alle bedeutenden Leute der französischen Metropole zur Generalprobe eingeladen. Auch die gesamte Presse. Doch im Theaterleben geht es nie ohne Überraschungen ab. Es stellte sich nämlich heraus, daß zur Hauptprobe verschiedene Kulissen nicht aufgestellt werden konnten, vermutlich, weil sie noch nicht fertig waren, und daß auch verschiedene Kostüme nicht zur Verfügung standen, vermutlich, weil sie noch nicht ausgepackt waren. Die Generalprobe konnte man aber unmöglich verschieben! . . . Ich war, wie immer, sehr aufgeregt. Aus Wut erklärte ich kategorisch:

«Wenn ihr die Dekorationen und die Kostüme nicht fertig habt, dann bin ich auch nicht fertig! Ich denke gar nicht daran, mich zu schminken und mein Kostüm anzuziehen, sondern werde in meinem Straßenanzug spielen!»

Und das tat ich auch. Genau wie in der Vorstellung, jedoch unkostümiert, ging ich auf die Bühne und sang:

> Mein Töchterlein! Mein liebes Täubchen!
> Bei deinen Freundinnen vergiß den bittren
> Kummer; zerstreue dich mit frohem Spiele.
> Nun geh, mein Kind . . .

Und genau wie in der Vorstellung sprach ich zu Fjodor:

> Einst kommt die Zeit, vielleicht schon kommt sie bald,
> da dir, dir dieses Riesenreich gehört . . .
> Drum lern, mein Sohn!

Ich hätte gar nicht so sehr darauf geachtet, inwieweit meine Ermahnungen an die Kinder und mein Monolog natürlich waren, wenn ich nicht in dem Augenblick, als ich mich vom Stuhl erhob und, den Blick in die Ecke gerichtet, sprach:

> Da, was ist das? . . . Dort, sieh, dort in der Ecke . . .

im Parkett einen furchtbaren Lärm wahrgenommen hätte, der mich

Rechts: Fjodor Schaljapin in der Wahnsinnsszene des Boris. Die eindringliche darstellerische Gestaltungskraft Schaljapins erreichte in dieser Rolle einen ihrer Höhepunkte.

nicht wenig beunruhigte. Ich schielte ins Publikum, um festzustellen, was passiert sei. Da merkte ich, daß sich die Zuschauer erhoben hatten, ja zum Teil auf ihre Sitze gestiegen waren und – in die Ecke blickten, neugierig, was ich dort wohl gesehen hätte . . . Da ich Russisch sang, konnten sie den Text nicht verstanden haben; sie hatten also allein an meinem Blick gemerkt, daß ich über etwas sehr erschrocken war.

Hätte die Maskierung diesen Eindruck verstärkt? Wohl kaum. Und wenn, dann lediglich in dekorativer Hinsicht.

Die Rolle des Boris als historische Persönlichkeit

Wenn die Gestalt erfunden, also ein Phantasieprodukt des Autors ist, weiß ich nunmehr alles, was der Partitur über sie zu entnehmen ist. Sie «steckt» ganz im Werk selbst. Ich finde nichts, was zusätzlich Licht auf diese Gestalt werfen kann. Und suche auch gar nicht danach. Anders ist es jedoch, wenn die Gestalt eine historische Persönlichkeit ist. In diesem Falle bin ich verpflichtet, mich auch der Geschichte zuzuwenden: Ich muß untersuchen, mit welchen historischen Ereignissen sie verbunden ist, wodurch sie sich vor anderen Menschen ihrer Zeit und ihrer Umgebung auszeichnete, wie sie von den Zeitgenossen beurteilt wurde und wie sie die Historiker sehen. Wozu das alles? Ich spiele ja schließlich nicht die Historie, sondern eine Person in einem künstlerischen Werk, mag es nun der historischen Wahrheit entsprechen oder nicht . . . Diese Untersuchungen sind aus folgenden Gründen notwendig: Befindet sich der Autor mit der Geschichte in voller Übereinstimmung, so hilft mir die Geschichte, seiner künstlerischen Absicht vollkommener gerecht zu werden; ist der Autor von den geschichtlichen Tatsachen abgewichen, das heißt, hat er sich in bewußten Widerspruch zur Historie begeben, dann ist mir die Kenntnis der historischen Zusammenhänge noch weit wichtiger als im ersten Falle. Denn gerade die Abweichungen von der historischen Wahrheit offenbaren die subtilsten und persönlichsten Tendenzen in der Absicht des Autors. Die Historie schwankt – sie weiß nicht, ob Zar Boris an der Ermordung des Zarewitschs Dimitrij in Uglitsch schuld war oder nicht. Puschkin läßt

Rechts: Fjodor Schaljapin als Boris. Wie der Sänger in seinen autobiographischen Aufzeichnungen berichtet, ging es ihm darum, die Figur des Boris als historische Persönlichkeit, gefiltert durch die subjektive Sicht Puschkins und Mussorgskijs, «tragisch-sympathischer» zu gestalten.

ihn schuldig sein, Mussorgskij stattet ihn sodann mit einem Gewissen aus, in dem, wie ein Raubtier hinter Gittern, die Verbrechensqual tobt. Das Werk Puschkins und die Mussorgskijsche Interpretation der Gestalt des Zaren sagen mir doch viel mehr, wenn ich weiß, daß wir es hier nicht mir einer erwiesenen historischen Tatsache zu tun haben, sondern mit einer subjektiven Auslegung der Geschichte. Selbstverständlich – wie könnte es anders sein! – halte ich mich an die Puschkinsche Konzeption in der Verwirklichung Mussorgskijs und spiele einen *verbrecherischen* Zaren Boris, und dennoch entnehme ich der historischen Kenntnis darstellerische Details, die sonst eben fehlten. Ich kann es nicht mit Sicherheit behaupten, aber ich habe den Eindruck, daß diese Kenntnisse mir dabei helfen, den Boris Godunow tragisch-sympathischer zu gestalten . . .

Von diesen Erwägungen geleitet, wandte ich mich, als ich die Rolle des Boris vorbereitete, an unseren berühmten Historiker W. O. Kljutschewskij mit der Bitte um Hinweise und Ratschläge. In freudiger Dankbarkeit erinnere ich mich daran, wie wundervoll mir der unvergeßliche Wassilij Ossipowitsch von Boris, seiner Zeit und seinem Milieu berichtete. Der bestechende Meister des Wortes, begabt mit gewaltiger, historischer Vorstellungskraft, erwies sich dabei auch als ein glänzender Schauspieler. Auf Spaziergängen durch die Wälder seiner Heimat erzählte er mir vom Charakter des Fürsten Wassilij Schuiskij. Was war das für eine ungewöhnliche, erstaunliche Erzählung! Plötzlich bleibt er stehen, tritt zwei, drei Schritte zurück, streckt schmeichlerisch den Arm nach mir – dem Zaren – aus und spricht ungemein bedacht, ungemein süß:

Doch weißt du selbst: Der unvernünftge Pöbel
ist treulos, wetterwendisch, abergläubisch,
läßt sich durch leere Hoffnung leicht betören,
leiht der Verführung allezeit sein Ohr;
die Wahrheit aber läßt ihn taub und kalt,
die dümmsten Märchen sind sein liebstes Futter,
und leicht bewegt man ihn zu frechem Wagnis.
Wenn jener unbekannte Abenteurer nun
die Grenzen Polens wirklich überschreitet,
wer weiß, ob nicht der auferstandne Name
. . . das Volk verlockt . . .

Und während er spricht, blickt er mich aus listigen Augen an, gleichsam prüfend, welchen Eindruck seine Worte auf mich machen –

ob ich erschrocken bin, ob mich innere Unruhe erfaßt. Das zu wissen ist ihm sehr wichtig für sein politisches Spiel. So erstand der leibhaftige Schuiskij vor mir, und ich begriff, daß ich, Zar Boris, den bis ins letzte durchtriebenen Schuiskij, den Kljutschewskij hier lebendig werden ließ, als vollendeten Intriganten und nicht einfach als einen harmlosen vortragenden Höfling anhören mußte.

So erhalte ich durch aufmerksames Studium der Rolle und der Quellen, also durch rein verstandesmäßige Arbeit, den ersten Zugang zum Charakter der darzustellenden Person. Ich eigne mir gewissermaßen den Stoff an, etwa so, wie ein Schüler sein Pensum aus dem Schulbuch lernt. Das ist natürlich erst der Anfang.

Beurteilung der Boris-Bearbeitung Rimskij-Korsakows und über Mussorgskijs Realismus

Es gehört zu den für mich schmerzlichsten Zufällen meines Lebens, daß ich Mussorgskij nicht mehr kennengelernt habe. Er starb, bevor ich nach Petersburg kam. Das ist so, als verpaßte man einen schicksalsweisenden Zug: Man kommt auf den Bahnhof, und der Zug fährt vor unseren Augen davon – für immer!

Doch das Andenken Mussorgskijs wurde in diesem Kreis* mit Liebe gepflegt, mit stolzer Liebe. Längst wußten sie alle, daß Mussorgskij ein Genie gewesen war. Nicht umsonst arbeitete Rimskij-Korsakow mit geradezu religiösem Eifer am ‹Boris Godunow›, Mussorgskijs bedeutendster Hinterlassenschaft. Heute wird ihm von vielen Seiten der schwere Vorwurf gemacht, er habe Mussorgskij entstellt. Ich bin zwar kein Komponist, aber meiner bescheidenen Meinung nach ist dieser Vorwurf zutiefst ungerecht. Allein schon die *materielle* Mühe, die Rimskij-Korsakow für diese Arbeit aufgewandt hat, ist bewundernswert und für alle Zeiten beispielhaft. Ohne diese Mühe hätte die Welt wahrscheinlich bis heute den ‹Boris› noch nicht kennengelernt. Mussorgskij war bescheiden: Daß sich ganz Europa einmal für seine Musik interessieren würde, kam ihm überhaupt nicht in den Sinn. Er war besessen von der Musik. Er schrieb, weil er schreiben *mußte*. Er komponierte immer und überall. In der Petersburger Kneipe «Zum kleinen Jaroslawler» saß er allein in einem Hinterzimmer beim Wodka und

---

* *Gemeint ist der Balakirew-Kreis, das sogenannte «Mächtige Häuflein», das jedoch zu dieser Zeit nicht mehr im ursprünglichen Zusammenhalt existierte.*

schrieb Musik. Auf Servietten, auf Rechnungen, auf fettigen Papierfetzen . . . Ein großer «Lumpensammler» war er. Er suchte alles zusammen, was Musik war. Und ein verständiger Sammler war er. Selbst der Zigarettenstummel hatte für ihn Aroma. Für den ‹Boris Godunow› schrieb er so viel Musik, daß eine Aufführung des Werkes in dieser Form von vier Uhr nachmittags bis weit nach Mitternacht dauern würde. Rimskij-Korsakow hat das erkannt und die Oper gekürzt, doch wohlgemerkt so, daß alles *Wertvolle* erhalten blieb. Gewiß, seine Bearbeitung hat Mängel. Rimskij-Korsakow war Klassiker reinsten Wassers; Dissonanzen liebte er nicht, er hatte kein Empfinden für sie. Nein, richtiger: er empfand sie als schmerzhaft. Schon Quint- oder Oktavparallelen bereiteten ihm Unbehagen. Ich weiß noch, wie ich ihn nach der Pariser Premiere der ‹Salome› von Richard Strauss im Café de la Paix traf: Er war krank, buchstäblich krank von der Straussschen Musik! In seinem etwas näselnden Tonfall sagte er: «Das ist ja abscheulich! Das ist ja widerlich! Der ganze Körper schmerzt von dieser Musik!» Da war es nur natürlich, daß auch so manches in Mussorgskijs Musik sein Ohr kränkte. Außerdem war Rimskij-Korsakow Petersburger, und als solcher hatte er zum Moskauischen nicht immer das rechte Verhältnis. Mussorgskij dagegen war seinem Geiste nach Moskauer durch und durch. Selbstverständlich hatten auch die Petersburger tiefes Verständnis und unmittelbares Gefühl für das nationale Rußland, für das russische Volk und seine Lebensäußerungen; doch in den Moskauern steckte wohl noch mehr Bodennähe, mehr «Schwarzerdegeruch». Sie trugen sozusagen noch die alten russischen Kragenhemden . . . Überhaupt fühlten sich alle unsere musikalischen Klassiker, bei aller Verehrung für Mussorgskij, in der Tiefe ihrer Seele von seinem – sie meinten – allzu massiven «Realismus» etwas abgestoßen.

Im allgemeinen gilt Mussorgskij tatsächlich als großer Realist der Musik, auch bei den meisten seiner begeisterten Anhänger. Ich bin zwar keine so große musikalische Autorität, als daß ich eine fest begründete Meinung hierüber äußern könnte. Allein mein Gefühl als Sänger, der die Musik mit der Seele aufnimmt, sagt mir, daß diese Klassifizierung für Mussorgskij viel zu eng ist und seine Größe nicht zum mindesten umfaßt. Es gibt schöpferische Gipfel, auf denen alle formalen Epitheta ihren Sinn verlieren oder zu untergeordneter Bedeutung absinken. Natürlich war Mussorgskij Realist; doch die Kraft, die Gewalt seiner Kunst besteht nicht darin, daß seine Musik realistisch ist, sondern darin, daß sein Realismus die *Musik* ist, die Musik im erschütterndsten Sinne des Wortes. Hinter seinem Realismus liegt,

Einer der berühmtesten Darsteller des Boris der letzten Jahre ist der finnische Bassist Martti Talvela, der auch bei der ersten Schallplatten-aufnahme der Originalfassung des ‹Boris Godunow› die Hauptpartie übernommen hat (vgl. Diskographie). Das Foto stammt aus einer Auf-führung der Deutschen Oper Berlin im Jahre 1975.

wie hinter einem Vorhang, eine ganze Welt von Überzeugungen und Gefühlen, die mit Realismus gar nichts gemein haben. Für mich ist selbst die Partie des Warlaam, dieser durch und durch realistischen Gestalt, die förmlich nach «Alkoholdunst» riecht, nicht nur realistisch, sondern auch schwermütig, schrecklich, angsteinflößend in ihrer musikalischen Grenzenlosigkeit. [. . .]

Mussorgskij als Komponist sieht und hört alle Gerüche eines Gartens oder einer Schenke und erzählt so eindrucksvoll und überzeugend davon, daß auch das Publikum schließlich die Gerüche hört und nachempfindet. [. . .]

Das ist Realismus, gewiß, aber ein Realismus besonderer Art, wie wir ihn von jenen russischen Bauern kennen, die aus rohen Balken und mit einfachen Beilen (andere Werkzeuge gebrauchen sie nicht dazu) eine Kirche bauen, deren kunstvolle Ornamentik selbst die beste Intarsienarbeit übertrifft.

Zeittafel

1766 Geburtsjahr des Historikers Nikolai Michailowitsch Karamsin, dessen zwölfbändige ‹Geschichte des russischen Reiches› die Quelle für die historische Basis des Dramas ‹Boris Godunow› von Alexander Puschkin und der Oper Modest Mussorgskijs war.

1799 Am 29. Mai wird Alexander Puschkin in Moskau geboren.

1824 Der neunte bis elfte Band von Karamsins Geschichtswerk erscheint. Puschkin beginnt im Dezember mit der Arbeit am ‹Boris Godunow›.

1825 Am 7. November hat Puschkin das Drama ‹Boris Godunow› fertiggestellt. Im Dezember scheitert ein Umsturzversuch der Dekabristen, unter denen sich Bekannte Puschkins finden.

1831 Die russische Theaterzensur läßt die Drucklegung des ‹Boris Godunow› zu, verbietet aber (bis 1866) eine Aufführung. Bei der zeitgenössischen Kritik stößt das Drama auf Ablehnung und Unverständnis.

1839 Am 21. März wird Modest Mussorgskij in Karewo/Gouvernement Pskow geboren.

1863 Am 15. Dezember hat Mussorgskij die Partitur der zweiten Szene des zweiten Akts der geplanten und nicht vollendeten Oper ‹Salambo› nach Flauberts ein Jahr vorher erschienenem Roman vollendet. Er wird später Musik aus diesem Fragment in die Oper ‹Boris Godunow› übernehmen.

1868 Im Anschluß an Alexander Dargomyschskijs wörtliche Vertonung des kleinen Dramas ‹Der steinerne Gast› von Puschkin arbeitet Mussorgskij im Sommer an dem ersten Versuch, einen Prosatext unverändert zu vertonen. Er wählt dafür Gogols ‹Heirat› und bleibt aber mit dieser «Opéra dialogue» nach den ersten vier Szenen stecken. Im Herbst macht ihn der Historiker Wladimir Nikolskij auf den Stoff der Boris-Tragödie aufmerksam, und Mussorgskij hat bereits am 4. November das erste und am 14. November das zweite Bild des Prologs in der Klavierfassung komponiert.

1869 Mussorgskij beendet die Partitur der ersten Fassung des ‹Boris Godunow› am 15. Dezember.

1870 Im Frühjahr reicht Mussorgskij das Material dem Petersburger Marinskij-Theater ein und hofft vergeblich auf eine Aufführung. Am 17. September findet zunächst einmal die Uraufführung von sechzehn der insgesamt dreiundzwanzig Szenen des Puschkinschen ‹Boris› im Marinskij-Theater statt.

1871 Am 17. Februar erhält Mussorgskij sein Material mit dem abschlägigen Bescheid zurück. Er beginnt am 6. September mit der Umarbeitung zur zweiten Fassung und fügt vor allem mit dem neuen Polen-Aufzug die vorher fehlende führende Frauenrolle ein. Die näheren Umstände und eventuelle politische Motive der Umarbeitung sind nicht bekannt.

1872 Am 5. Februar dirigiert Eduard Náprawník, musikalischer Leiter des Marinskij-Theaters, in einem Konzert der Russischen Musikgesellschaft in Petersburg eine konzertante Voraufführung der Krönungsszene (Prolog, zweites Bild). Am 3. April dirigiert Milij Balakirew in einem Konzert der Petersburger Musikalischen Freischule eine konzertante Aufführung der Polonaise aus dem zweiten Bild des Polen-Aufzugs. Am 23. Juli ist die Partitur der gesamten zweiten Fassung des ‹Boris Godunow› fertiggestellt. Das Marinskij-Theater lehnt am 29. Oktober wiederum eine Aufführung ab.

1873 Am 5. Februar leitet Náprawník im Marinskij-Theater die erste szenische Aufführung des Schenkenbildes (zweites Bild des ersten Aufzugs) und des Polen-Aufzugs. An diesem Abend werden noch der zweite Aufzug von Wagners ‹Lohengrin› und die erste Szene des zweiten Aufzugs von Webers ‹Freischütz› gegeben. Der ungeheure Erfolg der Ausschnitte aus ‹Boris Godunow› hat zur Folge, daß Mussorgskij mit dem Petersburger Verleger Bessel einen Vertrag über die Veröffentlichung des Klavierauszugs der zweiten Fassung schließt.

1874 Der erste gedruckte Klavierauszug des ‹Boris Godunow› erscheint am 15. Januar. Er weicht im zweiten Aufzug von der Partitur (1872) der zweiten Fassung ab (vgl. das Textbuch im vorliegenden Band). Inzwischen haben die Proben zur Uraufführung am Marinskij-Theater begonnen. Die Annahme zur Aufführung ist der Initiative der ersten Marina, der Sängerin

Julia Platonowa, zu verdanken. Die Uraufführung, unter der Leitung von Náprawník, findet, mit großem Erfolg, am 27. Februar statt. Die Dekorationen sind genau diejenigen, die vier Jahre früher für die Uraufführung des Puschkinschen Dramas benutzt wurden. Stassow berichtet, daß der Jubel des Publikums so groß war, daß Mussorgskij bis zu zwanzigmal vor dem Vorhang erscheinen mußte. Aufführungen finden, mit Unterbrechungen, bis in das Jahr 1882 im Marinskij-Theater statt.

1881 Am 28. März stirbt Modest Mussorgskij im Petersburger Nikolai-Militärhospital. Nikolai Rimskij-Korsakow nimmt sich des künstlerischen Nachlasses an.

1888 Im Dezember findet die Moskauer Erstaufführung der Oper ‹Boris Godunow› im Bolschoi-Theater statt. Bis zum Januar 1890 sind zehn Aufführungen nachgewiesen.

1896 Rimskij-Korsakow beendet seine erste Umarbeitung des ‹Boris Godunow›, die außer einer vollständigen Uminstrumentierung der Originalfassung eine Fülle harmonischer Glättungen und eine Reihe von Kürzungen enthält. Im Mai erscheint der Klavierauszug im Druck, und am 28. November wird diese Fassung auf der Bühne des Petersburger Konservatoriums uraufgeführt.

1898 Am 7. Dezember debütiert Fjodor Schaljapin als Boris in der Moskauer Erstaufführung der ersten Umarbeitung Rimskij-Korsakows auf der Bühne der Russischen Privatoper.

1904 Im November führt das Petersburger Marinskij-Theater seine Erstaufführung der Rimskij-Korsakowschen Bearbeitung des ‹Boris› mit Schaljapin in der Titelrolle auf.

1906 Rimskij-Korsakow beginnt die Arbeit an einer zweiten Fassung seiner ‹Boris›-Version, die sich von der früheren unter anderem dadurch unterscheidet, daß sieben Kürzungen wieder aufgemacht werden (Pimens Erzählung von den Zaren, Fjodors Lesung der Landkarte mit Boris, die Papageien-Erzählung Fjodors, sechzehn Takte für Boris nach dem Auftritt Schuiskijs, das sogenannte große Glockenspiel, das heißt die Halluzinationsszene, ferner die Szene zwischen Dimitrij und Rangoni sowie die spätere Soloszene Dimitrijs).

1908 Der Klavierauszug der zweiten, endgültigen ‹Boris›-Bearbeitung Rimskij-Korsakows erscheint im Druck und ist die Basis für die erste Aufführung der Oper außerhalb Rußlands: Am 19. Mai dirigiert Felix Blumenfeld in der Pariser Oper die neue Fassung mit Schaljapin in der Titelrolle. Die Aufführung ist das Signal für den internationalen Durchbruch des Stücks.

1913 Die erste deutsche Aufführung des ‹Boris Godunow› in der Bearbeitung Rimskij-Korsakows findet am 29. Oktober in Breslau statt.

1924 Der Verlag Bessel gibt einen Neudruck des originalen Klavierauszugs von 1874 heraus.

1925 In Riga wird eine Neuinstrumentation des originalen Klavierauszugs ‹Boris Godunow›, die der lettische Komponist Meligailis besorgt hat, zum erstenmal aufgeführt.

1926 Oskar von Riesemann veröffentlicht im Anhang seiner Mussorgskij-Biographie die bisher ungedruckte, weil aus der Fassung von 1869 stammende Szene vor der Basilius-Kathedrale.

1927 Michail Ippolitow-Iwanow instrumentiert die Szene vor der Basilius-Kathedrale im Stil Rimskij-Korsakows. Am 18. Januar wird diese Szene in eine Neuinszenierung der Version Rimskij-Korsakows des Moskauer Bolschoi-Theaters aufgenommen.

1928 Der sowjetische Musikwissenschaftler Pawel Lamm beginnt seine Arbeit an der geplanten kritischen Gesamtausgabe der Werke Mussorgskijs und veröffentlicht eine vierbändige Partitur, den Klavierauszug, das Libretto und die Orchesterstimmen aller von Mussorgskij komponierten Fassungen des ‹Boris› nebst Varianten. Die Leningrader Neuinszenierung, die am 16. Februar Premiere hat, orientiert sich an der Fassung von 1869 und fügt den Polen-Aufzug und die Revolutionsszene aus der Fassung von 1872 hinzu.

1936 Die Hamburger Oper bringt die deutsche Erstaufführung der Fassung von 1872 heraus.

1940 Dimitrij Schostakowitsch beendet seine Neuinstrumentation des Lammschen Klavierauszugs von 1928, die das Moskauer Bolschoi-Theater in Auftrag gegeben hat. Die Aufführung kommt wegen der Kriegsereignisse vorerst nicht zustande.

1953 An der Metropolitan Opera New York wird eine Neuinstrumentation des ‹Boris Godunow› von Karol Rathaus uraufgeführt.

1959 Am 4. November geht die Uraufführung der Schostakowitsch-Fassung des ‹Boris Godunow› im Leningrader Kirow-Theater (ehemaliges Marinskij-Theater) in Szene.

1961 Im Februar führt die Staatsoper Berlin (DDR) die Instrumentation Schostakowitschs in der Szenenfolge der Fassung von 1869 auf.

1962 In Mannheim findet die westdeutsche Erstaufführung der Schostakowitsch-Fassung statt.

1970 Die Kölner Oper bringt als erste deutsche Bühne die Fassung von 1869 heraus.

1975 Bei der Oxford University Press erscheint eine zweibändige Partitur aller von Mussorgskij komponierten Fassungen nebst Varianten seiner Oper ‹Boris Godunow›, herausgegeben von David Lloyd-Jones. Die Ausgabe enthält auch einen umfangreichen kritischen Bericht.

1977 Auf der Basis der Partiturausgabe von David Lloyd-Jones dirigiert Jerzy Semkow die erste Schallplatteneinspielung des originalen ‹Boris Godunow› (vgl. Diskographie).

Bibliographie

*Eine Auswahl empfohlener nicht-russischer Schriften
zum Thema ‹Boris Godunow›*

Kurt von Wolfurt: Das Problem Mussorgskij–Rimskij-Korssakoff.
Ein Vergleich zwischen dem Original-Klavierauszug von Mussorg-
skijs «Boris Godunoff» und Rimskij-Korssakoffs Bearbeitung. – In:
Die Musik 17/1925

Oskar von Riesemann: Monographien zur russischen Musik. Bd. II:
M. P. Mussorgski. München 1926

Kurt von Wolfurt: Mussorgskij. Stuttgart 1927 (Enthält eine umfangreiche Auswahl von Briefen Mussorgskijs im Anhang)

Igor Glebow (Boris Assafjew): Der Ur-Boris in Leningrad. – In:
Musikblätter des Anbruch 5/1928

The Musorgsky Reader. A Life of Modest Petrovich Musorgsky in
Letters and Documents. Hg. und übers. von Jay Leyda und Sergei
Bertensson. New York 1947 (Reprint 1970)

Michel D. Calvocoressi: Modest Mussorgsky. His life and works. Fair
Lawn 1956

Boris Jarustowski: Die Dramaturgie der klassischen russischen Oper.
Berlin 1957

Rudolf Klein: Die Fassungen des «Boris Godunow». – In: Österreichische Musikzeitschrift 16/1961

Martin Schulze: Puschkin, «Boris Godunow», Dichtung und Wirklichkeit. Frankfurt a. M. 1963

Günter Meyer: Puschkins und Mussorgskys «Boris Godunow». – In:
Österreichische Musikzeitschrift 20/1965

Heidemarie Stahl: Zur Ästhetik Modest Mussorgskis. – In: Jahrbuch
der Komischen Oper Berlin V. Berlin 1965

Lothar Hoffmann-Erbrecht: Die russischen Volkslieder in Mussorgskis «Boris Godunow». – In: Festschrift Walter Wiora. Kassel
1967

Nikolai Rimskij-Korsakow: Chronik meines musikalischen Lebens.

Hg. und aus dem Russischen übertragen von Lothar Fahlbusch. Leipzig 1968

Gerald Abraham: Mussorgsky's «Boris» and Pushkin's. – In: Slavonic and Romantic Music. London 1970. S. 178–187

Fjodor Schaljapin: Aus meinem Leben. (Bilder aus meinem Leben. Maske und Seele.) Aus dem Russischen hg. und übertragen von Lothar Fahlbusch. Leipzig 1972

Gerlinde Fulle: Modest Mussorgskijs «Boris Godunow». Geschichte und Werk. Fassungen und Theaterpraxis. Wiesbaden 1974

Iwan Sollertinski: «Boris Godunow» von M. P. Mussorgski. – In: Von Mozart bis Schostakowitsch. Übers. von Christof Rüger. Hg. v. Michail Druskin. Leipzig 1979

Manfred Schandert: Das Problem der originalen Instrumentation des «Boris Godunow» von M. P. Mussorgskij. Hamburg 1979

Dietmar Holland

Anmerkungen zur Diskographie

Die diskographische Situation des ‹Boris Godunow› spiegelt das Mißtrauen oder vielleicht sogar die Furcht der Modernität Mussorgskijs gegenüber in einer Weise wider, die bedenklich stimmt. Seit es Gesamtaufnahmen gibt, wird die Bearbeitung Rimskij-Korsakows, teilweise unter Einschluß der Szene vor der Basilius-Kathedrale in der Rimskij-Korsakow ähnlichen Instrumentation von Michail Ippolitow-Iwanow, benutzt, eine Bearbeitung, die Igor Strawinsky als «Meyerbeerisierung» bezeichnet hat – und das sicher nicht zu Unrecht. Freilich, ohne Rimskij-Korsakow und Fjodor Schaljapin wäre der ‹Boris› wohl kaum ins internationale Opernrepertoire aufgerückt. Wer jedoch jemals eine der beiden Originalfassungen, entweder die sieben Bilder des Ur-Boris von 1869 oder die spätere um den Polen-Aufzug erweiterte Fassung von 1872, gehört hat, dürfte einigermaßen erstaunt sein, daß sich Rimskij-Korsakows (gutgemeinte) Version überhaupt langfristig durchsetzen konnte. Oder hat sie sich gerade deswegen durchgesetzt, weil sie so kulinarisch ist? Demnach hätte Herbert von Karajan völlig recht gehabt, als er bei seiner Schallplattenproduktion (1971) genau diesen Aspekt geradezu kongenial verwirklichte. Wer hören will, in welchem Ausmaß es Rimskij-Korsakow gelungen ist, den unbotmäßigen Ausdruck der Musik Mussorgskijs so weit zu domestizieren, daß alle Ecken und Kanten, alle Rauheiten und alle beängstigende Wahrheitstreue vom spätromantischen Mischklang hinweggespült werden, der wird von Karajans Aufnahme begeistert sein. Es ist wirklich die Rettung Rimskij-Korsakows auf Kosten Mussorgskijs.

Doch die Geschichte des ‹Boris› auf der Schallplatte hatte ihren ersten Höhepunkt mit Schaljapins zwischen 1910 und 1931 erstellten Aufnahmen einzelner Szenen. Erwähnt seien vor allem die auf HMV RLS 710 greifbaren Passagen des Live-Mitschnitts am 4. Juli 1928 in Covent Garden. Trotz Rimskij-Korsakow-Fassung und trotz akustischer Präsentation meint man in der Halluzinationsszene und in der Todesszene den großen Schauspieler Schaljapin vor sich zu sehen, der den Geist Mussorgskijs, nicht Rimskij-Korsakows, realisiert. Die deklamatorische Freiheit, die er sich allerdings herausnimmt, verträgt sich beim heutigen Hören nicht mit unseren Vorstellungen von «Werktreue», was immer das auch sein mag. Mir scheint aber, daß es die Absicht Schaljapins war, ein Moment der Mussorgskijschen Ästhetik hervorzukehren: die Verschmelzung von Sprechtheater und Musiktheater; auch wenn das gegen die Intention der Bearbeitung Rimskij-Korsakows verstieß, die ja «große Oper» wollte. Unverzichtbar ist jedenfalls Schaljapins Ansatz, Mussorgskijs Opernkonzeption vom Schauspiel her zu begreifen, da selbst das Orchester Mussorgskijs sich mimisch-gestisch verhält und nicht begleitet oder gar illustriert.

Wie das in Mussorgskijs Instrumentation, so unbeholfen sie in Details auch sein mag, plastisch zur Geltung kommt, davon vermittelt, jedoch nur ansatzweise, die erste Gesamtaufnahme der Originalfassung unter Jerzy Semkow (1977) einen Eindruck. Auf der Basis der neuen Partitur-Ausgabe von David Lloyd-Jones (1975) entschloß sich der polnische Dirigent, die beiden Originalfassungen (1869 und 1872) zu mischen. Das geschah folgendermaßen: Zusätze der ersten Fassung, die in der zweiten gestrichen sind, beispielsweise der Schluß des ersten Prolog-Bildes oder die Morderzählung Pimens in der Klosterszene, ferner Varianten und Einschübe im zweiten Aufzug aus der Partitur von 1872, die im Klavierauszug von 1874 (und übrigens auch in der Bearbeitung Rimskij-Korsakows) fehlen, wurden mit hineingenommen, ebenso die Szene vor der Basilius-Kathedrale. Letzteres hatte die notwendige Folge, daß der Auftritt des Gottesnarren in der Revolutionsszene gestrichen wurde und man nur sein Schlußlied beibehielt, denn den Auftritt mit den Buben hat Mussorgskij wörtlich in die spätere Fassung übernommen. Bedauerlich ist aber, daß man darauf verzichtet hat, die erheblich von der zweiten Fassung abweichende Gestaltung des ursprünglichen zweiten Aufzugs aufzunehmen. Von dieser Version liegt also bis heute keine Schallplattenaufnahme vor. Ebenso wartet man vergeblich auf eine Gesamtaufnahme der interessanten und diskutablen Instrumentation Schostakowitschs, die ja bekanntlich keine kompositorischen Eingriffe enthält (wie Rimskij-Korsakows Bearbeitung), sondern gewissermaßen die Mussorgskijsche Instrumentation vor sich selber verteidigt, indem sie deren Tendenz mit Metierbeherrschung verbindet. Doch zurück zu Semkows Erstaufnahme der Originalfassungen. So erfreulich das Projekt ist, endlich, nach über hundert Jahren, den von Mussorgskij gewünschten Klang der Uraufführung einem breiteren Hörerkreis zu vermitteln – die Opernhäuser haben sich ohnehin bereits in der letzten Zeit verstärkt den Originalfassungen zugewandt –, die musikalische Haltung des Dirigenten bleibt doch hinter den Anforderungen der Partitur zurück. Auf weite Strecken hin neigt Semkow zu langsamen Tempi und zu weicher Artikulation, fast so, als fürchte er sich vor der Schärfe der musikalischen Charakteristik Mussorgskijs. Das wird besonders deutlich in der Szene «Schenke an der litauischen Grenze», einer komisch-realistischen Szene, bei der viele charakteristische musikalische Details auf knappem Raum aufeinanderprallen. Man vermißt in Semkows Darstellung die notwendige Flexibilität und Farbigkeit. Darunter leidet insbesondere die (übrigens von Aage Haugland vorzüglich gesungene) Ballade des Warlaam, deren wilder Gestus allzu gezähmt erscheint. Ähnliches gilt für den musikalischen Aufruhr in der Revolutionsszene. Was der Einspielung dennoch gelingt, ist die «Kinderstube» des zweiten Aufzugs, die Ruhe der Klosterszene und die markerschütternden Schreie des Volkes um Brot in der Szene vor der Basilius-Kathedrale. Leider zerdehnt Semkow dann wieder das Schlußlied des Gottesnarren (Paulos Raptis) schon so stark, daß es langweilig wirkt, anstatt zu erschüttern. Was die Aufnahme letztlich doch hörenswert macht, ist die Gestaltung der Titelpartie durch Martti Talvela. Die vielfältigen Nuancen des Mussorgskijschen Sprechgesangs zwischen den Grenzen des Ariosen einerseits und dem flüsternd gesprochenen Wort andererseits entfaltet er sehr überzeugend. Hier gibt es keine pathetische Selbstdarstellung, keinen selbstgefällig dröhnenden Baß, sondern einen umfassenden menschlichen Charakter, dessen allmählicher seelischer Verfall im Vordergrund steht.

Alle übrigen Gesamtaufnahmen tragen, wenn man so will, den Makel der «Meyerbeerisierung» und werden von Karajans opulenter Interpretation in den Hintergrund gedrängt. Daran ändert auch Boris Christoffs frühe Einspielung (1952) nichts, da, außer der wirklich außerordentlichen Gestaltung der Titelpartie, diese Aufnahme insgesamt (und auch klangtechnisch) nicht an das akustische Breitwand-Erlebnis der Karajan-Version heranreicht.

Liste der Gesamtaufnahmen*
(wenn nicht anders angegeben in Originalsprache)

a) Fassung von Rimskij-Korsakow

1948 Nikolai/Golowanow (Reisen, Nelepp, Chanajew, Michailow, Lubenzow, N. N., Koslowski, Sipajew, Turtschina, Kruglikowa; Chor und Orchester des Bolschoi-Theaters, Moskau)
Recital Records RR-440

1949 Nikolai Golowanow (Besetzung wie oben mit Alexander Pirogow als Boris)
Melodia DO 5836-43 oder
Ultraphone 159-62

1952 Issay Dobrowen (Christoff, Gedda, Bielecki, Christoff, Christoff, Borg, Pasternak, Zareska, Lebedewa, Zareska; Choeurs Russes de Paris, Orchestre National de la Radiodiffusion Française)
EMI Seraphim ID-6101

1955 Artur Rodzinski (Christoff, Picchi, Mercuriali, Modesti, Lopatto, NN., NN., Corsi, di Lelio, Cadoni; Chor und Orchester von RAI, Rom)
HOPE 220 (italienisch gesungen)

1956 Krešimir Baranovic (Changalowich, Brajnik, Andrashewich, Piwnichki, Tsweych, Bugarinovich, Janchich, NN., Kaluchich, Miladinowich; Chor und Orchester der Belgrader Oper)
Decca LXT 5054-6

1962 André Cluytens (Christoff, Ouzounov, Lanigan, Christoff, Christoff, Diakov, Dulguerov, Lear, Gueorguieva, Alexieva; Chor der Nationaloper Sofia, Orchestre de la Societé des Concerts du Conservatoire Paris)
EMI 1C 191 – 00009-12

1962 Alexander Melik-Paschajew (Petrow, Iwanowskij, Schulpin, Reschetin, Gelewa, Kibkalo, Grigorjew, Archipowa, Sorokina, Klepatskaja; Chor und Orchester des Bolschoi Theaters, Moskau)
Melodia-Eurodisc XI 78 701 R

1964 Alexander Melik-Paschajew (Besetzung wie bei der vorhergehenden Aufnahme mit George London als Boris)
CBS 77396

---

* Die Hauptpartien in der Reihenfolge: Boris, Dimitrij, Schuiskij, Pimen, Warlaam, Rangoni, Gottesnarr, Marina, Xenia, Fjodor.

1971 Herbert von Karajan (Ghiaurov, Spiess, Maslennikow, Talvela, Diakov, Kelemen, Maslennikow, Wischnewskaja, Dobrianowa, Miljakovic; Wiener Sängerknaben, Bulgarischer Rundfunkchor Sofia, Chor der Wiener Staatsoper, Wiener Philharmoniker) Decca SET 514/7

1975 Naidenov (Ghiuselev, Damianov, Bodurov, Ghiuselev, Tchavdarov, Bakardjiev, Diulgherov, Petrov, Kosseva, Dobrianova; Chor und Orchester der Nationaloper Sofia) Harmonia Mundi HMU 4.4144

b) Originalfassung

1977 Jerzy Semkow (Talvela, Gedda, Paprocki, Mróz, Haugland, Hiolski, Raptis, Kinasz, Lukomska, Baniewicz; Polnischer Rundfunkchor Krakau, Knabenchor vom Philharmonischen Chor Krakau, Nationales Symphonieorchester des polnischen Rundfunks) EMI 1C 155 – 02 870/73

Nachweise

Quellen der Texte

Günter Rimkus: Der historische Hintergrund der Oper «Boris Godunow». In: Programmheft der Deutschen Staatsoper, Berlin 1961

Gerlinde Fulle: Modest Mussorgskijs «Boris Godunow». Geschichte und Werk. Fassungen und Theaterpraxis. Breitkopf & Härtel, Wiesbaden 1974

Alexander Puschkin: Entwurf eines Vorwortes. In: Martin Schulze: Puschkin: Boris Godunow. Ullstein, Berlin 1963

Georg Lukács: Puschkins «Boris Godunow». In: Probleme des Realismus II (Werke Bd. 5). Hermann Luchterhand Verlag, Darmstadt und Neuwied 1964

Günter Meyer: Puschkins und Mussorgskijs «Boris Godunow». In: Österreichische Musikzeitschrift 20/1965

Oskar von Riesemann: Mussorgskijs Umarbeitung des Puschkinschen «Boris Godunow» zum Opernlibretto. In: Monographien zur russischen Musik, Bd. II. Drei Masken Verlag, München 1926

David Lloyd-Jones: Entstehung, erste Aufführung und Veröffentlichung der Oper «Boris Godunow». In: Partitur Mussorgskij: Boris Godunow in 2 Bd. Oxford University Press, London 1975

Briefe Mussorgskijs an Wladimir Stassow. In: Kurt von Wolfurt: Mussorgskij. Deutsche Verlagsanstalt, Stuttgart 1927

Nikolai Rimskij-Korsakow: «Auszüge über Boris Godunow». In: Chronik meines musikalischen Lebens. Hg. v. Lothar Fahlbusch. Verlag Philipp Reclam jun., Leipzig 1968

Nikolai Rimskij-Korsakow über seine Bearbeitung des «Boris Godunow» (Zwei Vorworte zu den Klavierauszügen von 1896 und 1908). Breitkopf & Härtel, Wiesbaden

Oskar von Riesemann: Rimskij-Korsakows Bearbeitung des «Boris

Godunow». In: Monographie zur russischen Musik, Bd. II. Drei Masken Verlag, München 1926

Igor Glebow: Der Ur-Boris in Leningrad. In: Musikblätter des Anbruch 5/1928

Iwan Sollertinskij: Boris Godunow von M. P. Mussorgskij (1939). In: Von Mozart bis Schostakowitsch. Hg. von Michail Druskin. Verlag Philipp Reclam jun., Leipzig 1979

Dimitrij Schostakowitsch über seine Neuinstrumentation des «Boris Godunow». In: Die Memoiren des Dimitrij Schostakowitsch. Aufgezeichnet und herausgegeben von Solomon Volkow. Copyright Solomon Volkow, 1979. Deutsche Ausgabe: Albrecht Knaus Verlag, Hamburg 1979

Fjodor Schaljapin: Auszüge über «Boris Godunow» aus den autobiographischen Schriften. In: Aus meinem Leben. Bilder aus meinem Leben. Maske und Seele. Herausgegeben von Lothar Fahlbusch. Verlag Philipp Reclam jun., Leipzig 1972

Quellen der Abbildungen

S. 4/5 Photo Bisazza, 1976

S. 27 Photo Bernand

S. 107/110/124/137/142 Archiv für Kunst und Geschichte, Berlin

S. 226 Bibliothèque de l'Opéra, Paris

S. 235 Storypress Jochen Clauss (Archiv für Kunst und Geschichte, Berlin)

Über die Herausgeber

Attila Csampai, geb. 1949 in Budapest, studierte in München Musikwissenschaft, Theatergeschichte, Philosophie, Soziologie und Mathematik. Er promoviert über Mozarts Musiktheater, ist Autor zahlreicher Essays und Werkkommentare für Konzert- und Opernprogramme und Platteneditionen; Rundfunksendungen, Produktionsdramaturgie, 1975–78 Rezensent bei «Hi Fi Stereophonie».

Dietmar Holland, geb. 1949, studierte in München Musikwissenschaft, Philosophie und Theatergeschichte. Arbeitet derzeit an einer opernästhetischen Dissertation und veröffentlichte außer Essays über musikalische Sachfragen Werkkommentare für Konzert- und Opernaufführungen bzw. -aufnahmen. Musikkritische Tätigkeit und Musiksendungen beim Rundfunk sind weitere publizistische Arbeitsgebiete. In den Jahren 1975–77 war er außerdem Rezensent bei «Hi Fi Stereophonie». Seit der Spielzeit 1979/80 ist er Programmheftredakteur der Münchner Philharmoniker.

rororo
Opernbücher

Richard Wagner
Die Meistersinger
7419

Giacomo Puccini
La Bohème
7405

Wolfgang Amadeus Mozart
Don Giovanni
7329

Ludwig van Beethoven
Fidelio
7394

Giuseppe Verdi
Othello
7368

Carl Maria von Weber
Der Freischütz
7328

RICORDI

Klavierauszüge
in musikkritischen Neuausgaben

DOMENICO CIMAROSA
   Die heimliche Ehe (dt./it.)
   (F. Donatoni – J. Popelka)

GAETANO DONIZETTI
   Don Pasquale (dt./it.)
   (P. Rattalino – J. Popelka / H. Goerges)

GIACOMO PUCCINI
   La Bohème (dt./it.)
   (F. Bellezza – H. Swarowsky)

   Madame Butterfly (dt./it.)
   (Ma. Abbado – H. Hartleb)

   Tosca (dt./it.)
   (F. Bellezza – G. Rennert)

GIOACCHINO ROSSINI
   Der Barbier von Sevilla (dt./it.)
   mit transponierten Arien
   (A. Zedda – G. Rennert)

Greifen Sie beim Abhören Ihrer Tonträger zu
RICORDI-Klavierauszügen. Erhältlich im Musikalienhandel.

(Fortsetzung auf nächster Seite)

RICORDI

Klavierauszüge
in musikkritischen Neuausgaben (Fortsetzung)

GIUSEPPE VERDI

Aida (dt./it.)
(M. Parenti – J. Popelka)

Don Carlos (dt./it.)
Vieraktige Fassung (H. Swarowsky)
Vier- und fünfaktige Fassung (H. Swarowsky)
Sämtliche Fassungen, einschließlich der
Pariser Urfassung (fr./it.) (U. Günther)

Falstaff (dt./it.)
(M Parenti – H. Swarowsky)

Die Macht des Schicksals (dt./it.)
(M. Parenti – J. Popelka / G. C. Winkler)

Ein Maskenball (dt./it.)
(M. Parenti – J. Popelka / G. C. Winkler)

Nabucco (dt./it.)
(F. Testi – K. Honolka)

Othello (dt./it.)
(M. Parenti – W. Felsenstein / C. Stueber)

Simon Boccanegra (dt./it.)
(F. Bellezza – H. Swarowsky)

La Traviata (dt./it.)
(M. Parenti – J. Popelka / G. C. Winkler)

Der Troubadour (dt./it.)
(M. Parenti – J. Popelka / G. C. Winkler)

Die Werke erschienen in neugestochenen Klavierauszügen,
revidiert nach dem Autograph der Partitur, versehen mit Instru-
mentationsangaben und Studierziffern. Den Klavierauszügen
vorangestellt sind: Angaben über Personen der Handlung,
Orchesterbesetzung, Bemerkungen zum Werk und zur Auf-
führungspraxis, wie auch Revisionsbericht, Bildbeigaben
fallweise.

Greifen Sie beim Abhören ihrer Tonträger zu
RICORDI-Klavierauszügen. Erhältlich im Musikalienhandel.